A PESQUISA JURÍDICO-CRIMINAL NO ESTADO DE ALAGOAS
Vol.2

Bruno Cavalcante Leitão Santos
Francisco de Assis de França Júnior
Hugo Leonardo Rodrigues Santos
Mirna Ludmila Lopes Castanha

Organizadores

EDITORA MERAKI

Copyright © 2020 Editora Meraki Ltda

Todos os direitos reservados.

ISBN: 979-86-480-2675-9

Acompanhamento editorial Leonam Liziero
Diagramação Mateus Souza
Capa Leonam Liziero

L533   Leitão Santos, Bruno Cavalcante et al.

    A Pesquisa Jurídico-Criminal no Estado de Alagoas – Vol. 2/ Bruno Cavalcante Leitão Santos, Francisco de Assis de França Júnior, Hugo Leonardo Rodrigues Santos, Mirna Ludmila Lopes Castanha (Coord.). Andradina: Meraki, 2020.

    Bibliografia

    ISBN 979-86-480-2675-9

    1. Direito 2. Ciências Criminais 3. Pesquisa Jurídica

    1. Título

    CDU – 343   CDD – 345

Conteúdo

Prefácio

"São covardes os silenciamentos.

Amordaçados à própria sombra,

esquivam-se dos confrontos,

dos diálogos, das denúncias.

A realidade rasga-lhes os olhos,

as ausências implodem-lhes o peito,

as dores humanas cassam-lhes a fala,

os gritos sacodem-lhes os ombros,

mas os silenciamentos refugiam-se,

covardes,

nos vãos do próprio silêncio *"(...)* .

Arriete Vilela, *Poema 75.*

A obra que tenho a honra de prefaciar cata silêncios e os transforma em palavras. Verbos, substantivos, com seus advérbios – de modo e intensidade – que desnudam, a um só tempo, a violência estatal e a potência de escritores que compõem linhas a partir de suas entranhas, de suas indignações. É possível identificá-las no meio de suas composições gramaticais, embaralhadas com um texto denso, academicamente sustentado, mas cheio de alma, de um pulsar vivo.

Situados numa Alagoas em que negros têm dezoito vezes mais chances de ser assassinados que não negros, e inseridos numa estrutura androcêntrica e misógina, os autores e autoras elaboram artigos conectados, convergentes no debate e enfrentamento à violência contra as mulheres, à população negra e LGBTQI+.Partindo do paradigma da sociedade do conflito, constroem narrativas contra-hegemônicas de forma a demarcar seus objetos de pesquisa enquanto personagens do sul global, brasileiros, nordestinos e alagoanos.

O livro é resultado do amadurecimento de pesquisadores que

foram a campo, construíram trabalhos orientados por métodos e técnicas muito bem delimitadas e demonstraram domínio de categorias essenciais para se pensar as Ciências Criminais desde nosso lugar. O viés crítico permite dizer que o Ibccrim se fez (e faz) presente nas temáticas abordadas, no ritmo forte empregado e no compromisso social. As atividades elaboradas junto ao Laboratório de Ciências Criminais, e a dedicação de seus coordenadores, manifestam-se nas linhas costuradas, nos afetos empregados e no rigor metodológico. É gratificante ao Ibccrim ter em seus quadros autores e artigos elaborados com dada seriedade.

A temática diversificada dá conta das dinâmicas de poder que operam em Alagoas e da problemática que circunda a ideia de delito, das agências de controle e da relação da população com estes processos.

A História tem seu preço e é nessa batida (para usar um termo do RAP) que numa marcha, ora lenta, ora acelerada, que toda uma população, ou parte dela, vem sendo apagada. Neste excerto impactante, é possível conhecer Leandro da Silva Rosa e sua escrita voltada ao referencial criminológico crítico e aos estudos da crítica racial. Abordando a história do Estado de Alagoas e os interesses da elite oligárquica que, desde sempre, orientaram as políticas públicas, o artigo trabalha o genocídio da população negra a partir das contribuições da vitimologia, das ciências sociais e de referenciais artísticos.

Operando conceitos como bulimia social, Ronaldo Cardoso dos Santos Neto nos coloca frente a frente com Levi-Strauss quando retoma as sociedades antropofágicas e antropoêmicas. Seguindo esta toada e, com base em Jock Young, o autor nos insere numa formação social que expele aquelas diferenças que não se incorporam no processo de padronização e, neste sentido, refere-se aos linchamentos na cidade de Maceió. Sua pesquisa, empiricamente fundamentada, traz marcadores importantes para pensarmos os linchamentos, o papel dos meios de comunicação de massa e a própria criminologia midiática.

Os estudos de gênero foram brilhantemente abarcados pelas contribuições de Mayara Araújo, Bárbara Bastos dos Santos e Laura Fernandes da Silva. Mayara nos chama a pensar o encarceramento feminino a partir da nefasta política de drogas que, em Alagoas, é responsável por quase 70% das prisões de mulheres. Construindo e delineando o perfil da mulher presa, com base no Infopen Mulheres, a pesquisa nos brinda com um estudo sobre os impactos da decisão do Supremo Tribunal Federal que, por maioria absoluta de votos, julgou Habeas Corpus no sentido de não considerar hediondo o tráfico privilegiado. A escritora, num trabalho minucioso e articulado com vários saberes que compõem as Ciências Criminais, costura argumentos no sentido de produzir uma reflexão que pense o gênero como questão central do sistema de justiça criminal, não apenas nos tensionamentos sobre medidas que possivelmente "abrandam" o tratamento penal a mulheres, como a decisão no Supremo no HC 118.533, mas também – e principalmente – medite sobre a divisão sexual do trabalho (inclusive no mercado de drogas), sobre os papeis impostos às mulheres na sociedade machista que aplica um Direito androcêntrico e misógino.

Barbara Bastos dos Santos nos instiga com a seguinte pergunta: *Diante da precariedade do sistema prisional em Alagoas, como garantir à assistência integral à saúde da mulher?* Explorando o Relatório Descritivo do Sistema Carcerário Alagoano, realizado em 2014 por Francisco de Assis de França Júnior, Barbara nos apresenta um Presídio de Santa Luzia desprovido de condições básicas de saúde às presas, desrespeitando-se legislações, a Constituição, tratados de direitos humanos e resoluções da Organização Mundial da Saúde. Direitos sexuais e reprodutivos e direito à sexualidade são inobservados quando o estabelecimento prisional dispõe apenas de uma sala para visita íntima com espaços separados por lençóis. Problemas na prestação de serviços de saúde por parte do SUS, inclusive decorrente da superlotação (2015), foram identificados e abordados, com base em referenciais importantes para a literatura alagoana.

A discussão sobre gênero e sexualidade vem ganhando espaço no âmbito das Ciências Criminais. Se o sistema de justiça criminal é formado e pensado por homens, desde suas experiências com o delito; podemos dizer que esse homem é branco, heterossexual e conforma a "família tradicional brasileira". A heteronormatividade é um dispositivo que "lê" as pessoas como heterossexuais e que coloca como "desviantes" as sexualidades não hegemônicas. Operando em conjunto com a misoginia, a leitura do "desviante" é feita a partir de processos de violência, marginalização e afastamento das instituições democráticas. Neste ponto, fundamental a problemática trazida por Else Freire de Castro Amorim quando chama para o Direito o debate acerca da homofobia, ou melhor, LGBTfobia. Move-se a autora pelo histórico do movimento LGBT (à época movimento homossexual), trabalhando a teoria *Queer* e a relação desta população com o sistema de justiça. Questiona e instiga-nos a pensar sobre (im)possível eficácia da utilização das agências de controle formal do delito no combate à LGBTfobia no estado.

O dispositivo da sexualidade, seguindo a tradição foucaultiana tão fortemente apresentada por todos os artigos, se faz presente e operante na segregação das mulheres que estão em sofrimento mental. Laura Fernandes da Silva propõe uma genealogia da loucura, desvelando os discursos sobre a psiquiatrização das "doenças mentais" e os espaços destinados às mulheres neste aparato de poder. Colocou em diálogo a Criminologia Feminista e as disciplinas que atuavam sobre corpos de mulheres no Manicômio Judiciário de Alagoas no período de 1979 a 1983, o que resultou num trabalho minucioso e extremamente bem elaborado.

Profanador de mitos, Roberto Barbosa desvela o caráter político do direito penal e nos *coloca frente a frente em uma cruzada ética da tomada de decisão*. Num texto implacável, o articulista examina a racionalidade das práticas punitivas que levaram ao aumento das taxas de encarceramento em Alagoas, manejando categorias como "presentismo" para entender o tempo histórico e fazendo circular, por todo o artigo, o que compreende por neorrealismo de direita e suas imbricações nos discursos relegitimadores da punição.

Neste caminho da crítica, Francisco Carlos Eugenio dos Santos explora a temática da "revista pessoal" de maneira bastante peculiar, audaciosa e singular: a partir da relação entre o agente penitenciário e o familiar do preso, e da construção dos discursos envolvidos. (...) *sacudir o cabelo, abrir a boca, mostrar a sola do chinelo e até a axila, porém, dentre todos os procedimentos, o mais temido é agachar no espelho e fazer força ou tossir ou mesmo ter que abrir a genitália com os dedos quando a agente assim orientar.* A violência institucional ínsita ao mecanismo da revista vexatória é construída solidamente, com fulcro em documentos oficiais, literatura substancial e argumentos marcantes.

A violência institucional também se materializa nos autos de resistência "formulados" pelas polícias. Isabele do Nascimento e Gonzaga trabalha a formação da Polícia Militar e categorias como segurança pública de modo a lançar luz sobre a incompatibilidade das funções constitucionais atribuídas às organizações policiais e as práticas policialescas que engendram um crescimento da ações letais empregadas por estas forças. Com uma diligência particular, percorre-se a legislação, os dados oficiais sobre violência letal intencional e propõe um pensar a segurança pública numa chave alternativa à lógica da "guerra".

Como compatibilizar todo este "estado de coisas inconstitucional" e estruturalmente violento com a função ressocializadora da pena? Whering Alberto dos Santos Filho se propõe esta pesquisa colocando como orientação o direito à assistência educacional dos presos. Navegando pelas facções criminosas, pela falência da pena de prisão e pelo encarceramento em massa, o autor explora tema de especial relevância como as APACs e conclui pela ressocialização pela educação. A um só tempo defende a humanização das formas de punir e chama à responsabilidade o Estado na consecução de seus misteres constitucionais.

A relação do Estado com o crime no contexto do Agreste Alagoano é muito bem construída por Júlio Gomes Duarte e Soraia Ferreira da Silva. Atravessando a política, educação, aumento da criminalidade e a necessidade de combate ao delito de maneira não seletiva, levanta-se como obra de especial relevância.

Tratando de Alagoas, e abarcando de maneira diversa os problemas de municípios do estado, Julia Karolline Vieira Duarte analisa o grau da curva de encarceramento em Palmeira dos índios com base na taxa de prisões preventivas e a aplicação dos substitutivos penais. Debruçando-se sobre os processos em trâmite perante a 4ª Vara Criminal da Comarca de Palmeira dos Índios/AL no período de junho de 2017 a dezembro do mesmo ano, a autora demarcou como seu objeto as representações formuladas pela autoridade policial e autos de prisão em flagrante. No "entre-lugar" visitado pelo preso passível de ver sua segregação cautelar substituída por medidas "alternativas", percebe Julia uma movimentação assaz interessante e, porque não dizer alentadora, em seu campo espacial, uma vez que detecta a redução da taxa de encarceramento e o aumento da concessão dos ditos substitutivos.

A veia garantista de Jasmin de-Taddeo se converte em pesquisa minuciosa sobre as consequências da relativização do princípio da presunção da inocência. Em artigo profundo, bem fundamentado e demarcado pelo combate ao punitivismo que orienta decisões judiciais, a autora realiza obra atemporal e fundamental à compreensão de movimentos direcionados a políticas de restrição aos direitos fundamentais.

Ao fim e ao cabo, os silêncios arrancados, e sobre os quais os articulistas não hesitaram em se manifestar, perturbam e inquietam pesquisadores diligentes e zelosos. A inquietação, em trabalhos científicos, é ponto de partida essencial a pesquisadores que se posicionam em seus textos, de modo a apartar a cisão feita pela modernidade entre sujeito e objeto de investigação. Todo pesquisador é um pesquisador situado, que ocupa determinado lugar e posição, sem perder de vista que a objetividade ínsita à investigação reside no compromisso com o rigor metodológico.

O livro, de fato, é uma referência à pesquisa em Ciências Criminais em Alagoas e inaugura publicação feita em parceria entre o Instituto Brasileiro de Ciências Criminais e o Centro Universitário Cesmac. Fruto do esforço de autores altamente capacitados e da atuação firme da Coordenação do Ibbcrim em Alagoas, espera-se que seja um incentivo aos demais estudiosos e componha bibliografia de leitores alagoanos e brasileiros atentos e inquietos.

São Paulo, novembro de 2019

Alice Quintela Lopes Oliveira

Descaracterização da hediondez no tráfico de drogas privilegiado: breve contributo crítico a partir de uma perspectiva de gênero

MAYARA ARAÚJO[1]

Introdução

O presente artigo versa sobre a descaracterização da hediondez no crime de tráfico de drogas privilegiado, sendo este, aliás, previsto no artigo 33, §4º, da Lei n. 11.343/06 (doravante Lei de Drogas).[2] Tal providência, conforme logo se perceberá, será feita desde uma perspectiva de gênero. Analisar criticamente os fundamentos e o eventual impacto da paradigmática decisão do Supremo Tribunal Federal no *Habeas Corpus* 118.533, de relatoria da Ministra Carmén Lúcia, será uma de nossos principais objetivos. O afastamento da natureza hedionda, ao menos na teoria, teria o potencial de realizar mudanças significativas no sistema carcerário brasileiro, especialmente por ser a lei ora em análise uma das maiores responsáveis pelo vertiginoso crescimento de nossa população carcerária.

Há mais de uma década em vigência, a Lei de Drogas surgiu com o objetivo de repreender a produção não autorizada, prevenir o uso indevido, reinserir na sociedade os usuários, especialmente

os dependentes, enfrentar o tráfico ilícito e estruturar políticas públicas observando suas singularidades morais e religiosas. Ocorre que, não

---

[1] Advogada e Associada ao Instituto Brasileiro de Ciência Criminais – IBCCRIM

[2] Art. 33. Importar, exportar, remeter, preparar, produzir, fabricar, adquirir, vender, expor à venda, oferecer, ter em depósito, transportar, trazer consigo, guardar, prescrever, ministrar, entregar a consumo ou fornecer drogas, ainda que gratuitamente, sem autorização ou em desacordo com determinação legal ou regulamentar:
Pena - reclusão de 5 (cinco) a 15 (quinze) anos e pagamento de 500 (quinhentos) a 1.500 (mil e quinhentos) dias-multa.
§ 4º Nos delitos definidos no caput e no § 1º deste artigo, as penas poderão ser reduzidas de um sexto a dois terços, desde que o agente seja primário, de bons antecedentes, não se dedique às atividades criminosas nem integre organização criminosa.

obstante a "boa vontade" do legislador, o ideário de guerra, na dinâmica das instituições (formais ou não), continua vigente, atingindo muito especialmente o gênero feminino. Assim, o potencial de mudança de que é portadora a decisão já mencionada deve interessar diretamente à criminologia dita feminista, vez que, por conta das disposições legais sobre as drogas, o encarceramento feminino experimentou um aumento jamais visto na história brasileira.[3]

Com o intuito de reduzir a complexidade com a qual nos deparamos, tendo em vista o tempo e o espaço relativamente escassos de que dispomos, optamos por fazer um recorte em nossa análise: nosso foco residirá na população carcerária do Estado de Alagoas. De um modo geral, ao fazermos uma análise dos dados fornecidos pelo Levantamento Nacional de Informações Penitenciárias, conclui-se que o tráfico de drogas é o responsável por aproximadamente 68% do encarceramento feminino.[4] Já o complexo prisional alagoano, por exemplo, abriga atualmente 7.012 pessoas, sendo que destas, 220 são mulheresOcorre que a [5]. capacidade máxima do presídio feminino, denominado de Santa Luzia, é de 219 pessoas. Percebe-se, portanto, que, neste particular, tem o mesmo funcionado no seu limite.

Partindo de uma revisão bibliográfica cujo referencial teórico consistirá em obras da Sociologia, da Criminologia e da Política Criminal, trabalharemos com a hipótese de que a decisão do

---

[3] Observem-se os dados disponíveis junto às instituições que cuidam do problema: BRASIL. Ministério da Justiça e Cidadania. Levantamento Nacional de Informações Penitenciárias: Infopen mulheres, jun. 2014. In: *Departamento Penitenciário Nacional.* Disponível em: https://www.justica.gov.br/noticias/mj-divulgara-novo-relatorio-do-infopen-nesta-terca-feira/relatorio-depen-versao-web.pdf. Acesso em 10 nov. 2016.

[4] BRASIL. MJC. Ministério da Justiça e Cidadania. Levantamento Nacional de Informações Penitenciárias: Infopen mulheres, jun. 2014. In: *Departamento Penitenciário Nacional.* Disponível em: https://www.justica.gov.br/noticias/mj-divulgara-novo-relatorio-do-infopen-nesta-terca-feira/relatorio-depen-versao-web.pdf. Acesso em 10 nov. 2016. ALAGOAS. Secretaria do Estado de Ressocialização e Inclusão social. *Controle diário da população carcerária – plantão de 28/11/2016 à 29/11/2016.* Disponível em: < http://www.seris.al.gov.br/populacao-carceraria/mapa-17-28.11.2016-a-29.11.2016.pdf>. Acesso em: 07 de dez. de 2016.

[5] ALAGOAS. Secretaria do Estado de Ressocialização e Inclusão social. *Controle diário da população carcerária – plantão de 28/11/2016 à 29/11/2016.* Disponível em: < http://www.seris.al.gov.br/populacao-carceraria/mapa-17-28.11.2016-a-29.11.2016.pdf>. Acesso em: 07 de dez. de 2016.

Supremo Tribunal Federal, isoladamente, dada a força de um ideário de guerra historicamente arraigado em nosso país, terá pouca ou nenhuma influência no futuro. Não são poucos os exemplos de medidas que surgem com o discurso desencarcerador, mas que na prática não se efetivam, muito pelo contrário, fixam-se como mais um instrumento de vigilância e de controle.[6] Dessa forma, nas páginas que seguem, buscamos analisar os argumentos utilizados na já mencionada decisão e seus potenciais impactos sobre preocupante a situação das mulheres presas sob a alegação de tráfico de drogas.

Ante todo o exposto, para facilitar o acompanhamento de nossa linha de raciocínio sobre o tema, a pesquisa foi dividida em itens. No item 2 abordamos o conceito de droga e as finalidades da lei, expondo as particularidades que entendemos convenientes. Já no item 3 relatamos a situação de vulnerabilidade a que as mulheres são submetidas diante do tráfico de drogas e do sistema carcerário. Apresentamos alguns dados fornecidos pelo governo com o intuito de demonstrar a quantidade de mulheres que se encontram encarceradas pelo tráfico de drogas e quais os prováveis motivos as influenciaram. O item 4 tem o objetivo de analisar criticamente a decisão do Supremo Tribunal Federal na concessão do *Habeas Corpus 118.533,* que descaracterizou a hediondez do tráfico de drogas privilegiado. Tem-se ainda o item 5, onde buscamos compreender os possíveis impactos da referida decisão no campo prático.

2. Análise crítica de alguns aspectos da Lei De Drogas

Antes de explorarmos a questão principal, faz-se necessário uma conceituação acerca das drogas.[7] Tomando por base o conceito legal, conforme o disposto no artigo 1°, Parágrafo Único, da Lei de Drogas, consideram-se drogas as substâncias ou produtos capazes de causar dependência, sendo aquelas especificadas em lei ou relacionadas em listas atualizadas pelo Poder Executivo da União. Porém, na prática, quem faz a regulamentação do que é considerado como droga – quem determina o conteúdo dos tipos penais, por consequência –, é a Agência Nacional de Vigilância Sanitária –

---

[6] FRANÇA JÚNIOR, Francisco de Assis. *No rastro das penas perdidas.* Revan: Rio de Janeiro, 2019.

[7] Ao citarmos o termo "drogas" nos referimos tão somente àquelas cujo uso e comércio são considerados ilegais, a exemplo do crack, da maconha, da cocaína, entre outras.

ANVISA.[8] Importa ainda frisar, que a referida lei dispõe sobre a prevenção, o tratamento, a fiscalização, o controle e a repressão à produção, ao uso e ao tráfico ilícito, de produtos, substâncias ou drogas ilícitas que causem dependência física ou psíquica.

Existem três convenções estabelecidas no âmbito da Organização das Nações Unidas – ONU e que consolidam o paradigma proibicionista, repressivo e de certa intolerância à produção, ao comércio e ao consumo de drogas. Tudo isso alegando-se proteger a saúde e o bem-estar da humanidade. Estas convenções estabelecem que as leis nacionais reflitam sobre a gravidade do tráfico de drogas. A *Convenção Única sobre Entorpecentes (1961)* visa combater o abuso de drogas por meio de ações internacionais coordenadas; a *Convenção sobre Substâncias Psicotrópicas* (1971), determina um sistema de controle internacional para substâncias psicotrópicas, por seu potencial de criar dependência e pelo poder terapêutico; já a *Convenção de Viena* (1988) oferece medidas abrangentes contra o tráfico de drogas, além de estabelecer métodos contra a lavagem de dinheiro e o fortalecimento do controle de percussores químicos.

Percebe-se claramente que a Lei de Drogas brasileira, ao cumprir seu compromisso internacional, abriga aquilo o que a doutrina tem denominado de *tipos penais em branco*, ou seja, dispositivos cujos conteúdos são propositalmente indeterminados, e que, por conta disso, suas efetivações dependem de complementos de outras normas jurídicas. A construção desse tipo de dispositivo na dogmática penal é bastante discutível, vez que, por vezes, coloca em *xeque*, dentre outros, o princípio da taxatividade. Podem ser ainda, os crimes da referida lei, denominados de *crimes de perigo abstrato*, o que também tem sido objeto de discussão na comunidade jurídica.[9]

Ainda no que toca a classificação doutrinária, Danilo Cunha[10], a respeito dos crimes da Lei de Drogas, aduz que, na generalidade,

---

[8] Vide Art. 66 da Lei 11.343/06, bem como a Portaria SVS/MS nº344, de 12 de maio de 1998.

[9] Sobre os crimes de perigo abstrato e os tipos penais em branco, e toda discussão ao redor deles, recomenda-se: BOTTINI, Pierpaolo Cruz. *Crimes de perigo abstrato*. 3 ed. São Paulo: RT, 2013.

[10] CUNHA, Danilo Ricardo de Paiva. *Despenalização do uso de drogas: análise da Política Criminal que circunda o art. 28 da Lei nº 11.343/06*. Disponível em: <http://www.conteudojuridico.com.br/artigo,despenalizacao-do-uso-de-drogas-analise-da-politica-criminal-que-circunda-o-art-28-da-lei-no-1134306,46900.html#_ftn10>. Acesso em: 26 dez. 2016.

são considerados comuns, isso sob a perspectiva do sujeito ativo; são materiais, ao menos naquilo o que mais nos interessa (artigos 28 e 33); e de forma livre, havendo uma gama considerável de comportamentos criminalizáveis; instantâneos, especialmente na forma *adquirir*, mas permanentes nas modalidades guardar, ter em depósito, transportar e trazer consigo; além disso, são unissubjetivos, ou seja, não exigem concurso de pessoas no seu polo ativo.

O foco de nosso estudo, como já dissemos, reside no artigo 33 (sem, no entanto, nos esquecermos do artigo 28, pois nele residem critérios importantes para a diferenciação entre o mero consumidor e o que comercializa ilegalmente), que elenca uma série de condutas em que o agente pode incorrer no crime de tráfico de drogas. Segundo Elaine Pimentel[11], a heterogeneidade de condutas que podem ser enquadradas como tráfico de droga é tão expressiva, que exige um tratamento diferenciado a cada pessoa presa pelo tráfico. Ou seja, há um leque de condutas que podem inserir o agente no pólo ativo deste crime, tendo como conseqüência, atendendo-se necessariamente o princípio da individualidade, uma pena que corresponderá ao verbo que o sujeito preencheu.

Assim, estas condutas estão consubstanciadas em dezoito verbos incriminadores, que vão desde o plantio, a guarda, o transporte, passando pela industrialização até a venda. Como se sabe, ao legislador coube determinar os comportamentos proibidos, bem como suas respectivas sanções, enquanto ao juiz caberá o estabelecimento da relação entre o comportamento do investigado, proibido em lei, e as circunstâncias de seu contato com a droga. O problema, em tais casos, é que boa parte dos requisitos para a realização do crime em comento é de natureza subjetiva. Na perspectiva crítica de Luis Carlos Valois[12], esses verbos sugiram para *tornar* traficante qualquer pessoa que se aproxime das drogas, além de eliminar a obrigação da polícia de buscar outras provas contra o suposto comerciante, e por fim, para deixar a polícia com o poder de julgar quem efetivamente será o traficante.

Tendo em vista as dificuldades apontadas, é preciso diferenciar o que pode ser considerado como tráfico (artigo 33) e o que pode ser

---

[11] COSTA, Elaine Cristina Pimentel. *Amor bandido*: as teias afetivas que envolvem a mulher no tráfico de drogas. Maceió: Edufal, 2007.

[12] VALOIS, Luís Carlos. O Direito Penal da guerra as drogas. In: *Boletim IBCCrim*, v. 24, n. 286, p. 4 – 5, São Paulo, Set. 2016.

encarado como mero consumo (artigo 28). Eventuais dúvidas, portanto, remetem-nos à previsão de critérios estabelecidos no art. 28. Nesse sentido, como já ressaltado, o conceito de tráfico se vê influenciado pelos critérios reservados ao consumo, ou seja, há no artigo 28, que define as circunstâncias do consumo, parâmetros que nos auxiliam na diferenciação entre ambos. Nesse contexto, o juiz obrigatoriamente deverá analisar a natureza e à quantidade da substância apreendida, o local e às condições em que se desenvolveu a ação, às circunstâncias sociais e pessoais, bem como a conduta e aos antecedentes do agente.

Desse modo, é de se concluir que quando houver circunstância social e pessoal favorável ao sujeito, o mesmo será destinatário das consequências previstas no artigo 28, tal como é o caso da advertência sobre os efeitos das drogas. Não estará, portanto, submetido, em qualquer hipótese, no caso de ser encarado como mero consumidor, à pena privativa de liberdade. Esta, aliás, reservada às hipóteses do tráfico (artigo 33). Nessa linha de raciocínio, se as condições sociais e pessoais não forem favoráveis ao sujeito, presumindo-lhe certa *marginalidade*, restará submetido à pena privativa de liberdade, pois caracterizará o tráfico de drogas.

Quanto ao consumo pessoal, há atualmente uma grande discussão na comunidade jurídica. Alguns autores defendem que o porte para consumo próprio de drogas não é merecedor da tipicidade penal, vez que violaria o inc. X do artigo 5.º da Constituição Federal, constituindo, também, maltrato ao princípio da lesividade/ofensividade penal. Sendo assim, há uma espécie de jogo em que de um lado temos autores que versam sobre as garantias constitucionais previstas, e do outro lado aqueles que legitimam a Lei de Drogas sob o argumento da saúde pública.

Diante do debate sobre a inconstitucionalidade do consumo de drogas consideradas ilegais, Roberto Soares Garcia[13] aduz que:

> Sendo a posse para o uso pessoal da droga ilícita os limites do próprio tipo, a saúde do usuário será a única a sofrer abalo. Por sua vez, a Constituição confere ao indivíduo direito à saúde (art. 6.º, *caput*), competindo ao Estado o dever de fornecer os meios para a realização do direito. Como se viu, o art. 28 da Lei de Drogas convola esse direito em obrigação e pune o cidadão por abrir mão de seu exercício, o que, por si, faz da criminalização solução

---

[13] GARCIA, Roberto Soares. A inconstitucionalidade do art. 28 da Lei de Drogas. In: *Boletim IBCCrim*. Edição Especial sobre drogas. 2012.

teratológica. Afinal, sanção, na acepção de punição, deve ser consequência reservada a descumprimento de dever, e o consumidor não descumpre dever ao drogar-se.

É importante ainda frisar, que o Supremo Tribunal Federal iniciou no dia 20.08.2015 julgamento do Recurso Extraordinário n° 635.659, onde está sendo avaliada a inconstitucionalidade da previsão do consumo de drogas tal como previsto no ordenamento. O RE é de relatoria do ministro Gilmar Mendes, que proferiu voto com o intuito de prover o recurso e declarar a inconstitucionalidade do artigo 28 da Lei de Drogas. Justificando seu voto, o ministro relator expôs que a criminalização estigmatiza o usuário e compromete medidas de prevenção e redução de danos, além de gerar uma punição desproporcional ao usuário. Nessa mesma linha tem-se o voto do ministro Edson Fachin, que também se posicionou pela declaração de inconstitucionalidade. O julgamento se encontra paralisado por conta de um pedido de vistas.

Está se discutindo, portanto, a problemática sobre a legitimidade do Estado tornar crime a realização de conduta que tem potencial de causar mal à própria saúde do usuário. Ora, de acordo com a contemporânea teoria do bem jurídico-penal, é imprescindível que a conduta, para interessar ao Direito Penal, ultrapasse a esfera do próprio autor. Sendo assim, a conduta só terá relevância penal se ofender um bem jurídico externo ao sujeito que a realizou, ou seja, não terá relevância a conduta que ofender o próprio agente e as consequências nele se contingenciarem. É de se concluir, pelo que até aqui argumentamos, que não há como criminalizar o uso de drogas, vez que, tal comportamento só ofende à própria saúde do usuário – nesse mesmo prisma, tem-se a autolesão e o suicídio, que não são considerados crimes.

É essa diferenciação, pelos critérios essencialmente subjetivos, como já apontamos, tem sido uma das maiores dificuldades no campo prático, vez que, na dúvida, as autoridades constituídas têm optado pelo enquadramento no tráfico de drogas, o que impacta consideravelmente no crescimento da população carcerária. No entanto, a determinação de critérios objetivos, como ocorre, por exemplo, em Portugal[14], pode não ser o suficiente para resolver as complexidades existentes. Com base nessa dificuldade, Bruno

---

[14] FRANÇA JÚNIOR, Francisco de Assis de. *Consumo de drogas* – análise crítica da política luso-brasileira. Rio de Janeiro: Lumen Juris, 2016.

Shimizu e Patrick Cacicedo[15] afirmam:

> A diferenciação entre traficante e usuário é meramente circunstancial, sendo que a diferenciação objetiva por meio de critérios quantitativos não dá conta dessa complexidade presente na realidade empírica, resta à conclusão de que, estando o sistema penal baseado sobre alicerces ideológicos discriminatórios e classistas, o estabelecimento de critérios objetivos de reforço do discurso diferenciador entre traficante e usuário poderá significar, mais que uma medida inócua, um verdadeiro retrocesso quando se tem por objetivo o enfrentamento do encarceramento em massa da pobreza.

Na atual política de drogas brasileira, em tese, é possível afirmar que o uso individual não constitui crime[16], pois tem sido encarado como uma questão de saúde pública,[17] e requer um tratamento diferenciado do sujeito tido como usuário. Essa perspectiva ganha destaque com o advento da Lei das Penas Alternativas (9.714/98), que prevê a aplicação de penas restritivas de direitos aos usuários, abolindo a incidência da pena privativa de liberdade nestes casos. As penas restritivas de direito – prestação pecuniária, perda de bens e valores, limitação do fim de semana, entre outras – podem ser aplicadas aos usuários com o escopo de conscientizá-los dos males a que estão sujeitos, o que deveria servir para caracterizar seu viés

---

[15] SHIMIZU, Bruno; CACICEDO, Patrick. Crítica à estipulação de critérios quantitativos objetivos para diferenciação entre traficantes e usuários de drogas: reflexões a partir da perversidade do sistema penal em uma realidade marginal. In: *Boletim IBCCrim*. Ano 24, n. 286, p. 8 – 9, São Paulo, Set., 2016.

[16] Há divergência acerca da criminalização do uso individual de drogas. Luiz Flávio Gomes entende que o uso individual de drogas não constitui crime, pois ninguém pode ser punido por fazer mal a si próprio. Em pensamento oposto, Fernando Capez defende que o fato continua a ter natureza de crime, na medida em que a própria lei o inseriu no capítulo relativo aos crimes e as penas. Para melhor entendimento, recomenda-se: OLIVEIRA, Luiz Carlos. A problemática da suposta descriminalização do uso de drogas perante a Lei 11.343/06. Disponível em: <http://www.conteudojuridico.com.br/artigo,a-problematica-da-suposta-descriminalizacao-do-uso-de-drogas-perante-a-lei-1134306,36331.html>. Acesso em: 23 de nov. 2016. ONDE??? Diga de onde tirou essa informação

[17] Considerando-se o contexto de marginalização em que se encontram atualmente boa parte dos consumidores dependentes de drogas, e justamente por ser considerada uma questão de saúde púbica, não deve ser admissível que tratamento seja imposto de forma obrigatória, é necessário a aproximação para o consentimento dos principais envolvidos. Vale ressaltar que este tratamento é de extrema relevância no âmbito dos usuários. Recomenda-se: WINTER, Gustavo Schlupp. *Internação compulsória de dependentes de drogas* – do mito da defesa social e ajuda compulsória à violência e exclusão social. Florianópolis: Empório do Direito, 2017.

essencialmente não punitivo.

A já apontada dificuldade no estabelecimento de critérios mais claros e seguros entre comerciantes e usuários tem levado ao cárcere várias pessoas que, na realidade, não são comerciantes, mas usuários. No caso das mulheres o problema se agrava, vez que o simples fato de conviverem com seus companheiros que atuam no comércio ilegal de drogas acaba também servindo para, de alguma maneira, envolvê-las.[18] A maioria dos envolvidos, quando surpreendidos, ao portarem pequenas quantidades de drogas, mesmo que não possuam nenhum antecedente criminal, acabam logo sendo taxados como "traficantes", especialmente atenderem ao estigma já instalado: negro, jovem e pobre. O estudo de Orlando Zaccone revela-nos a seletividade que perversamente tem sido mantida pelo sistema criminal.[19]

3. Participação e encarceramento das mulheres no tráfico de drogas

Há tempos as ciências sociais vêm desenvolvendo estudos de gênero, especialmente para procurar discutir o papel da mulher dentro da sociedade contemporânea. Ainda existem fortes resquícios de um ambiente que foi construído com base no patriarcalismo – sistema social moldado para a manutenção do poderio masculino –, onde legitimou-se o papel de dominação do homem, sendo este mais valorizado que o papel feminino, gerando, com isso, relações de gêneros desiguais. É o que se tem procurado mudar ao longo dos tempos, especialmente a partir da legislação. Nesse sentido, Vera Léo Rosa de Andrade[20] afirma, "as mulheres estão dignificadas em condição de igualdade de gênero por preceito constitucional. Para consubstanciar essa dignidade jurídica (e política), diversas normas infraconstitucionais foram promulgadas."

Com uma sociedade que se encontra cada vez mais imersa na

---

[18] Veja-se um pouco dessa dinâmica na obra: COSTA, Elaine Cristina Pimentel. *Amor bandido*: as teias afetivas que envolvem a mulher no tráfico de drogas. Maceió: Edufal, 2007.

[19] ZACCONE, Orlando. *Acionistas do nada:* quem são os traficantes de drogas. Rio de Janeiro: Revan, 2014.

[20] ANDRADE, Léo Rosa de. Ajudadora amaldiçoada, violência sexual, política. Disponível em: <http://emporiododireito.com.br/tag/patriarcalismo/>. Acesso em: 13 de fev. de 2017.

problemática das drogas, para nós importa buscarmos compreender as circunstâncias que levam as mulheres a se verem envolvidas com os aspectos negativos do consumo e do comércio ilegal. Resumidamente, são essas as circunstâncias que figuram como as principais motivadoras do encarceramento feminino. Portanto, a comercialização de drogas ilícitas deixou de fazer parte apenas do mundo masculino. A inserção das mulheres nesse contexto desperta-nos para a necessidade de estudos que se debrucem acerca desta realidade.

No Brasil, a questão de gênero tem sido historicamente ignorada nos estudos relacionados ao sistema de justiça penal, o aumento desproporcional do encarceramento feminino passou a requisitar uma maior atenção. Para Elaine Pimentel[21], se pensarmos no impetuoso aumento nos dados do encarceramento apenas num aspecto masculino ou mesmo imaginar que uma análise geral atentaria as diversas dimensões dessa realidade significa reforçar uma concepção androcêntrica do problema prisional, principalmente se levarmos em consideração que o encarceramento feminino no Brasil ocorre mais rápido que o masculino, mesmo sendo inferior em números absolutos.

Portanto, entender as diferenças de gênero no contexto do sistema prisional simboliza um passo significativo para a construção de políticas públicas que atendam às necessidades dessas mulheres, de forma que proporcione melhorias durante a execução da pena como também a efetivação da reintegração social.

Sendo assim, quando se pesquisa sobre o encarceramento – mantendo-se a perspectiva de gênero –, não se pode esquecer de averiguar os fatores que contribuíram para a entrada massiva das mulheres nesse contexto. Apesar da hipótese da problemática das drogas, este não deixa de ser um assunto de difícil elucidação, pois a sociedade é um complexo de acontecimentos que nem sempre (ou quase nunca) nos permitem certezas. A falta de trabalho, desigualdade social, dificuldades financeiras, fatores psicológicos e às vezes até patológicos, a relação afetiva, podem contribuir para esse processo de criminalização. Ante o exposto, Manoel Pedro Pimentel[22] aponta que:

---

[21] PIMENTEL, Elaine. O grande encarceramento por uma perspectiva de gênero. In: Direito, Sociedade e Violência: Reflexão sobre Alagoas. Luiz Sávio de Almeida; Sérgio Coutinho; França Júnior (orgs). Volume I. Maceió: Edufal, 2015.
[22] PIMENTEL, Manoel Pedro. *Segurança pública*. Revista dos Tribunais, n.596,

"São praticamente desconhecidas as causas do crime e, por via de conseqüência, desconhecidas são as causas do aumento de sua incidência. Conhecem-se, estatisticamente, alguns fatores do delito, entre os quais, sem dúvida alguma, estão a pobreza e a falta de instrução e de adestramento para o trabalho".

Segundo os dados fornecidos pelo Governo Federal,[23] o chamado tráfico de drogas é o crime que mais encarcera pessoas no Brasil, sendo responsável especialmente pela grande quantidade de mulheres que estão encarceradas atualmente. Como dissemos, aproximadamente 68% das mulheres aprisionadas estão envolvidas com o tráfico de drogas.[24] Nesse enfoque, Elaine Pimentel e Hugo Leonardo[25] dizem que este percentual indica a necessidade de se pensar com maior atenção os sentidos e os efeitos sociais e subjetivos do aprisionamento feminino, principalmente diante das peculiaridades da atuação feminina no tráfico de drogas.

Destaque-se, portanto, que a população carcerária feminina teve um aumento significativo entre os anos 2000 e 2014, quando a população absoluta de mulheres encarceradas no sistema penitenciário cresceu 567%, chegando a totalizar 37.380 mulheres. Os dados contrastam com relação ao encarceramento masculino, que nesse mesmo período aumentou 220%.[26] Embora o

---

p.289, jun.1985.

[23] BRASIL. MJC. Ministério da Justiça e Cidadania. Levantamento Nacional de Informações Penitenciárias: Infopen mulheres, jun. 2014. In: *Departamento Penitenciário Nacional.* Disponível em: https://www.justica.gov.br/noticias/mj-divulgara-novo-relatorio-do-infopen-nesta-terca-feira/relatorio-depen-versao-web.pdf. Acesso em 10 nov. 2016.

[24] Disponível em: BRASIL. MJC. Ministério da Justiça e Cidadania. Levantamento Nacional de Informações Penitenciárias: Infopen mulheres, jun. 2014. In: *Departamento Penitenciário Nacional.* Disponível em: https://www.justica.gov.br/noticias/mj-divulgara-novo-relatorio-do-infopen-nesta-terca-feira/relatorio-depen-versao-web.pdf. Acesso em 10 nov. 2016.

[25] PIMENTEL, Elaine; SANTOS, Hugo Leonardo Rodrigues. Repercussões político-criminais da desconsideração da equiparação do tráfico privilegiado como crime hediondo no sistema prisional feminino. In: 10 Anos da lei de drogas: Aspectos criminológicos, dogmáticos e político-criminais. Érika Mendes de Carvalho; Gustavo Noronha de Ávila (orgs.). Belo Horizonte: D'Plácido Editora, 2016.

[26] BRASIL. MJC. Ministério da Justiça e Cidadania. Levantamento Nacional de Informações Penitenciárias: Infopen mulheres, jun. 2014. In: *Departamento Penitenciário Nacional.* Disponível em: https://www.justica.gov.br/noticias/mj-divulgara-novo-relatorio-do-infopen-nesta-terca-feira/relatorio-depen-versao-web.pdf. Acesso em 10 nov. 2016.

envolvimento das mulheres nos referidos fatos seja menor em relação à participação dos homens, os dados mencionados demonstram que há aumento significativo e preocupante do encarceramento feminino por conta das drogas. Nesse sentido, Gabriela Jacinto, Cláudia Mangrich e Mario Davi Barbosa[27] aduz que:

> É perceptível que, com o passar dos anos, desenvolveu-se uma ampliação da criminalização secundária quanto às condutas de tráfico de drogas envolvendo mulheres, passando a serem estigmatizadas, alcançadas, e selecionadas pelo sistema punitivo, de forma freqüente.

Acerca desse processo, Elaine Pimentel[28] aponta que esses dados são importantes indicativos de um problema que tem pouca ou nenhuma visibilidade nos estudos sobre o encarceramento. Devido a quantidade de mulheres presas ser inferior aos homens, o problema do encarceramento é levado apenas sob a análise masculina, de modo que compromete a avaliação das condições de encarceramento feminino pelos órgãos responsáveis, além de dificultar a concretização de políticas públicas de gênero, que levem em consideração as peculiaridades do sexo feminino durante o encarceramento. Ainda sobre o encarceramento feminino, Elaine Pimentel e Hugo Leonardo[29] afirmam que:

> A situação das mulheres aprisionadas apresenta peculiaridades que muitas vezes são ignoradas em razão da população total ainda possuir um número absoluto bem inferior dos presos masculinos. O grupo de mulheres presas pode ser, por essa razão, ainda mais esquecido e carente de políticas, pois são as excluídas entre os excluídos do conjunto mais amplo de presos brasileiros.

---

[27] JACINTO, Gabriela; MANGRICH, Cláudia; BARBOSA, Mario Davi. Esse é o meu serviço, eu sei que é proibido: Mulheres aprisionadas por tráfico de drogas. Disponível em: <http://www.ibccrim.org.br/artigo/10465-Esse-e-meu-servico-eu-sei-que-e-proibido-Mulheres-aprisionadas-por-trafico-de-drogas>. Acesso em: 04 jan. 2017.

[28] PIMENTEL, Elaine. O grande encarceramento por uma perspectiva de gênero. In: Direito, Sociedade e Violência: Reflexão sobre Alagoas. Luiz Sávio de almeira; Sérgio Coutinho; França Júnior (orgs). Volume I. Maceió: Edufal, 2015.

[29] PIMENTEL, Elaine; SANTOS, Hugo Leonardo Rodrigues. Repercussões político-criminais da desconsideração da equiparação do tráfico privilegiado como crime hediondo no sistema prisional feminino. In: 10 Anos da lei de drogas: Aspectos criminológicos, dogmáticos e político-criminais. Érika Mendes de Carvalho; Gustavo Noronha de Ávila (orgs.). Belo Horizonte: D'Plácido Editora, 2016.

Segundo uma das hipóteses apresentadas por Elaine Pimentel[30], as mulheres têm se associado ao problema das drogas por uma motivação não raramente amorosa, ou seja, acabam ingressando em atividades ilegais, na maioria das vezes, por conta dos sentimentos que nutrem por seus parceiros. Em Alagoas, âmbito da pesquisa da autora mencionada, as mulheres encarceradas por conta das drogas nem sempre estão ligadas diretamente a algum crime. Algumas delas praticam ilegalidades, quando não em razão da ausência de oportunidade de emprego, em nome das relações amorosas ou de subordinação que mantêm com os seus parceiros.

De um modo geral, o que se percebe é que os homens são os protagonistas, enquanto as mulheres atuam como coadjuvantes, ocupando, na maioria das vezes, uma posição dita inferior, realizando serviços "mais fáceis", como atividades no pequeno varejo, algumas vezes como forma de promoverem a subsistência de sua família, outras em razão da necessidade de manutenção da dependência, outras em razão do vínculo afetivo que possuem ou até mesmo como forma de empoderamento social.

O perfil de boa parte dessas mulheres atende a um estigma que possui características das quais já nos referimos: é geralmente jovem, negra e pobre, além de possuírem filhos, baixo grau de escolaridade e exercerem atividades laborais de modo informal em período anterior ao encarceramento. Sendo assim, Jacinto, Mangrich e Barbosa[31] diz que:

> As mulheres que fazem parte do quadro de encarceradas do Presídio Feminino por tráfico de drogas geralmente são oriundas de localidades marginalizadas, não que esta seja uma causa do crime, mas, pelo contrário, essas mulheres são presas fáceis da seleção do sistema punitivo. A população marginalizada e excluída do mercado de trabalho, do consumo e da sociedade, tendo no sistema punitivo o funcionamento de uma "instituição total" para fazer com que "as prisões sejam máquinas de exclusão".

Como se percebe, é de nos preocuparmos com a incidência da

---

[30] COSTA, Elaine Cristina Pimentel. *Amor bandido*: as teias afetivas que envolvem a mulher no tráfico de drogas. Maceió: Edufal, 2007.

[31] JACINTO, Gabriela; MANGRICH, Cláudia; BARBOSA, Mario Davi. Esse é o meu serviço, eu sei que é proibido: Mulheres aprisionadas por tráfico de drogas. Disponível em: <http://www.ibccrim.org.br/artigo/10465-Esse-e-meu-servico-eu-sei-que-e-proibido-Mulheres-aprisionadas-por-trafico-de-drogas>. Acesso em: 04 jan. 2017.

criminalização de mulheres com o perfil descrito, pois a mulher é geralmente vista como uma pessoa dócil e incapaz de cometer crimes, logo, após o cometimento de um delito ela passa a ser vista pela sociedade com bastante estranheza, vez que elas sempre foram apontadas como vítimas do delito e não como autoras. Sendo assim, a sociedade que ainda possui fortes resquícios patriarcais, acha que a atividade delituosa pertenceria ao mundo masculino. A mulher que o pratica rompe não só com a lei penal, mas também com as normas sociais e com o papel que lhe foi atribuído culturalmente. Desta forma, ela realiza uma dupla transgressão, motivo pelo qual ela é duplamente penalizada quando entra nas esferas de controle.

Nas palavras de Vera Regina Pereira de Andrade[32], a mulher torna-se vítima da violência institucional plurifacetada do sistema, que expressa e reproduz, por sua vez, dois grandes tipos de violência estrutural da sociedade: a violência das relações sociais capitalistas (a desigualdade de classe) e a violência das relações sociais patriarcais (traduzidas na desigualdade de gênero), recriando os estereótipos inerentes a essas duas formas de desigualdade. Esses tipos de violência degradam e enfraquecem ainda mais o papel da mulher na sociedade, vez que a desigualdade de classe é um fator que fomenta a criminalidade e a desigualdade de gênero insere a mulher em condição de inferioridade diante da figura masculina.

Os resquícios do patriarcado, o preconceito e a exposição midiática, fazem com que as mulheres sejam taxadas de uma forma negativa, passando a ser mal vistas pela sociedade e, assim, as consequências do delito que elas cometeram ultrapassam a pena e atingem a vida pessoal de maneira especialmente intensa. Segundo Delchiaro e Carlos[33], "o preconceito é ainda mais pesado no caso das mulheres, sobre as quais pesa, além da ilicitude do ato, o julgamento moral pela não adequação ao papel tradicionalmente feminino, identificado com serenidade e obediência às regras sociais".

Diante do cenário que descrevemos, não é de se estranhar que a

---

[32] ANDRADE, Vera Regina Pereira de. A soberania patriarcal: o sistema de justiça criminal no tratamento da violência sexual contra a mulher. Revista Brasileira de Ciências Criminais, maio-junho. 2014.

[33] DELCHIARO, Mariana Tonolli Chiavone; CARLOS Juliana de Oliveira. Para além da prisão: efeitos civis da política criminal de drogas em relação às mulheres. Disponível em: <http://www.ibccrim.org.br/boletim_artigo/5720-Para-alem-da-prisao-efeitos-civis-da-politica-criminal-de-drogas-em-relacao-as-mulheres>. Acesso em: 09 de jan. 2017.

mulher encarcerada seja menos visitada que os homens, além de acabar perdendo, na maioria das vezes, o seu relacionamento amoroso por não estar perto de seu companheiro.[34] Já na situação contrária, ou seja, quando o homem é preso, a mulher (seja a esposa, a filha ou a mãe (costuma não o abandonar, costumam, portanto, manter a casa e cuidar dos filhos até que o companheiro tenha sua liberdade reestabelecida. Desse modo, não há que se comparar o encarceramento feminino com o masculino. A sensibilidade, as emoções, o impacto social, a vulnerabilidade ante o cárcere, tendem a fazer com que a mulher sofra mais quando encarceradas.

Consoante os conhecimentos obtidos pela criminalista Maíra Fernandes[35] durante sua função no Conselho Penitenciário:

> Os presídios femininos são cemitérios de mulheres vivas. As visitas às mulheres presas são raríssimas. Visitas íntimas, então, quase não existem para mulheres. A maioria das cadeias femininas nem tem espaço para isso. Na maior parte das vezes, o namorado ou marido abandona a mulher quando ela é presa. Às vezes isso ocorre porque ele tem medo de também ser encarcerado. Outras vezes, o companheiro também está preso, outras é abandono mesmo e ponto. Por conta de todas essas circunstâncias, as visitas às mulheres presas acabam sendo muito raras, até porque as outras mulheres da família passam cuidar dos filhos da detenta.
>
> [...]
>
> O princípio de que nenhuma pena ultrapassará a pessoa do condenado não se aplica nesses casos, pois as penas das mulheres passam para toda a família. Muitas vezes, a mulher é presa e ninguém de sua família é avisado por vários dias. Quando você conversa com detentas, a primeira coisa que elas perguntam é "como está o meu filho?". É de cortar o coração. Fora a falta de suporte material.

Ao contrário do que determina a nossa Constituição Federal, as penas ultrapassam essas mulheres e punem drasticamente suas

---

[34] RODAS, Sérgio. Penas por tráfico de drogas atingem as famílias das mulheres condenadas. Disponível em: < http://www.conjur.com.br/2017-fev-22/entrevista-maira-fernandes-advogada-criminalista>. Acesso em: 22 de fev. de 2017.

[35] RODAS, Sérgio. Penas por tráfico de drogas atingem as famílias das mulheres condenadas. Disponível em: < http://www.conjur.com.br/2017-fev-22/entrevista-maira-fernandes-advogada-criminalista>. Acesso em: 22 de fev. de 2017.

famílias. Sem a figura da mãe, os filhos ficam desamparados, e, muitas vezes, acabam sendo aliciados ao cometimento de crimes. Isso, aliás, é o que afirma Maíra Fernandes[36].

Muito embora a legislação contemple diversos aspectos importantes para a reintegração social dos encarcerados, não há proteção legal específica para a reinserção social da mulher, sobretudo no mercado de trabalho – e o que já era um problema anterior ao cárcere, é ainda mais agravado após o cumprimento da pena. As singularidades femininas são negligenciadas a todo momento, não só na execução da pena, como também na legislação e nas políticas públicas brasileiras, o que gera nas mulheres libertas do cárcere uma condição de fragilidade social, sendo ainda mais negligenciadas com a superlotação carcerária.

Devemos atentar também para a seletividade penal, ou seja, o sistema penal, insiste em encarcerar aquelas pessoas que são mais vulneráveis. Segundo Bruna Peluffo Maglioni[37]:

> O Sistema Penal revela-se potencialmente seletivo tanto no momento em que define as condutas que deverão ser consideradas ilícitas quanto no momento em que escolhe quem deverá ser responsabilizado por praticar essas condutas, bem como quando escolhe sobre quem incidirá a sanção estatal.

Além da seletividade penal, tem-se a superlotação carcerária, que é um fator que gera muita discussão, sendo assim, analisando além do viés punitivo estatal, culturalmente cravejado até nas democracias mais avançadas, o encarceramento em massa propala um Estado Violador de direitos humanos. Devido ao grande crescimento da população carcerária ser maior que os avanços estruturais do Estado, as garantias processuais e os direitos necessários à execução da pena são violados, visto que esses direitos são obrigações do Estado – responsável pela proteção à vida e a integridade física e moral dos encarcerados.

---

[36] RODAS, Sérgio. Penas por tráfico de drogas atingem as famílias das mulheres condenadas. Disponível em: < http://www.conjur.com.br/2017-fev-22/entrevista-maira-fernandes-advogada-criminalista>. Acesso em: 22 de fev. de 2017.

[37] MAGLIONI, Bruna Peluffo. A seletividade do sistema penal brasileiro. Disponível em: <http://www.ambitojuridico.com.br/site/index.php?n_link=revista_artigos_leitura&artigo_id=10909>. Acesso em: 20 de fev. de 2016.

4. Descaracterização da hediondez no crime de tráfico de drogas privilegiado

A natureza jurídica do tráfico de drogas é um assunto polêmico, que tem sido foco de constantes discussões entre os juristas e estudiosos, pois a omissão do legislador acerca deste tema estava causando insegurança jurídica na doutrina, além das oscilações dos tribunais em suas decisões. Sendo assim, levou-se a referida discussão a nossa Suprema Corte, que diante da questão que lhe foi apresentada, precisou analisá-la com certa profundamente.

A discussão consiste em saber se o tráfico de drogas na modalidade privilegiada (Art.33, §4) pode ser considerado ou não hediondo. A nossa Constituição Federal dispõe em seu artigo 5º, inciso XLIII, que a lei considerará como crimes inafiançáveis e insuscetíveis de graça ou anistia a prática da tortura, o tráfico ilícito de entorpecentes e drogas afins, o terrorismo e os definidos como crimes hediondos. Porém, ao levarmos em conta a hediondez no crime de tráfico de drogas, não podemos afirmar que o mesmo é considerado crime hediondo, mas equiparado, segundo as previsões da Lei 8.072 de julho de 1990.

Assim, o legislador concedeu tratamento diferente ao tráfico de drogas, equiparando-o aos crimes hediondos, e com isso, estabeleceu critérios severos para progressão de regime, além de proibir o pagamento de fiança, vedação de anistia, graça e indulto, estabeleceu critérios mais rígidos para a concessão do livramento condicional, além de sugerir que os condenados por crimes hediondos e seus equiparados tenham uma certa presunção de periculosidade. Alessa Pagan Veiga e Arthur Corrêa da Silva Neto[38] dizem que "crime hediondo é a antítese de padrões éticos de comportamento sociais, cujos autores são perversos em grau extremo e de alta periculosidade *."*

Ocorre que, a lei não prescreve expressamente o tráfico privilegiado como equiparado a hediondo, assim, pelo princípio da legalidade, o mesmo não deveria ser encarado como tal. Nesse

---

[38] VEIGA, Alessa Pagan; NETO, Arthur Corrêa da Silva. Reflexões e consequências práticas da descaracterização do regime de hediondez para o tráfico privilegiado pela Suprema Cortem. Disponível em: <http://emporiododireito.com.br/tag/habeas-corpus-hc-118-533/>. Acesso em 21/07/2016.

sentido, vale ressaltar que a quantidade da droga não tem o condão de determinar se o crime de tráfico privilegiado terá a natureza ou não hedionda, vez que a lógica imposta pelo Supremo Tribunal Federal foi em relação a conduta do artigo 33, parágrafo 4º, da Lei de Drogas, então a natureza do crime praticado é comum, logo, os direitos estabelecidos na execução penal serão concedidos a todos, pelo raciocínio do crime comum.

Diante da discussão apresentada, o Supremo Tribunal Federal julgou o *Habeas Corpus* 118.533/MS, impetrado pela Defensoria Pública da União, questionando a decisão do Superior Tribunal Justiça, a qual determinava que o privilégio previsto no artigo §4º do art. 33 da Lei de Drogas não teria o condão de descaracterizar a hediondez do delito de tráfico de drogas, só incidindo na terceira fase de fixação da pena, como uma causa especial de diminuição da pena, desde que o agente seja primário, de bons antecedentes, não se dedique a atividades criminosas, nem integre organização voltada a esse fim.

O *Habeas Corpus* foi impetrado pela Defensoria Pública da União, com pedido de liminar em favor de Ricardo Evangelista Vieira de Souza e Robinson Roberto Ortega, os quais foram condenados como incursos no artigo 33, caput e parágrafo 4º, da Lei de Drogas, a sete anos e um mês de reclusão, em regime inicial fechado, e setecentos e dez dias-multa, à razão de 1/30 do salário mínimo a unidade. Objetiva-se, na presente impetração, o afastamento do caráter hediondo por equiparação legal do denominado tráfico privilegiado (Artigo 33, parágrafo 4º da Lei de Drogas), de modo que incida, para efeito de progressão no regime de cumprimento da pena, o requisito temporal de 1/6, e não o de 2/5 a que se refere a Lei nº 8.072/90 (artigo 2º, parágrafo 2º).

Na relatoria do caso, Ministra Carmén Lúcia, demonstrou-se favorável em afastar o caráter hediondo deste crime, votando em conceder a ordem no *Habeas Corpus* e afastar o caráter hediondo na hipótese de tráfico privilegiado, pois, para ela, o tráfico privilegiado de drogas não se harmoniza com a qualificação de hediondez do tráfico de drogas. O julgamento foi iniciado em junho de 2015, porém, a votação foi interrompida com o pedido de voto-vista do ministro Edson Fachin, o qual se pronunciou pela denegação da ordem, ao argumento de que a causa de diminuição de pena, prevista na Lei de Drogas, não era incompatível com a manutenção do caráter hediondo do crime. Posteriormente, após o pedido de vistas, o ministro analisou o *Habeas Corpus* e mudou seu voto, emitindo posição favorável ao HC. Consoante Fachin, [39]só pode qualificar um crime como equiparado a hediondo se houver previsão legal e estrita, portanto, para ele, o legislador não pretendeu incluir o tráfico minorado no regime dos crimes hediondos.

Ainda nesse contexto, o ministro Edson Fachin[40] sustenta que não se trata de atribuir ao tráfico privilegiado o caráter de infração de menor potencial ofensivo, ou de afirmar que o tempo de pena confere direito subjetivo aos benefícios. Para ele, trata-se, tão somente da gravidade do crime e a extensão da necessidade de punição penal, extraindo que o tratamento equiparado a hediondo configuraria flagrante desproporcionalidade.

Já o Ministro Ricardo Lewandowisk abordou algumas questões fáticas, tais como dados estatísticos que comprovariam que a descaracterização da hediondez do tráfico privilegiado levaria à soltura de 45% das mulheres presas. Lewandowisk ainda ressaltou os impactos fáticos da referida decisão, como a possibilidade de conceder o indulto e comutação, afirmando que o alto número de encarceradas pelo cometimento deste crime decorreria da própria crise econômica que o país enfrenta.[41]

Após o voto do ministro Edson Fachin, os ministros Teori Zavascki e Rosa Weber seguiram-no, modificaram seus votos, no sentido de prover o *Habeas Corpus*. Ricardo Lewandowski e Celso de Melo também votaram favoráveis a concessão do HC. Em contrapartida, o ministro Luíz Fux, reforçou o seu voto, em razão do reconhecimento do caráter hediondo do referido crime, além deste, os ministros Marco Aurélio e Dias Toffoli afirmaram que reconhecimento da hediondez foi uma opção normativa pelo legislador, portanto, deve-se manter o caráter hediondo. Por maioria

---

[39] STF: crime de tráfico privilegiado não tem natureza hedionda. In: Migalhas. Disponível em: < http://www.migalhas.com.br/Quentes/17,MI241278,51045-STF+crime+de+trafico+privilegiado+nao+tem+natureza+hedionda> . Acesso em 02 de fev. de 2017.

[40] GALLI, Marcelo. Tráfico privilegiado de entorpecentes não tem natureza hedionda. Disponível em: <http://www.conjur.com.br/2016-jun-23/trafico-privilegiado-entorpecentes-nao-natureza-hedionda>. Acesso em 27/06/2016.

[41]VEIGA, Alessa Pagan; NETO, Arthur Corrêa da Silva. Reflexões e consequências práticas da descaracterização do regime de hediondez para o tráfico privilegiado pela Suprema Cortem. Disponível em: <http://emporiododireito.com.br/tag/habeas-corpus-hc-118-533/>. Acesso em 21/07/2016.

absoluta dos votos, tendo oito votos favoráveis e apenas três votos contrários, decidiu-se que o §4º do art. 33 da Lei de drogas não deve ser considerado de natureza hedionda, conforme o relatório que segue:

> Por todo o exposto, restando configurado o fumus boni iures, demonstrado no contexto da fundamentação jurídica do presente habeas corpus, em que a situação fática, de forma escorreita, subsumiu-se à orientação jurisprudencial deste Egrégio STF, bem como o periculum in mora, em vista do constrangimento ilegal imposto aos pacientes, vem requerer a Vossa Excelência que seja concedida LIMINARMENTE a presente ORDEM DE HABEAS CORPUS em favor dos pacientes, determinando a suspensão dos efeitos do acórdão do Superior Tribunal de Justiça, para que os pacientes possam fazer jus aos benefícios do livramento condicional e a progressão de regime nos prazos dos crimes comuns e, no mérito, seja concedida a ordem para que seja reconhecida a inexistência da hediondez no crime de tráfico privilegiado, e, por conseqüência, o direito da paciente em ver lhe ver concedido o livramento condicional e a progressão de regime nos prazos dos crimes comuns, fazendo, finalmente, cessar o constrangimento ilegal.

O principal argumento utilizado pelo Supremo Tribunal Federal para conceder a ordem foi à desproporcionalidade em tratar o tráfico privilegiado de drogas como equiparado a hediondo e a violação dos princípios da isonomia e individualização da pena, quando estabelece grande rigor punitivo e processual para todos os agentes que praticam o tráfico de drogas. Sendo assim, o ministro Edson Fachin[42] diz que:

> Reconhecer o tráfico privilegiado de drogas como crime hediondo é consentir que a lei ordinária atribua ao traficante eventual punição penal mais grave que a aplicada ao indivíduo que se incorpora definitivamente ao exercício do tráfico de drogas, violando assim os limites que gerenciam legislação penal

Salo de Carvalho[43] afirma, aliás, numa perspectiva bem mais

---

[42] GALLI, Marcelo. Tráfico privilegiado de entorpecentes não tem natureza hedionda. Disponível em:<http://www.conjur.com.br/2016-jun-23/trafico-privilegiado-entorpecentes-nao-natureza-hedionda>. Acesso em 27/06/2016.

[43] *Apud* RODAS, Sérgio. É absolutamente ilegítimo que o Estado limite o uso de qualquer droga. Disponível em: <http://www.conjur.com.br/2017-fev-20/entrevista-salo-carvalho-professor-direito-penal-ufrj>. Acesso em: 22 de fev. de 2017.

ampla, que não há justificativa **para que o tráfico de drogas seja considerado crime hediondo. Para ele:**

> A conduta do tráfico, é uma conduta de comércio como qualquer outra. Se dispensar a substância, é uma conduta de comércio normal, e colocando a ilegalidade, é como a conduta de contrabando, de descaminho. A demonização dessas substâncias acaba explicando esse excesso, esse abuso que é a criminalização, e a hediondez é a criminalização mais grave que nós temos. Se pensarmos numa escala de gravidade das condutas, olharmos para as penas aplicadas e pelo tratamento legal, o comércio de drogas é um dos crimes mais graves que temos no nosso ordenamento jurídico.

Ante o exposto, diante da descaracterização da hediondez no já mencionado crime, entende-se que a Súmula 512 do Superior Tribunal de Justiça, a qual afirma que o crime de tráfico de drogas é hediondo em todos os casos, inclusive na forma privilegiada, restou esvaziada. Sendo assim, o indivíduo que for réu primário, de bons antecedentes, que não se dedicar as atividades criminosas nem integrar organizações criminosas – sendo estes requisitos cumulativos -, adquirirá alguns privilégios, dentre eles, o direito a concessão de graça, anistia e indulto, desde que cumpra os outros requisitos e redução do tempo de cumprimento da pena para progressão de regime.

Alguns dos direitos concedidos a partir da referida decisão consistem na possibilidade de anistia, graça e indulto. De acordo com Itala Rayara Santos Perete[44], a anistia está "prevista na Constituição Federal e no Código Penal, configurando-se como uma excludente de punibilidade." Ou seja, trata-se de um esquecimento jurídico do ato ilícito, tendo como objeto os fatos definidos como crimes, não as pessoas, podendo ser aplicada a qualquer momento - antes ou depois da sentença. Nesse contexto, Itala Perete também diz que:

> A graça e o indulto juntamente com a anistia são formas de extinção da punibilidade (art.107, II, CP). A graça destina-se a pessoa determinada e não ao fato, já o indulto, é uma medida de caráter coletivo. Ambas, só podem ser concedidas pelo Presidente da Republica que pode delegar tal atribuição a Ministro de Estado ou a

---

[44] PERETE, Itala Rayara Santos. Anistia, graça e indulto. Disponível em: < http://www.conteudojuridico.com.br/artigo,anistia-graca-e-indulto,26693.html>. Acesso em: 14 de fev. de 2017.

outras autoridades.

[...]

A graça, considerada como um indulto individual pode ser total, quando alcança todas as sanções impostas ao condenado, ou parcial, quando ocorre a redução ou substituição da sanção e possui por objeto os crimes comuns.

[...]

O indulto propriamente dito, ou indulto coletivo, destina-se a um grupo determinado de sentenciados e inclui os beneficiários tendo em vista a duração das penas que lhe foram aplicadas, além de outros requisitos subjetivos que poderão ser estabelecidos por lei.

Neste julgamento o que mais importou, além das pertinentes discussões jurídicas, foi o aspecto fático-sociológico que o tema engloba, pois possui uma grande relação com o encarceramento feminino, vez que é o tráfico de drogas o que mais lhes afeta. Entretanto, essa linha de decisão com base numa política criminal desencarceradora deveria ter sido realizada pelo Poder Legislativo que muitas vezes não o faz por ser interesse minoritário, pois o enfrentamento ao encarceramento em massa implica contas no legislativo, em contrapartida, a criação de um tipo penal ou um aumento de pena não requer tanto esforço econômico para o Estado. Por fim, ressaltamos mais uma vez que os esforços para a melhoria de nossa sociedade devem ser comuns a todos os Poderes, mas o Poder Judiciário, como poder moderador, vem tomando decisões com o objetivo de promover melhorias a sociedade, além da resolução dos conflitos.

5. Possíveis impactos da decisão no campo prático

A mencionada decisão a qual nos referimos no capítulo anterior tem o potencial de desencadear eventuais impactos positivos na problemática do encarceramento feminino. Entretanto, é bom que se diga desde logo que não haverá mudanças se dependermos exclusivamente da decisão emitida pelo Supremo Tribunal Federal. Apesar das dificuldades e do caldo cultural ainda influenciado pelo patriarcalismo, é evidente que a já mencionada decisão, embora não tenha sido específica, importa no debate para a criação de um ambiente favorável ao enfrentamento das questões de gênero, sobretudo na formulação de políticas públicas.

Consoante o posicionamento de Mário Serginho Sobrinho, é necessário que além da decisão, providências e ações respaldadas pela lei sejam aplicadas e cumpridas pelo sistema prisional, visto que são geradoras de efeitos positivos. Como exemplo, temos a fiscalização permanentemente nos estabelecimentos prisionais e a disponibilidade de itens básicos de subsistência; oferta de trabalho, estudo, capacitação profissional, atendimento de saúde e assistência judiciária além de reintegrar o preso ao convívio familiar e social

A decisão traz certa esperança e sinais positivos, havendo a possibilidade de melhorias no tocante ao encarceramento feminino. Porém, recomenda-se também buscar saídas para a tendência de banalização da pena, ou seja, precisa-se da implantação de medidas como esta, que vise afastar a incidência da pena de prisão. Essas novas medidas podem ser pressionadas para que mude o entendimento no Supremo Tribunal Federal, alegando que novas jurisprudências podem servir como estímulo na criação de novas políticas criminais.

É necessário esquecer um pouco a idéia de que o uso do Direito Penal, especificamente a privação da liberdade, será capaz de conter as consequências dos riscos gerados pelo cometimento de crimes, isso ocorre porque os poderes – executivo, legislativo e judiciário – brasileiros estão envoltos em uma cultura extremamente punitivista. Consoante Francisco de Assis França Junior[45], as autoridades criaram um verdadeiro Estado de Prevenção, pois diante do medo generalizado de vitimização e das frustrações geradas por conta das promessas de justiça social não cumpridas, alguns sacrifícios têm sido anunciados como necessários. Isto é, a titulo de boas intenções, o enrijecimento do tratamento com os encarcerados, obstaculizando o acesso aos instrumentos democráticos de defesa, além de alargar os estigmas durante o contato com o sistema criminal.

Sendo assim, Francisco de Assis França Junior[46] expõe que:

---

[45] JUNIOR, Francisco de Assis França. O grande encarceramento: só a descriminalização salva. Disponível em: <http://www.ibccrim.org.br/boletim_artigo/5900-O-grande-encarceramento-so-a-descriminalizacao-salva>. Acesso em 14 de fev. de 2017.

[49] JUNIOR, Francisco de Assis França. O grande encarceramento: só a descriminalização salva. Disponível em: <http://www.ibccrim.org.br/boletim_artigo/5900-O-grande-encarceramento-so-a-descriminalizacao-salva>. Acesso em 14 de fev. de 2017.

O fenômeno multifacetado da criminalidade há de ser trabalhado respeitando-se suas características, sem tentarmos, portanto, subvertê-las, ou seja, com a ideia de que somente a observação e a articulação das múltiplas variáveis que a compõem nos permitirá encontrar alternativas verdadeiramente eficazes, além de menos invasivas e, portanto, mais condizentes com um ambiente substancialmente democrático que intencionamos implantar.

Atualmente, existe no judiciário uma movimentação dita desencarceradora, mas que tem servido apenas para reduzir as tensões do encarceramento massivo brasileiro, pois aqueles que dizem serem os bem intencionados reformadores do sistema penal não percebem os contornos da nova disciplina, a nítida expansão do poder punitivo, além de não perceberem também as sombrias perspectivas do controle na era digital. Sendo assim, a movimentação que encontra-se em curso deveria servir como forma de minimizar a superlotação carcerária, porém, está apenas contornando a situação já existente.

É possível afirmar que não se percebe progresso relevante nas últimas décadas com as iniciativas ditas desencarceradoras, porém , reconhece-se que os mutirões do Judiciário têm servido de forma mais eficiente na pauta do desencarceramento. Dessa maneira, Francisco de Assis França Junior[47] aduz, da perspectiva abolicionista, que "não é tentando impor determinadas medidas ao sistema criminal que o conseguiremos deter, mas lhe retirando completamente a possibilidade de incidir sobre os conflitos."

Entretanto, no cenário dessa crise anunciada do sistema prisional brasileiro, a descriminalização das drogas é uma das medidas que se forem acatadas pelo judiciário poderá trazer a redução do encarceramento feminino. Por outro lado, observando a previsão legal, Mario Sergio Sobrinho[48] diz que a ideia de descriminalizar o porte de drogas para uso próprio não reduzirá a população carcerária, pois o porte de drogas no Brasil é um crime que não permite prisão, visto que as sanções previstas na legislação são

---

[47] JUNIOR, Francisco de Assis França. O grande encarceramento: só a descriminalização salva. Disponível em: <http://www.ibccrim.org.br/boletim_artigo/5900-O-grande-encarceramento-so-a-descriminalizacao-salva>. Acesso em 14 de fev. de 2017.

[48] SOBRINHO, Mario Sérgio. Descriminalizar porte de drogas para reduzir população penitenciária é ineficaz. Disponível em: <http://www.conjur.com.br/2017-fev-20/descriminalizar-reduzir-populacao-penitenciaria-ineficaz>. Acesso em 22 de fev. de 2017.

exclusivamente, advertência sobre os efeitos das drogas, prestação de serviços à comunidade e medida educativa de comparecimento a programa ou curso.

O que se verifica é que a descriminalização apenas do porte de drogas para uso próprio não vai reduzir a superlotação no sistema prisional, já que o mero porte para uso próprio não submete o indivíduo a pena de prisão. É preciso que haja descriminalização do porte para uso próprio, como também do comércio ilícito de drogas, pois, Segundo Mario Sergio Sobrinho[49], o fenônemo da descriminalização " retiraria poder do narcotráfico com desprezo

ao fato de que o que move o crime organizado não é a obediência à lei, mas obtenção de lucro e de recursos para manter sua estrutura e poder paralelos."

De acordo com Salo de Carvalho[50], a proibição das drogas, imposta há mais de um século, é absolutamente ilegítima. Para ele, o Estado não pode limitar o uso de qualquer substância por qualquer pessoa, e o fato de tal vedação ocorrer por norma penal, e não administrativa, é um abuso ainda mais evidente. Sendo assim, o professor da UFRJ... ressalta que a regulamentação dos entorpecentes ajudaria a desafogar o sistema carcerário.

Sendo assim, ao descriminalizar o porte e o comércio, os individuos que se encontram encarcerados por estas modalidades não seriam mais submetidos há imposição de penas, além de que haveria controle a produção e a distribuição dessas substâncias, seria necessário fazer contrapropaganda dos produtos, para que os consumidores pudessem saber os maléficios causados pelo produto, como também, haveria uma série de tratamentos oferecidos as pessoas que prejudicadas pelo uso, ou seja, ao contrário do que o senso comum prega, a regulamentação reduz o número de consumidores. Como exemplo, temos o cigarro, que atraves da sua contrapropaganda, os consumidores reduziram o uso.

Maíra Fernandes[51] afirma que as unidades prisionais não é a

---

[49]   SOBRINHO, Mario Sérgio. Descriminalizar porte de drogas para reduzir população penitenciária é ineficaz. Disponível em: <http://www.conjur.com.br/2017-fev-20/descriminalizar-reduzir-populacao-penitenciaria-ineficaz>. Acesso em 22 de fev. de 2017.

[50] RODAS, Sérgio. É absolutamente ilegítimo que o Estado limite o uso de qualquer droga. Disponível em: <http://www.conjur.com.br/2017-fev-20/entrevista-salo-carvalho-professor-direito-penal-ufrj>. Acesso em: 22 de fev. de 2017.

[51] RODAS, Sérgio. Penas por tráfico de drogas atingem as famílias das mulheres condenadas. Disponível em: < http://www.conjur.com.br/2017-fev-

solução. Ela afirma que umas das medidas para melhorar as penitenciárias é a regulamentação das drogas. Além de investir em modelos alternativos, como as Associações de Proteção e Assistência a Condenados (Apacs) e colônias agrícolas.

Alguns estudos apontam que o tráfico de drogas só poderá chegar ao fim com a sua descriminalização, pois o direito penal, através do encarceramento, não é capaz de solucionar os problemas do tráfico, isto é, apenas encarcera os indivíduos que se inserem nesse meio, e o que deveria ser solucionado pelo Estado está se tornando um problema ainda maior. Sendo assim, é preciso fazer uma diferenciação entre despenalização e descriminalização. Consoante o ilustre Professor Luíz Flávio Gomes[52]:

> Despenalizar significa adotar penas alternativas para o ilícito penal de modo que suavize a resposta penal e evite a aplicação da pena privativa de liberdade. Enquanto que descriminalizar seria retirar o caráter ilícito do comportamento, legalizando-o ou transferindo-o para outra área do Direito a aplicação de penalidades.

Como já foi dito no capítulo 2, há um recurso no Supremo Tribunal Federal (RE n° 635.659) que versa sobre a descriminalização das drogas, porém, encontra-se suspenso por um pedido de vistas. Este recurso, se aprovado, trará conseqüências bastante positivas para as mulheres encarceradas por tráfico de drogas, já que a decisão acerca da descaracterização do caráter hediondo do tráfico privilegiado, se aplicada sozinha, não será suficiente para mudar o estado de coisas atual. Portanto, a descriminalização seria o ponta-pé inicial para uma serie de efeitos positivos na sociedade e para as encarceradas.

É necessário que se pense em alternativas, visto que, em cem anos de proibição não conseguiu conter ou diminuir o consumo e a produção das drogas. Diante da proposta de descriminalização, Luciana Boiteux(n° 217, 2010) diz que:[53]

22/entrevista-maira-fernandes-advogada-criminalista>. Acesso em: 22 de fev. de 2017.

[52] CUNHA, Danilo Ricardo de Paiva. Despenalização do uso de drogas: análise da Política Criminal que circunda o art. 28 da Lei n° 11.343/06. Disponível em: <http://www.conteudojuridico.com.br/artigo,despenalizacao-do-uso-de-drogas-analise-da-politica-criminal-que-circunda-o-art-28-da-lei-no-1134306,46900.html#_ftn10>. Acesso em: 26 dez. 2016.

[53] BOITEUX, Luciana. Breves considerações sobre a política de drogas brasileira atual e as possibilidades de descriminalização. In: Boletim do IBCCRIM, 2010, n°217. Disponível em: < http://www.ibccrim.org.br/boletim_artigo/4255-Breves-

É mais do que urgente a mudança desse paradigma proibicionista da guerra às drogas, que se mostrou caro e ineficaz, como o trágico exemplo do México. Há alternativas descriminalizadoras que podem ser aplicadas e que trarão ,como consequências, menos gastos públicos com repressão e melhor qualidade de vida aos usuários, além de maior acesso ao sistema de saúde.

[...]

É preciso mudar a mentalidade e trabalhar com evidências científicas, deixando de lado o discurso do medo e da guerra, que proliferou nos últimos anos e que tenta legitimar a política proibicionista, a qual não mais se sustenta racionalmente .

Ainda nesse prisma, a Comissão Brasileira sobre Drogas e Democracia[54] enviou um documento ao secretário-geral da Organização das Nações Unidas – ONU, afirmando que:

A humanidade não tem condições de arcar com os custos de insistir, em pleno século XXI, em políticas de drogas tão ineficientes e contraproducentes quanto às do século passado. Precisamos de uma nova resposta à questão das drogas, que seja baseada em evidências científicas, em compaixão, na saúde e nos direitos humanos.

Por fim, a descaracterização do caráter hediondo deste crime desencadeia novos aspectos, além da diminuição da pena, traz privilégios para as mulheres, como a concessão de anistia, graça, indulto, sursis, de penas menores, além de conceder um lapso temporal menor para a progressão de regime e obtenção do livramento condicional. A anistia, graça e indulto – já delineado no capítulo anterior -, poderá ser concedido as mulheres dentro dos limites estabelecidos na lei, porém, deverá haver pedido de advogado ou defensor público para que estes sejam conferidos. Outro direito decorrente da decisão é a suspensão condicional da pena – SURSIS, que consiste na suspensão da execução da pena privativa de liberdade, desde que a mulher condenada se adeque aos requisitos da lei, e se comprometa a cumprir as condições que lhes forem

---

consideracoes-sobre-a-politica-de-drogas-brasileira-atual-e-as-possibilidades-de-descriminalizacao>. Acesso em: 26 de dez. 2016.

[54] Em carta, líderes mundiais pedem fim da guerra às drogas. In: Comissão Brasileira de Drogas e Democracia. Disponível em: <http://www.cbdd.org.br/blog/2016/04/18/em-carta-lideres-mundiais-pedem-fim-da-guerra-as-drogas/>. Acesso em: 26 dez. 2016.

atribuídas, este instituto visa reeducar as condenadas, impedindo que aquelas em que cuja pena não ultrapasse dois anos seja privada de sua liberdade.

No entanto, cumpre evidenciar que apesar da decisão ser reconhecidamente um avanço e trazer alguns benefícios, não pode ser compreendida como uma vitória definitiva. Pode, portanto, se tornar apenas um paliativo, caso não haja a criação de políticas criminais mais eficazes. Sendo assim, apesar dos benefícios ofertados pela decisão, ainda é cedo para analisar os efeitos que incidiram sobre as encarceradas pelo tráfico privilegiado de drogas, claro que devem ser positivos, mas é necessário analisar como os julgadores aplicaram isso na prática.

Considerações Finais

Com o objetivo de analisar criticamente a lei de drogas e fazer um estudo sobre as mulheres que se encontram encarceradas pela prática do crime de tráfico de drogas em Alagoas, pudemos concluir que este crime é responsável por mais da metade das mulheres encarceradas. Sendo assim, ao analisarmos os fundamentos da decisão proferida pelo Supremo Tribunal Federal no Habeas Corpus 118.5333, entendemos que a referida decisão traz um sinal positivo, mas deve ser implantado junto com outras medidas para que surta efeitos positivos e reduza o encarceramento feminino.

O aumento excessivo do encarceramento, conforme o exposto, é um problema sociopolítico e jurídico que traz consequências nefastas para as mulheres encarceradas. Desse modo, buscamos demonstrar posicionamentos de autores que incentivam criação de novas medidas para tornar o cárcere um ambiente menos trágico, que não sirva apenas como um depósito de pessoas.

Além de analisarmos criticamente a decisão proferida pelo Supremo Tribunal Federal, trouxemos os possíveis impactos que essa decisão trará. Porém, precisamos esperar um pouco – por se tratar de decisão recente - para podermos saber a forma que o judiciário está aplicando essa decisão, visto que os impactos devem trazer benefícios para as mulheres.

Referências

ALAGOAS. **Secretaria do Estado de Ressocialização e**

Inclusão social. Controle diário da população carcerária – plantão de 28/11/2016à 29/11/2016. Disponivel em: <http://www.seris.al.gov.br/populacao-carceraria/mapa-17-28.11.2016-a-29.11.2016.pdf>. Acesso em: 07 dez. 2016.

ANDRADE, Léo Rosa de. Ajudadora amaldiçoada, violência sexual, política. In: **Empório do Direito.** Disponível em: <http://emporiododireito.com.br/tag/patriarcalismo/>. Acesso em: 13 fev. 2017.

ANDRADE, Vera Regina Pereira de. **A soberania patriarcal:** o sistema de justiça criminal no tratamento da violência sexual contra a mulher. Revista Brasileira de Ciências Criminais, n 48, p. 260-290, maio-junho. 2014.

ARAÚJO, Bruna Stéffani Soares de. Guerra às drogas e mulheres latino-americanas: contribuições para uma criminologia feminista descolonizada. In: **Boletim IBCCrim.** Ano 24, n°287, p. 14 - 15. Outubro. São Paulo: IBCCRIM, 2016.

BARROSO, Luís Roberto. RE 635.659: Descriminalização do porte de drogas para consumo próprio. Anotações para o voto oral do Ministro Luís Roberto Barroso. In: **Consultor Jurídico.** Disponível em:< http://s.conjur.com.br/dl/leia-anotacoes-ministro-barroso-voto.pdf>. Acesso em: 10 mar. 2017.

BOITEUX, Luciana. Breves considerações sobre a política de drogas brasileira atual e as possibilidades de descriminalização. In: **Boletim do IBCCRIM,** 2010, n°217. Disponível em: <http://www.ibccrim.org.br/boletim_artigo/4255-Breves-consideracoes-sobre-a-politica-de-drogas-brasileira-atual-e-as-possibilidades-de-descriminalizacao>. Acesso em: 26 dez. 2016.

BOTTINI, Pierpaolo Cruz. **Crimes de perigo abstrato.** 3 ed. São Paulo: RT, 2013.

BOUJIKIAN, Kenarik. O aceno do Papa Francisco para as mulheres presas. In: **Boletim IBCCrim.** Ano 24, n° 286, p. 10 – 11. Setembro. São Paulo: IBCCRIM, 2016.

BRASIL. MJC. Ministério da Justiça e Cidadania. Levantamento Nacional de Informações Penitenciárias: Infopen mulheres, jun. 2014. In: **Departamento Penitenciário Nacional.** Disponível em: <https://www.justica.gov.br/noticias/mj-divulgara-novo-relatorio-do-infopen-nesta-terca-feira/relatorio-depen-versao-web.pdf>. Acesso em 10 nov. 2016.

_____. **Lei n° 11.343 de 23 de agosto de 2006.** Institui o Sistema Nacional de Políticas Públicas sobre Drogas - Sisnad; prescreve medidas para prevenção do uso indevido, atenção e reinserção social de usuários e dependentes de drogas; estabelece normas para repressão à produção não autorizada e ao tráfico ilícito de drogas; define crimes e dá outras providências. Disponível em: <http://www.planalto.gov.br/ccivil_03/_ato2004-2006/2006/lei/l11343.htm>. Acesso em: 19 jul. 2016.

_____. **DECRETO Nº 8.940, DE 22 DE DEZEMBRO DE 2016**. Concede indulto natalino e dá outras providências. Disponível   em:< http://www.planalto.gov.br/ccivil_03/_Ato2015-2018/2016/Decreto/D8940.htm>. Acesso em: 10 nov. 2016.

_____. Notícias STF. **Suspenso julgamento sobre porte de drogas para consumo próprio**. Disponível em:< http://www.stf.jus.br/portal/cms/verNoticiaDetalhe.asp?idConteudo=299484>. Acesso em: 10 no. 2016.

CAMPOS, Marcelo da Silveira; VALENTE Rodolfo de Almeida. O julgamento do recurso extraordinário 635.659: pelo fim da guerra as drogas. In: **Boletim IBCCrim**, 2011/2012. Disponível em: <http://www.ibccrim.org.br/boletim_artigo/4738-O-julgamento-do-recurso-extraordinario-635659-pelo-fim-da-guerra-as-drogas>. Acesso em: 22 dez. 2016.

CAPEZ, Fernando. **A nova Lei de tóxicos, modificações legais relativas à figura do usuário**. Cidade: Revista Magister de Direito Penal e Processual Penal nº 14. Out/Nov, 2006.

COELHO, Luís Carlos Valois. Juiz concede indulto a condenada por "tráfico privilegiado". In: **Empório do Direito**. Disponível em: <http://emporiododireito.com.br/tag/trafico-privilegiado/>. Acesso em: 06 mar. 2017.

_____. O Direito Penal da guerra as drogas. In: **Boletim IBCCrim**. Ano 24, nº 286, p. 4 - 5. Setembro. São Paulo: IBCCRIM, 2016.

COIMBRA, Valdinei Cordeiro. O tráfico de drogas privilegiado: requisitos para o seu reconhecimento e análise da sua hediondez. In: **Âmbito Jurídico**. Disponível em: <http://www.ambito-juridico.com.br/site/?n_link=revista_artigos_leitura&artigo_id =13401>. Acesso em: 08 fev. 2017.

COSTA, Elaine Cristina Pimentel. **Amor bandido**: as teias afetivas que envolvem a mulher no trafico de drogas. Maceió: Edufal, 2007.

_____. O grande encarceramento por uma perspectiva de gênero.

In: ALMEIDA, Luiz Sávio de; COUTINHO, Sérgio; FRANÇA JR. (orgs.). **Direito, Sociedade e Violência**: Reflexão sobre Alagoas. Maceió: Edufal, 2015, 1 v.

_____; SANTOS, Hugo Leonardo Rodrigues. Repercussões político-criminais da desconsideração da equiparação do tráfico privilegiado como crime hediondo no sistema prisional feminino. In: CARVALHO, Érika Mendes de; ÁVILA, Gustavo Noronha de. (orgs.). **10 Anos da lei de drogas**: Aspectos criminológicos, dogmáticos e político-criminais. Belo Horizonte: D'Plácido Editora, 2016.

CUNHA, Danilo Ricardo de Paiva. Despenalização do uso de drogas: análise da Política Criminal que circunda o art. 28 da Lei nº 11.343/06. In: **Conteúdo Jurídico**. Disponível em: <http://www.conteudojuridico.com.br/artigo,despenalizacao-do-uso-de-drogas-analise-da-politica-criminal-que-circunda-o-art-28-da-lei-no-1134306,46900.html#_ftn10>. Acesso em: 26 dez. 2016.

DELCHIARO, Mariana Tonolli Chiavone; CARLOS, Juliana de Oliveira. Para além da prisão: efeitos civis da política criminal de drogas em relação às mulheres. In: **IBCCRIM**. Disponível em: <http://www.ibccrim.org.br/boletim_artigo/5720-Para-alem-da-prisao-efeitos-civis-da-politica-criminal-de-drogas-em-relacao-as-mulheres>. Acesso em: 09 jan. 2017.

DIREITO – Lei dos Crimes Hediondos. **In: Instituto Jurídico Roberto Parentoni – IDECRIM**. Disponível em: < http://www.idecrim.com.br/index.php/direito/29-lei-de-crimes-hediondos> . Acesso em: 10 fev. 2017.

EM CARTA, líderes mundiais pedem fim da guerra às drogas. **In: Comissão Brasileira de Drogas e Democracia**. Disponível em: <http://www.cbdd.org.br/blog/2016/04/18/em-carta-lideres-mundiais-pedem-fim-da-guerra-as-drogas/>. Acesso em: 26 dez. 2016.

FRANÇA JUNIOR, Francisco de Assis de. O grande encarceramento: só a descriminalização salva. In: **IBCCRIM**. Disponível em: <http://www.ibccrim.org.br/boletim_artigo/5900-O-grande-encarceramento-so-a-descriminalizacao-salva>. Acesso em: 14 fev. 2017.

_____. **Consumo de drogas** – análise crítica da política luso-brasileira. Rio de Janeiro: Lumen Juris, 2016.

FREITAS, Rafael Gomes de. A relação entre o aumento da pena e a redução da criminalidade. In: **Jus Brasil.** Disponível em:< https://rafagofr.jusbrasil.com.br/artigos/316888072/a-relacao-entre-o-aumento-da-pena-e-a-reducao-da-criminalidade?print=true>. Acesso em: 24 mar. 2017.

GALLASSI, Andrea; TÓFOLLI, Luís Fernando. **Pior do que as drogas é a política adotada para lidar com a questão.** Disponível em:<https://www.nexojornal.com.br/ensaio/2017/Pior-do-que-as-drogas-%C3%A9-a-pol%C3%ADtica-adotada-para-lidar-com-a-quest%C3%A3o>. Acesso em: 05 mar. 2017.

GALLI, Marcelo. Tráfico privilegiado de entorpecentes não tem natureza hedionda. In: **Consultor Jurídico**. Disponível em: <http://www.conjur.com.br/2016-jun-23/trafico-privilegiado-entorpecentes-nao-natureza-hedionda>. Acesso em: 27 jun. 2016.

GARCIA, Roberto Soares. A inconstitucionalidade do art. 28 da Lei de Drogas. In: **Boletim do IBCCRIM**, 2011/2012. Disponível em: <http://www.ibccrim.org.br/boletim_artigo/4740-A-inconstitucionalidade-do-art-28-da-Lei-de-Drogas>. Acesso em: 26 dez. 2016.

GONÇALVES, Marcelo Santin. **Comentários à Lei de Drogas - Lei 11 343/06.** Disponível em:<http://www.viajus.com.br/viajus.php?pagina=artigos&id =3648&idAreaSel=4&seeArt=yes>. Acesso em: 23 nov. 2016.

JACINTO, Gabriela; MANGRICH, Cláudia; BARBOSA, Mario Davi. Esse é o meu serviço, eu sei que é proibido: Mulheres aprisionadas por tráfico de drogas. In: **IBCCRIM**. Disponível em: <http://www.ibccrim.org.br/artigo/10465-Esse-e-meu-servico-eu-sei-que-e-proibido-Mulheres-aprisionadas-por-trafico-de-drogas>. Acesso em: 04 jan. 2017.

LIMA, Raquel da Cruz. **Mulheres e tráfico de drogas: uma sentença tripla.** Disponível em: <http://justificando.cartacapital.com.br/2015/08/03/mulheres-e-trafico-de-drogas-uma-sentenca-tripla/>. Acesso em: 08 mar. 2017.

LUCHETE, Felipe; GRILLO Brenno. Indulto natalino separa crimes por gravidade e acaba com a comutação. In: **Consultor Jurídico**. Disponível em: <http://www.conjur.com.br/2016-dez-23/decreto-indulto-separa-crimes-gravidade-exclui-oab.>

Acesso em: 08 mar. 2017.

MAGLIONI, Bruna Peluffo. A seletividade do sistema penal brasileiro. In: **Âmbito Jurídico**. Disponível em: <http://www.ambitojuridico.com.br/site/index.php?n_link=re vista_artigos_leitura&artigo_id=10909>. Acesso em: 20 fev. 2016.

OLIVEIRA, Luiz Carlos. A problemática da suposta descriminalização do uso de drogas perante a Lei 11.343/06. In: **Conteúdo Jurídico**. Disponível em: <http://www.conteudojuridico.com.br/artigo,a-problematica-da-suposta-descriminalizacao-do-uso-de-drogas-perante-a-lei-1134306,36331.html>. Acesso em: 23 nov. 2016.

PERETE, Itala Rayara Santos. Anistia, graça e indulto. In: **Conteúdo Jurídico**. Disponível em: <http://www.conteudojuridico.com.br/artigo,anistia-graca-e-indulto,26693.html>. Acesso em: 14 fev. 2017.

PIMENTEL, Manoel Pedro. **Segurança pública**. Cidade: Revista dos Tribunais, n.596, p. 289, jun.1985.

RODAS, Sérgio. Penas por tráfico de drogas atingem as famílias das mulheres condenadas. In: **Consultor Jurídico**. Disponível em: <http://www.conjur.com.br/2017-fev-22/entrevista-maira-fernandes-advogada-criminalista>. Acesso em: 22 fev. 2017.

_____. É absolutamente ilegítimo que o Estado limite o uso de qualquer droga. In: **Consultor Jurídico**. Disponível em: <http://www.conjur.com.br/2017-fev-20/entrevista-salo-carvalho-professor-direito-penal-ufrj>. Acesso em: 22 fev. 2017.

SALOTTI, Carolina Sabbag; BORGES, Paulo César Corrêa. O aumento do encarceramento feminino no Brasil e a não hediondez do crime de tráfico privilegiado. In: **Boletim IBCcrim**. Ano 24, nº 288. Dezembro. São Paulo: IBCCRIM, 2016.

SHIMIZU, Bruno; CACICEDO, Patrick. Crítica à estipulação de critérios quantitativos objetivos para diferenciação entre traficantes e usuários de drogas: reflexões a partir da perversidade do sistema penal em uma realidade marginal. In: **Boletim IBCcrim**. Ano 24, nº 286, p. 8 - 9.Setembro. São Paulo: IBCCRIM, 2016.

SOBRINHO, Mario Sérgio. Descriminalizar porte de drogas para reduzir população penitenciária é ineficaz. In: **Consultor Jurídico**. Disponível em: <http://www.conjur.com.br/2017-

fev-20/descriminalizar-reduzir-populacao-penitenciaria-
ineficaz>. Acesso em 22 fev. 2017.

SOUZA, Rodrigo Darela de. Drogas, por que legalizar? A
interferência do Direito Penal na questão das drogas.
Parte 5 – Discussão das drogas no Brasil – RE635659. In: **Empório do
Direito.** Disponível em:
<http://emporiododireito.com.br/drogas-por-que-legalizar-
parte-5/>. Acesso em: 07 mar. 2017.

STF: crime de tráfico privilegiado não tem natureza hedionda. **In:
Migalhas.** Disponível em:
<http://www.migalhas.com.br/Quentes/17,MI241278,51045ST
F+crime+de+trafico+privilegiado+nao+tem+natureza+hediond
a>. Acesso em 02 fev. 2017.

VEIGA, Alessa Pagan; SILVA NETO, Arthur Corrêa da. Reflexões
e consequências práticas da descaracterização do regime de
hediondez para o tráfico privilegiado pela Suprema Cortem. **In:
Empório do Direito.** Disponível em:
<http://emporiododireito.com.br/tag/habeas-corpus-hc-118-
533/>. Acesso em: 21 jul. 2016.

WINTER, Gustavo Schlupp. **Internação compulsória de
dependentes de drogas** – do mito da defesa social e ajuda
compulsória à violência e exclusão social. Florianópolis: Empório
do Direito, 2017.

ZACCONE, Orlando. **Acionistas do nada:** quem são os traficantes
de drogas. Rio de Janeiro: Revan, 2014.

A problemática da assistência integral à saúde da mulher: a situação das encarceradas em Alagoas

BÁRBARA BASTO DOS SANTOS[55]

Introdução

Ao tratar das vivências no crime e na prisão, alguns problemas comuns podem ser notados em todo o país, em que se propõe analisar, em especial o sistema carcerário de Alagoas. Questionamentos acerca da relação afetiva depois do cumprimento da pena, a superlotação das unidades, os aspectos de preconceito no campo profissional, a vergonha perante a sociedade e o receio de voltar ao cárcere, já implica em fatores que afetam a saúde integral física e psicológica a qualquer ser humano, e parece ser pior em especial nas mulheres.

Nesse sentido, verifica-se a importância de situar historicamente, qual o lugar que a mulher ocupou e em que posição atualmente se encontra na sociedade. Dessa maneira, as identidades femininas eram baseadas em elementos de ordem afetiva, ao *status* de mães e esposas dedicadas, sendo assim, as mulheres que cometessem delitos se distanciariam do papel socialmente esperado, como o de mulher frágil, dependente, maternal, e com vocação ao cuidado familiar.

Em geral, em disposição ao art. 5º, inciso I da Constituição Federal, afirma que homens e mulheres são iguais perante direitos e obrigações, sendo assim tratados da mesma forma pelo sistema da justiça penal, algo que não se coaduna com as desigualdades de gênero, visto que fica evidente que existem diferenças entre a mulher criminosa e o homem criminoso.

No entanto, o índice de criminalidade feminina vem crescendo e ganhando espaço no cenário criminal, e é preciso resolver problemas referentes à superlotação, péssimas condições estruturais e de salubridade dentro dos estabelecimentos, já que não há uma política específica para o atendimento da mulher encarcerada que a considere como sujeito de direitos inerentes a sua condição de pessoa humana.

Entretanto, o Estado tem a obrigação de prestar a assistência à saúde sendo alguns dos direitos assegurados à mulher encarcerada o de receber visita do marido, companheiro, parentes e amigos; direito

---

[55] Advogada

41

à visita íntima ao menos uma vez por mês; direito ao pré-natal, quando descoberta a gravidez, devendo a encarcerada ser transferida para uma unidade prisional que possua equipe médica e estrutura para acompanhar os 9 meses de gestação (pré-natal); o parto deve ocorrer em unidade hospitalar do sistema penitenciário ou da rede de saúde pública (Sistema Único de Saúde e conveniados); com estabelecimentos prisionais destinados a mulheres devendo possuir berçário e creche para que os filhos possam permanecer com a mãe.

Diante do tema apresentado, se faz necessário trazer à tona o seguinte problema: Diante da precariedade do sistema prisional em Alagoas, como garantir à assistência integral à saúde da mulher?

As hipóteses averiguadas consistiram na oferta da assistência à saúde, como sendo uma garantia ao direito prevista no art. 6º da CF dentro das unidades prisionais, realçando o fato, amplamente reconhecido, de que não se pode negar o fracasso do sistema prisional, que não cumpre o papel que é destinado por lei, que é reeducar e ressocializar as presas, onde vivem em estado precário, passando por condições subumanas.

É importante informar que, a problemática apresentada à temática se embasa na necessidade de pesquisar academicamente qual o objetivo em prover a atenção integral à saúde da população feminina dentro no sistema carcerário alagoano, no qual é garantido pelo o direito à cidadania efetivado na perspectiva dos direitos humanos.

Por conseguinte, é importante avaliar quais as causas de pesquisa no sistema carcerário de Alagoas, bem como as dificuldades em receber o cuidado necessário à saúde, são justificados pelas instituições carcerárias, pela falta de recursos humanos, materiais e financeiros. Nota-se que o direito à saúde é para todos, e é um dever do Estado, e, portanto, o reconhecimento dos problemas de saúde dentro do sistema penitenciário, com certeza pode contribuir para o fortalecimento de uma política de saúde capaz de efetivar os direitos e produzir resultados eficientes.

A fim de abordar o assunto, o objetivo geral desse artigo consiste em identificar as principais causas de deficiências prestadas pela assistência integral à saúde, especificamente no tocante às mulheres encarceradas, e de que maneira o Poder Público oferta o direito a saúde, como sendo uma garantia expressa pelo texto constitucional a toda pessoa humana, questionando um devido cuidado maior, sendo de forma correta e controlada, mediante o perfil sociocultural.

A metodologia utilizada no presente estudo foi a pesquisa do tipo teórico, utilizando-se como norte o método dedutivo e, sobretudo o referencial teórico terá como ponto base a pesquisa bibliográfica (livros, relatórios, periódicos e legislação do Brasil), através de um trabalho de pesquisa, de coleta de dados e comparativos, sempre envolvendo a natureza do tema com os objetivos traçados pela pesquisa.

A primeira etapa dessa exploração bibliográfica consiste em um levantamento das obras a ser lida em português. A segunda etapa consiste na leitura das obras selecionadas e no fichamento bibliográfico. Esse fichamento tem por objetivo subsidiar as construções teóricas da equipe e, quiçá, tornar-se uma base de dados que possa servir a outros pesquisadores.Insta evidenciar que, para chegar às conclusões expostas, a metodologia também se valeu de um estudo qualitativo englobando um exame acurado acerca da doutrina pertinente.

2. O direito fundamental à saúde sob a perspectiva do sistema carcerário

Toda assistência ao preso é dever do Estado como meio de tutelar através da prestação material, à saúde, a educação, o social, a religião e jurídica (CAPOBIANCO, 2011, p.68). No entanto, o que distingue cada ser humano é sua virtude interna conferindo ao Estado e por parte da comunidade através dos aspectos morais, sociais, políticos, econômicos dentre outros, o mínimo existencial para uma vida saudável garantido como princípio fundamental do Estado Democrático de Direito, como fator basilar da Constituição Federal de 1988 (CF) (SILVA, 2011).

Vale ressaltar que várias transformações ocorreram, notando-se que antigamente o acusado era considerado apenas como um objeto, sendo taxado como culpado sem ao menos ter o direito a defesa, já que os julgamentos eram secretos, o que se verifica um extremo desrespeito aos direitos fundamentais (SILVA, 2011).

Todavia, apesar de muitas das vezes a mídia tumultuar os casos mais alarmantes juntamente com a população, já formulando de maneira precipitada e condenando aquele suposto réu, hoje, o acusado é um sujeito de direito detentor da presunção de inocência o que lhe garanta o direito ao contraditório e a ampla defesa, bem como as demais garantias preservadas pela dignidade da pessoa humana.

Para Sarlet (2007, p. 366) "o conceito de dignidade como qualidade intrínseca da pessoa humana, é irrenunciável e inalienável, constituindo elemento que qualifica o ser humano como tal e dele não pode ser destacado", indo muito além das condições mínimas e básicas de vida para o homem, devendo estar inserido no convívio familiar, oferecendo educação, moradia, alimentação, saúde, além do direito ao voto e ao direito de igualdade.

Em contraponto, cabe ao preso respeitar as regras e normas impostas pelo presídio, e por consequência a instituição carcerária independentemente de merecimento pessoal ou social, zelar pelos direitos fundamentais.

Em muitas das vezes chega-se a pensar em utopia quando tratamos de dignidade, pois situações discriminatórias ainda são comuns, em um meio social que logo de cara é perguntado sua origem, raça, opção sexual e religião. É desta maneira que destacaremos o direito à saúde, previsto no artigo 6º da CF, como ponto de essencial para o homem.

Na prática, se nos depararmos com a população em geral reclamando que não recebe um tratamento adequado para saúde, o que dirá os presos que necessitam de medidas preventivas eficazes, para que possam voltar para sociedade de forma ressocializada (SILVA, 2011).

Sabemos que usufruir da melhor condição de saúde é um dos direitos fundamentais, por consequência tem um maior labor mental, social e físico sem maiores problemas. Todavia, para quem convive nos presídios essa situação é mais grave, pois se tem a precariedade do espaço físico, as inúmeras práticas de violência, e a carência no atendimento à saúde é corriqueira, por mais que se tenha tratados internacionais orientandos para uma melhor implantação nas unidades prisionais, nota-se que em muitos dos casos elas não estão sendo seguidas (SILVA, 2011).

A questão tratada à saúde do preso nos estabelecimentos prisionais ainda é um dos grandes problemas, pois o Estado deixa de lado algo tão sério que nem o mínimo consegue fornecer. É comum não dispor de aparelhos e remédios necessários para atendimentos internos, e os presos não têm como procurar um local adequado para fazer seu tratamento ou procedimentos hospitalares, causando muitas das vezes mortes nas prisões (FRAGOSO, 2008).

Para Renato Flávio Marcão (2004 p.19-20): "A realidade nos

mostra, entretanto, que os estabelecimentos penais, não dispõem de equipamentos e pessoal apropriados para os atendimentos médico, farmacêutico e odontológico".

Por conseguinte, segundo a Lei de Execução Penal no Capítulo II, instaurado com a preocupação com a assistência ao preso, na Seção II, no art. 12°, percebe-se uma modificação para dar maior ampliação do Estado ao preso, com a obrigação de fornecer produtos de higiene, cuidados com a saúde (FRANÇA JÚNIOR, 2014).

Na Seção III, o art.14, a preocupação do PLS 513/2013 foi com a ampliação da assistência à saúde através da premissa do Sistema Único de Saúde (SUS), instituída no Plano Nacional de Saúde no Sistema Penitenciário, garantindo que o direito a cidadania seja efetivado de acordo com os Direitos Humanos. O atual §3° da LEP (previsto pela PLS dispõe sobre o pacto entre União, estados, DF e municípios realizarem em conjunto os recursos e estratégias traçadas acerca a assistência dada à saúde do preso), especialmente assistência à saúde da mulher que passará a ser dada pelo §5° (FRANÇA JÚNIOR, 2014).

Quem mais sofre com a falta de assistência médica aos presos são as mulheres, pois os serviços penitenciários parecem que foram feitos apenas para os homens, gerando um caos, pois as mesmas necessitam de serviços ginecológicos e obstetras devido à complexidade de sua natureza física.

De acordo com o relatório da Comissão Interamericana dos Direitos Humanos a respeito das questões relacionadas com os direitos humanos no Brasil, o que mais os presos se queixam são das doenças gástricas, urológicas, dermatites, pneumonias e ulcerações, muitos até afirmam quem nem sequer há remédios básicos para tratar as doenças. Segundo o Plano Nacional de Saúde no Sistema Penitenciário o adequado atendimento aos presos seria que cada unidade prisional possa ter uma equipe integrada por médico, enfermeiro, dentista, psicólogo, auxiliar de enfermagem, auxiliar de consultório odontológico e assistente social (SILVA, 2011).

Nessa esteira, cada equipe seria responsável por 500 presos, desta forma os profissionais poderiam atender na rede de saúde e supervisionaram os agentes promotores de saúde (podendo ser pessoas presas) e em consequência receberiam um auxílio financeiro e direito a remissão da pena. Assim, cada serviço contará com médico disponibilizado pelo SUS, para tratar os detentos na prevenção de tuberculose, hanseníase, AIDS entre outras doenças sexualmente transmissíveis, juntamente com vacinações para evitar hepatite, influenza e tétano (SILVA, 2011).

Por oportuno, o plano inclui uma perspectiva pautada na assistência e na inclusão de pessoas presas, seguindo os princípios que garantem a eficácia das ações em promoções, prevenção a atenção integral à saúde através da ética, da justiça, da cidadania, dos direitos humanos, a participação, a equidade, e a qualidade, com finalidades específicas que são: prestar assistência integral resolutiva, contínua e de boa qualidade a população penitenciária, melhorar o controle e a redução das faltas que os presos cometem implantando ações e serviços com as diretrizes do SUS, bem como contribuir com a democratização do conhecimento do processo da saúde/doença para estimular o exercício controle social (SILVA, 2011).

Desta forma, o interessante seria que o Estado se mobilizasse no sentido de solucionar o problema da saúde do preso, visto que o sistema já carece de agentes prisionais o que já dificulta o trabalho nas prisões. Ademais, esse descaso demanda que os responsáveis sobre a vigilância interna que cuidam dos presos submetidos a custódia pela falta de profissionais eles acabam levando os presos ao hospital, sendo esta obrigação do Estado (FRAGOSO, 2008).

Infelizmente, o descaso do Estado em desrespeito ao art. 5º, XLIX da CF, dispõe "é assegurado aos presos o respeito à integridade física e moral", o que muitas das vezes reflete no fracasso do sistema prisional, no qual não é garantido pela execução da lei, através do Poder Público que possui o papel de reeducar e ressocializar o preso.

É preciso colocar a Lei de Execução Penal em prática, e o Estado assumir sua obrigação em investir nos presídios e na saúde em geral, principalmente a do preso, que é um ser humano e que por esta negligência por parte do Estado acaba custando muito caro para a sociedade (FRAGOSO, 2008) .

Neste sentido, os presos vivem em condições subumanas e em estruturas superlotadas. Assim, é preciso que os presídios se tornem um local digno e salubre com a finalidade de respeitar o direito de cada ser humano, seja ele com sanções penais ou não.

2.1 Análise do sistema carcerário alagoano

Trata-se de uma breve análise atual acerca do sistema carcerário alagoano, em razão da situação das mulheres no sistema da justiça penal, diante do panorama de inúmeras violações de princípios e direitos, do qual o poder público não alcança os objetivos do encarceramento, tal como a ressocialização.

O estudo estabelece o universo das mulheres que cumprem pena privativa de liberdade no Estabelecimento Prisional Feminino Santa Luzia, por sinal o único destinado às presas do sexo feminino no estado de Alagoas.

Muitos obstáculos são percorridos dentro das unidades, e é com base no relatório do relator Francisco de Assis de França Júnior, que abordaremos sobre o cenário descritivo dos presídios realizados nos dias 12, 20, e 28 de março de 2014 e 02 e 30 de abril do ano de 2014, juntamente com a equipe da Superintendência Penitenciária, com a finalidade de identificar e propor soluções através do âmbito da Coordenação Nacional de Acompanhamento do Sistema Carcerário - COASC (2014).

À visita ocorreu no dia 12 de março de 2014 ,às *10* h30 na unidade prisional Santa Luzia, no qual se verificou uma deficiência em sua estrutura sistemática acerca do controle de fluxo de entrada e saída das pessoas, já que os registros são realizados à mão e não há um sistema integrado com as demais unidades do complexo, informando com a gerência de todo o sistema prisional alagoano (FRANÇA JÚNIOR, 2014).

De acordo com o analisado o estabelecimento tem capacidade para abrigar 74 presas, entretanto abriga 181, destas, comportando 142 por medida de privação de liberdade (FRANÇA JÚNIOR, 2014).

Segundo o relatório, há um espaço para sala de aula com uma professora (monitora) cedida pela Secretaria Estadual de Educação para prestação de serviços às presas. Há também,o Programa Nacional de Acesso ao Ensino Técnico e Emprego – PRONATEC, mesmo com severas exigências do Departamento Penitenciário Nacional – DEPEN, e ainda observou-se que existe um grupo de presas na confecção do filé, e só existe atualmente uma presa com curso superior. Verificou-se também o estímulo à leitura, no entanto, não existe remissão da pena, já que no juízo de execução penal não há autorização sobre anotação na ficha das presas para uma futura remissão (FRANÇA JÚNIOR, 2014).

Sabemos que o direito à saúde é um direito fundamental, previsto constitucionalmente e norteado pelos princípios do Sistema Único de Saúde. Ainda assim, a população carcerária especialmente a feminina, está exposta aos riscos à saúde, necessitando de uma atenção voltada para suas necessidades específicas. A Lei de Execução Penal é outra normativa que dispõe acerca da assistência à saúde da mulher encarcerada. Aliado a isso, as políticas da Organização das Nações Unidas estão direcionadas as regras de tratamento às mulheres presas, devendo os planos e políticas nacionais observar as especificidades desse grupo populacional para a prevenção e recuperação da saúde dessas mulheres (CASTRO; SOARES, 2012).

Assim, constatou-se que o Sistema Único de Saúde (SUS) não funciona em Santa Luzia, do qual possui uma enfermaria 24h sendo acionado apenas para os exames de maiores complexidades, como para identificar doenças como a AIDS (FRANÇA JÚNIOR, 2014).

De fato observar-se as necessárias contribuições essenciais à manutenção e recuperação da saúde das mulheres, devendo respeitar o princípio da integralidade, vendo a mulher presa como um ser biopsicossocial que precisa de atenção em todas as suas esferas de complexidade (CASTRO; SOARES, 2012)

Foi observado que na alimentação das presas, há uma preocupação quanto às particularidades médicas de cada uma, como por exemplo, o sal para as hipertensas, o açúcar para as diabéticas. Não existe a produção de alimentação dentro da unidade, e o que foi informado é que são fornecidas através de "quentinhas" já que são feitas em uma cozinha fora da unidade, motivo pelo qual não há refeitório e as presas tendo que se alimentarem em seus módulos (FRANÇA JÚNIOR, 2014).

Percebeu-se pelo relatório analisado, que o acesso à Defensoria Pública não é periódico na unidade prisional Santa Luzia, muito embora, tenha salas para os advogados conversarem com suas clientes. Ainda verificou uma grande morosidade na homologação nos processos administrativos no que dificulta para benefícios como livramento condicional e progressão de regime (FRANÇA JÚNIOR, 2014).

Sendo assim, não existe edificação própria para regimes mais brandos para o cumprimento de pena, desta maneira, as mulheres condenadas à pena privativa de liberdade permanecem presas somente no regime fechado (COSTA, 2011, p.49).

Portanto, se inicialmente forem condenadas nos regimes semiaberto ou aberto, não vão sequer presas, já que não há local nem estrutura para comportar cada peculiaridade que cada regime impõe.

3. A Assistência à saúde da mulher encarcerada

De acordo com art. 5º da Constituição Federal de 1988, homens e mulheres têm direitos e obrigações iguais, no entanto, a estrutura do sistema prisional é basicamente voltada ao universo masculino. O estabelecimento penal deverá se adequar às necessidades humanas, possuindo boas condições de saúde, incluindo atendimento médico, farmacêutico e odontológico.

Desta maneira, em matéria de penal cabe à Lei de Execução Penal colocar em prática o comando contido acerca da assistência aos condenados, provisórios, internados e egressos:

> Art. 14. A assistência à saúde do preso e do internado de caráter preventivo e curativo compreenderá atendimento médico, farmacêutico e odontológico.
>
> *1 §º)* Vetado. *(*
>
> *2 §º* Quando o estabelecimento penal não estiver aparelhado para prover a assistência médica necessária, esta será prestada em outro local, mediante autorização da direção do estabelecimento.
>
> *3 §º* Será assegurado acompanhamento médico à mulher, principalmente no pré-natal e no pós-parto, extensivo ao recém-nascido (BRASIL, 2000).

Cumpre ressaltar, que a própria LEP, dispõe do caráter da assistência à saúde ao preso e ao internado devendo ser prestada de modo preventivo quanto curativo. Assim, é um dever do Estado, que os estabelecimentos prisionais tenham profissionais capacitados para atuarem no campo da educação na saúde, abordando assuntos no tocante à prevenção de doenças, sejam por meio de palestras, oficinas, consultas ou debates, bem como, para aquelas presas que já possuem a patologia instaurada, sendo necessários profissionais qualificados. É obrigação que o Estado tenha como finalidade prevenir, e que não se venha cometer mais crime, que posteriormente, as presas tenham uma convivência em sociedade (CASTRO; SOARES, 2012).

Estabelece a Lei nº 11.942/2009 taxativamente, alterando partes da LEP o acompanhamento médico à mulher presa, principalmente no pré-natal e no pós-parto, extensivo ao recém-nascido. Logo, a nova lei disciplinou a criação nas penitenciárias femininas, uma seção para gestante e parturiente, creches para abrigar crianças maiores de seis meses e menores de sete anos, objetivando um cuidado maior com a criança desamparada, já que a responsável se encontra presa. Contudo, a lei proporcionou uma maior aproximação da mãe presa e os filhos pequenos no período de permanência na prisão, além de ofertar o tratamento concedido às mulheres grávidas ou com os filhos menores de sete anos, durante o período de cumprimento da pena privativa de liberdade (COSTA, 2011, p.39).

Todavia, os estabelecimentos prisionais não oferecem todos os recursos de saúde necessários para a atenção integral das detentas. A fisiologia da mulher perfaz seus variados ciclos vitais, necessitando de atenção a uma saúde específica, bem como para uma abordagem de doenças sexualmente transmissíveis (DST).

Cumpre evidenciar que para algumas mulheres, por exemplo, ocorrem doenças como: o câncer de mama e de colo do útero são os tipos de câncer mais prevalentes. Desta maneira, o acompanhamento ideal dessas patologias deveria ser realizado com uma série de equipamentos eficientes como, uma maca adequada, lâminas, e fixadores para o material coletado, bem como materiais informativos, mamógrafo, dentre outros (CASTRO; SOARES, 2012).

A partir dessa concepção o Supremo Tribunal Federal (STF), afirma que o direito à saúde:

> Além de qualificar-se como direito fundamental que assiste a todas as pessoas – representa consequência constitucional indissociável do direito à vida. O Poder Público, qualquer que seja a esfera institucional de sua atuação no plano da organização federativa brasileira, não pode mostrar-se indiferente ao problema da saúde da população, sob pena de incidir, ainda que por censurável omissão, em grave comportamento inconstitucional (BRASIL, STF, RE-AgR; 271286-RS, 2000).

Nota-se que segundo o Comitê Internacional da Cruz Vermelha (CIVC) (2009) as presas se encontram em um sistema ordenado por homens e voltado a eles, sem ao menos prestar uma atenção especial à situação das mulheres, e desta forma elas constituem um grupo vulnerável com necessidades específicas quanto à saúde, sendo por inúmeras vezes negligenciadas.

Assim, as necessidades específicas de saúde e higiene não são levadas em consideração, principalmente em relação à saúde reprodutiva delas, visto que variam de acordo com a idade e a situação na qual se encontram.

Sobre a questão de gênero ainda recaem os efeitos de uma dupla moralidade social. As mulheres são historicamente estigmatizadas, sendo idealizadas como seres frágeis e dóceis, destinadas a cuidar dos afazeres domésticos, e zelar pelo bem-estar de seus esposos e filhos. Todavia, quando adotam uma conduta delitiva e começam no ambiente prisional, as mulheres recebem a cicatriz de delinquente, mesmo após a liberdade (SOUSA, 2014).

Desta forma, encarceramento feminino visa reforçar os valores de passividade e submissão, e sua ressocialização está voltada à "restituição" do papel esperado pela sociedade, de esposas e mães exemplares, devotadas às suas famílias. (SOUSA, 2014).

Segundo o relatório da Organização Mundial de Sáude (OMS), as presas sofrem mais psicologicamente por serem mais propensas às rejeições familiares e pela sociedade no geral, e uma vez considerada isolada da família elas não poderão receber mais alimentos nem artigos de higiene externa (CICV, 2009).

Neste sentido, a tarefa dos delegados do CICV consiste em avaliar o sistema de saúde nas penitenciárias, em especial a higiene, alimentação, disponibilidade de assistência médica e de remédio com a finalidade de tentar resolver as necessidades específicas. Vejamos algumas delas:

> As mulheres necessitam consultas ginecológicas. Para possibilitar isso, os equipamentos médicos adequados devem estar disponíveis, devem-se fazer os arranjos necessários para manter a privacidade da paciente e deve haver pessoal treinado. Quando uma mulher estiver menstruada, ela necessita absorventes íntimos e precisará ir mais vezes ao banheiro.As grávidas necessitam alimentação adequada e supervisão médica. Se elas deram à luz na penitenciária, devem poder fazê-lo em condições apropriadas, com assistência de pessoal especializado. Depois de dar à luz, a mulher necessita cuidados pós-parto, viver em condições de vida higiênicas e ser tratada com certos tipos de remédios, como antibióticos. Os bebês e as crianças também têm necessidades específicas. Se uma mãe não pode amamentar, o bebê precisará de alimentação adequada. E todos os bebês e crianças precisam de cuidados médicos especializados, como vacinação e remédios adequados em dosagens apropriadas (CICV, 2009).

Verifica-se que o objetivo é prestar atenção especial aos grupos mais vulneráveis, visto que o sistema carcerário não satisfaz as necessidades de saúde, como por exemplo, o fornecimento de material médico.

No entanto, a equidade na atenção à saúde das mulheres presas deve levar em consideração as singularidades sociais, exemplificando como devem ser feitas as ações e desenvolvimento de políticas públicas, visto que, é importante destacar que muitas das encarceradas já vivenciaram a prostituição, violências, e uso de drogas (CASTRO; SOARES, 2012).

Para Castro e Soares (2012), "[...] Deve-se ter em mente que é prevalente a falta de conhecimento tanto de suas condições de saúde como dos direitos que possuem, sendo necessário um empenho ultisetorial para dirimir tal empecilho [...]".

Percebe-se que as políticas elaboradas no tocante as condições de saúde das presidiárias, deveriam ser mais efetivas quanto a sua implementação. É importante o esforço do Poder Público, provendo os recursos necessários, previsto no PNSSP e uma melhor formação dos profissionais de saúde, para que as encarceradas sejam assistidas de forma integral, com dignidade e respeito (CASTRO; SOARES, 2012).

De acordo com a Resolução proposta pela Organização Mundial de Sáude (OMS), como documento legal para diversas legislações sobre execução penal no mundo, inclusive no Brasil. Surgiu a partir das regras adotadas em 1955, em Genebra, como normas das nações unidas sobre padrões mínimos para tratamento de prisioneiros (COSTA, 2011, p.36).

As diretrizes apresentadas nas Regras Mínimas conferem as diferenças existentes na identidade de gênero, e de que maneira é realizado o tratamento dado as presas grávidas, bem como, a necessidade de estabelecimentos destinados ao sexo feminino, sejam de preferência com diretoras e agentes penitenciárias mulheres (COSTA, 2011, p.36).

Desta forma, para Castro e Soares (2012), os locais específicos em que as instituições são autorizadas a permanecerem, os lactentes deverão ter um cuidado por pessoas qualificadas, já que as mães não se encontram presentes, é o que diz o item 9 das Regras Mínimas "as crianças também devem receber avaliação e acompanhamento de saúde, de preferência por profissional especializado em saúde infantil" (ONU, 1955).

No item 10, refere-se no que é "ofertada à atenção à saúde específica do gênero feminino, devendo ser no mínimo equivalente àquela prestada fora do ambiente carcerário" (ONU, 1955).

Assim, quando as presidiárias solicitarem que sejam atendidas por profissionais do sexo feminino, isto deverá ser cumprido, exceto, em situações de urgência, se for caso de um profissional do sexo masculino realizar o procedimento, uma mulher da equipe deverá estar presente durante sua execução (CASTRO; SOARES, 2012).

Já no item 11, enumera que "apenas profissionais de saúde devem estar presentes durante a realização dos exames médicos" (ONU, 1955), a não ser que sejam circunstâncias excepcionais, pela presença de um funcionário da prisão no local, para fins de segurança, ou se for o caso de solicitação da presa. Desta maneira, o funcionário da prisão deve ser do sexo feminino zelando pela privacidade, dignidade e confidencialidade das informações (CASTRO; SOARES, 2012).

Recomenda os itens 12 e 13, "abordarem a respeito da assistência à saúde mental das detentas" (ONU, 1955). Logo, o cuidado deverá ser individualizado, já que o gênero é propenso à sensibilidade, por decorrência de traumas, e, por isso, precisam de tratamento e reabilitação de forma específica. Desde logo, os funcionários da instituição deverão ser informados sobre as situações de estresse ou angústia das mulheres, com o objetivo de garantir um ambiente de apoio adequado (CASTRO; SOARES, 2012).

Um dos itens de grande importância das Regras Mínimas é o que diz a respeito aos programas e serviços de prevenção e tratamento contra HIV/AIDS, observando-se as necessidades específicas dadas à atenção à mulher, como, por exemplo, o risco de transmissão vertical. É importante ressaltar no item 14 que "as autoridades prisionais devem estimular iniciativas de educação, prevenção e tratamento dessa patologia" (ONU, 1955).

Além dos os itens 17 e 18 (ONU, 1955), que se referem acerca das temáticas de prevenção e promoção da saúde, devendo as presas receber informações necessárias, bem como as medidas de prevenção contra DST/Aids; realizando exames de mama e ginecológicos (Papanicolau) contínuos, para à prevenção do câncer de mama e câncer de colo de útero, respectivamente (CASTRO; SOARES, 2012).

No item 23 das Regras Mínimas está expresso que "nas instituições para mulheres deverão existir acomodações direcionadas para o acompanhamento de pré-natal, pós-parto e tratamento" (ONU, 1955), tal reconhecimento é dado para que sempre que possível, o nascimento se dê fora da prisão. No entanto, caso a criança venha nascer dentro do estabelecimento prisional, não deve constar na sua certidão de nascimento.

Neste contexto, vale destacar que as Regras Mínimas para o Tratamento de Reclusos influenciou a legislação brasileira, de modo que a LEP recebeu forte base no tocante as normas internacionais como fontes de debates, sobretudo na redemocratização do Brasil, com fundamento pelos princípios da dignidade da pessoa humana e da cidadania (COSTA, 2011, p.38).

Para tanto, a ampliação da esfera de atuação da LEP fomentou a vontade do legislador em conceder plena proteção às pessoas condenadas, tendo como objetivo a promoção de meios de integração em uma realidade próxima.

Além disso, à assistência à saúde da presa também foi por meio da Portaria n°. 2.048/2009 que criou o incentivo de normas sobre a atuação no campo da saúde no sistema penitenciário, e o Conselho Nacional de Política Criminal e Penitenciária, por meio da Resolução n°. 07/2003 que trouxe como fator de valorização a atenção à saúde, como fonte redutora de tensões inerentes às condições carcerárias, deslumbrando assim uma cidadania propensa e recomendou ainda o incentivo de ações à saúde dos quais devem ser implantadas os sistemas penitenciários dos Estados, visando à prevenção e controle de doenças como: tuberculose, doenças sexualmente transmissíveis e AIDS, hipertensão arterial, além daquelas dirigidas à saúde mental e bucal, bem como a realização de pré-natal, e imunização para hepatite B e tétano (ROIG, 2014, p.150-151).

Entretanto, a legislação contempla aspectos importantes para reintegração social das condenadas, porém, a fragilidade estrutural e a falta de funcionários nos presídios acarretam para que as leis fiquem no campo da abstração, não surtindo efeitos concretos para as mulheres.

No caso do Estado de Alagoas, existe um problema de estrutura no presídio de Santa Luzia, localizado na cidade de Maceió. Isto por que, no caso de regimes mais brandos para o cumprimento de pena para mulheres condenadas não existe edificações, volta e meia a situação de superlotação persiste, já que este é o presídio designado em abrigar as presas, o que impede que o módulo seja maior aproveitado (COSTA, 2011, p.49-51).

Ainda vale lembrar que, a estrutura para pessoas egressas em Alagoas é precária, visto que existe apenas uma Casa de Egresso, no bairro do Jacintinho, porém se encontra desativada por ordem judicial por não oferecer condições que propõe a legislação, e ainda assim, não atende às mulheres e sim apenas aos homens (COSTA, 2011, p.49-51).

Contudo, nota-se o descaso em meio que não existe estrutura de apoio as mulheres egressas da Prisão em Alagoas.

Nesse sentido, a ausência de estabelecimentos adequados para os demais regimes (semiaberto e aberto), resulta em problemas quanto à omissão da gestão do Estado de Alagoas, visto que o Poder Público tem como papel mediação a reintegração social (COSTA, 2011, p. 52).

Todavia, percebe-se que a política penitenciária de amparo as egressas, volta-se em regra todo o funcionamento do universo masculino, e desta maneira, apenas resta às mulheres uma política residual, e como mesmo assim, ela é planejada e executada por homens, haja visto que a maior parte da população carcerária é voltada aos homens, o que não justifica portanto, a falta de criação de políticas específicas para as mulheres presas.

3.1 O perfil da mulher encarcerada

Quanto ao perfil das encarceradas adotou-se como paradigma o das prisioneiras no Estado de Alagoas, onde foi realizada uma pesquisa juntamente com a Superintendência Geral de Administração Penitenciária (SGAP) no qual foi observado que a mulher vem, ao longo do tempo, ampliando sua participação na sociedade, inclusive no mundo do crime (LIMA, 2006, p.11), sendo constante seu envolvimento com criminosos, que facilita a criminalidade.

Verificou-se também que o perfil das encarceradas são mães solteiras, jovens com baixa escolaridade e que tem por responsabilidade manter o sustento da família, o que ocasiona por diversas vezes a não possibilidade de estudo, e de não possuir no mínimo o ensino básico ou técnico e devido às más condições de salário acabam não tendo como custear cursos para se profissionalizarem (SGAP, 2015).

Atualmente, há cerca de 233 (duzentas e trinta e três) reeducandas sendo custodiadas no Presídio Santa Luzia e 54% possuem o ensino fundamental incompleto, 3,5% com ensino fundamental completo, 11% com médio incompleto, 5% com médio completo, 24% de analfabetas, 1,5% com curso superior incompleto e 1,0% superior completo. Isso evidencia o baixo nível de escolaridade e a falta de assistência educacional ofertada à população (SGAP, 2015).

Por obstante, pelo fato de não terem com quem deixar os filhos, já que elas apresentam um vínculo tão forte com a família, e em decorrência de viver em péssimas condições, elas começam a se prostituírem e acabam indo para o mundo do tráfico de drogas e outros ilícitos, já que aparentemente essa seria a forma mais rápida de conseguir seu sustento imediato.

É preciso entender que a prisão ,por si só ,é um ambiente que favorece a violação de direitos *[...]"* o cárcere é uma instituição totalizante e despersonalizadora*) "[...]* ESPINOZA, 2004 ,p. 78) e, portanto, o indivíduo que se encontra nesse estado de ruptura, em diversos níveis, dos vínculos sociais. Para Colombaroli (2012) não se trata apenas da perda da liberdade, mas da privação por completo da capacidade de autodeterminação .

O cárcere produz em seus internos (quer sejam homem ou mulheres), efeitos e sentimentos análogos (LOPES, 2007). Portanto, na prisão, homens e mulheres formam sistemas sociais distintos, todavia, são socializados de maneira diferentes, já que existe uma maior incidência de objetivos moralizadores nas mulheres presas, pelo simples fato de assumirem valores de passividade e submissão impostos pela sociedade (ROSTAING apud ESPINOZA, 2004, p. 81).

Por outro lado, além do descumprimento da regra constitucional no sistema prisional brasileiro, ainda assim, decorre a discriminação e opressão da mulher encarcerada, porquanto, conforme explica Castilho (2007, p. 38), citando Garcia:

> [...] a prisão para a mulher é um espaço discriminador e opressivo, que se expressa na aberta desigualdade do tratamento que recebe, no sentido diferente que a prisão tem para ela, nas consequências para sua família, na forma como o Judiciário reage em face do desvio feminino e na concepção que a sociedade atribui ao desvio [...].

Com efeito, o tráfico nas favelas ou nas grotas ainda é questão predominante, e o que proporciona isso é a facilidade de dinheiro fácil, devido à ausência de discernimento, cultura, religião, porém, isso não significa que em famílias estruturadas isso não aconteça, pelo contrário, o número cada vez aumenta, pois são consideradas de personalidade fraca, e uma vez vinculadas ao tráfico, acham que conquistam o poder e, portanto, garantem respeito pelo comando local de traficantes (SGAP, 2015).

Desta forma, conseguem proteção, e são reverenciadas por pessoas da comunidade, pois estas as ajudam com feiras e emprestam dinheiro como retribuição pela ajuda que recebem e em alguns casos são até empregadas em lojas do bairro pelo prestígio destas mulheres.

Há mulheres que querem sair deste caminho, todavia, é difícil o afastamento por completo no mundo do crime, já que muitas delas são vitimizadas e perseguidas pelo reflexo de suas próprias ações. Constata-se também que existem mulheres que vivenciaram em seus lares roubos e assaltos para sustentarem a casa e filhos, não assimilando que esta conduta é errada. Sendo assim, esta realidade em Alagoas se reflete na seguinte situação, em que a maioria das mulheres não conclui o ensino fundamental, não trabalha com carteira assinada e justifica sua entrada no crime para sair da extrema pobreza, sendo por inúmeras vezes alimentadas pelo vício em drogas ou sobrevivendo da prostituição, levando consigo entre 2 (dois) a 5 (cinco) filhos (SGAP, 2015).

No cárcere feminino, os princípios não são diferentes dos que amparam os homens, todavia, há algumas peculiaridades quanto à gravidez e à assistência aos filhos e às crianças nascidas no período da privação de liberdade das presas, dentre eles temos o princípio constitucional da dignidade da pessoa humana, que no encarceramento, atenta ao respeito e garantia da custódia, com a finalidade de que os mecanismos de assistência integral ao preso no tocante aos seus direitos e no seu comprometimento de deveres, assim como o princípio da cidadania no qual se reflete na ressocialização, de resgate de valores, em busca da civilidade e do civismo. Logo, é inerente que seus princípios deva fazer parte do cotidiano das presas, porém, sabemos que infelizmente em muitos dos casos, eles são suprimidos ou esquecidos por parte do Poder Público, que mais uma vez devido à ineficiência de estrutura acaba comprometendo o modo (SGAP, 2015). Tal critério é adotado conforme a realidade presente no Estado de Alagoas:

> A realidade de Alagoas mudou, e hoje, vários são os projetos e convênios de reinserção social com uma política de dentro para fora, realocando este público no mercado de trabalho através de capacitação de acordo com o nível de escolaridade e aprendizado. Este é o novo modelo de administração penitenciária onde são respeitados os direitos e a abertura para condições de exigibilidade dos deveres dos reeducandos e reeducandas do Sistema Penal amparado pelos princípios já elencados (SGAP, 2015).

Verifica-se objetivamente a realização de ações para uma efetiva implementação da Política Estadual, além de outros instrumentos pertinentes ao tema, através de programas, projetos e atividades promovendo todo um cuidado a atenção à saúde e as diferenças inclusão social das mulheres presas.

Neste sentido, cria-se muita expectativa sobre a conduta em relação às mulheres, devido à função materna esperada, bem como que seus comportamentos sejam compatíveis com a condição de mulher na dinâmica social, para que não fujam do padrão e desta forma seja considerado inadequado e reprovável (COSTA, 2011 p.76).

Nessa direção, Saffioti (1987, p.08) aponta que:

> [...] a identidade social da mulher, assim como a do homem, é construída através da atribuição de distintos papéis, que a sociedade espera ver cumprido pelas diferentes categorias de sexo. A sociedade delimita, com bastante precisão, os campos em que pode operar a mulher, da mesma forma como escolhe os terrenos em que pode atuar o homem [...].

Acerca das precárias condições de vida na prisão, temos que:

> A prisão funciona como reprodutora da miséria, visto que, ao longo do período de encarceramento, inflige perdas à mulher presa em diferentes dimensões da vida social, a começar pelo trabalho e pela moradia. Essa perda material tende, na maioria das vezes, a atingir a família e, em muitos casos, a estremecer relações familiares e afetivas. A falta de apoio familiar, as reduzidas possibilidades de trabalho, de formação profissional, de lazer e a falta de acesso a bens materiais básicos tornam difícil à vida da detenta dentro da prisão e quando de seu retorno à liberdade. Nesse sentido, pode-se afirmar que a prisão empobrece ou agrava a pobreza preexistente (BRANDÃO apud MEDEIROS, 2010, p.02).

Constata-se, a partir da análise mencionada o perfil sociodemográfico diante das condições de vida que as mulheres sobrevivem dentro do sistema carcerário.

Dessa maneira, trata-se de mulheres pertencentes a grupos sociais mais vulneráveis, com baixa ou nenhuma escolaridade, que sustentam suas famílias em áreas periféricas, e encontram nas práticas ilícitas, em especial no tráfico, uma forma de sustento (RODRIGUES; HECHLER; HENRICH; KRAEMER, 2012, p.88-89).

Logo, as mulheres que se encontram no ambiente prisional veem violados os seus direitos, porque acabam se afastando de sua família, e inúmeras vezes não tem acesso as condições dignas de vida que possibilitem a manutenção de sua saúde física e psíquica.

3.2 As principais barreiras para efetivar a visita no tocante à saúde da mulher encarcerada

No que diz respeito à saúde da mulher encarcerada, a questão de saúde tange diferentes categorias, tais como: os direitos sexuais e reprodutivos, o direito à autodeterminação da sexualidade, destacando a livre escolha de opção sexual, bem como o direito à educação sexual. Fato é que, que o direito de receber visitas é um deles, todavia há quem diga que a visita íntima é mero benefício/regalia, e não um direito quando na verdade a atividade sexual pode contruir para questões relacionadas fisiológicas e emocionais.

Um dos fatores positivos da visita íntima é contato com as pessoas fora das unidades, embora com limitações, visto que uma sentença condenatória não atinge direitos básicos como alimentação, vestuário, saúde, e por que não o direito de realizar atos sexuais? Afinal, isto é uma natureza humana e deve ser concedido não só aos homens em cumprimento de pena, mas também as mulheres encarceradas.

Sobre o tema Mirabete (2000, p. 121) afirma: "[...] Não se pode negar a existência da necessidade sexual, isto é, dos impulsos do instinto sexual, que se fazem sentir uma pessoa adulta normal [...]". Além disso, é importante que o Estado ofereça um planejamento de programas educacionais de prevenção às doenças, direcionado às encarceradas, com a finalidade de dar o acesso a serviços de saúde adequados.

Assim, entende-se que a abstinência sexual prolongada pode contribuir para desequilíbrio da pessoa, portanto, são inúmeras as falhas relacionadas ao tema das visitas íntimas diante das mulheres que se encontram encarceradas, visto que as especificidades femininas são totalmente descartadas e na maioria das vezes são tratadas como se homens fossem.

Verifica-se também que há muitos obstáculos relacionados ao não recebimento de visitas para o processo de ressocialização das encarceradas. Apesar de autorizada, a visita íntima ainda provém de tabus diante do direito à livre disposição da própria sexualidade da mulher.

Constata-se que nos estabelecimentos penais femininos do Brasil 62% das mulheres presas não recebem visitas sociais. Esse número é ainda maior no isolamento perante as visitas íntimas, cerca de 9% das presas recebem esse tipo de visita. O fato é que nos estabelecimentos penais masculinos, esse índice de presos que não recebem visitas é de 20%, uma diferença de quase 70% em relação às encarceradas, segundo dados do governo federal (SCOLESE, 2008).

Em primeiro lugar, é importante salientar que uma das causas do afastamento entre os familiares e amigos das mulheres encarceradas está relacionada à distância entre as unidades prisionais e as residências das famílias e amigos, estando associada ao custo financeiro do transporte o que acaba por impedir a visita (OEA, 2007, p.41).

Nesse sentido, outro fator importante para manutenção das relações afetivas é o acesso das presas ao telefone público, todavia, só em algumas unidades possibilitam esse acesso da encarcerada de um telefone para manterem contato com os familiares, entretanto, isso não é comum (OEA, 2007, p.42). No entanto, o ordenadamente jurídico prevê o direito de comunicação do preso com o mundo exterior, sendo realizado via correspondência, telefone, jornal ou qualquer meio que se faça necessário, desde que não comprometa a moral e os bons costumes, conforme art. 5º *caput,* inciso XII da CF. De acordo com o art. 41, inciso XV da LEP, é direito do preso a comunicação por telefone, não limitando a quantidade de vezes que o preso pode ligar, apenas garantindo que seja de forma gratuita.

Acerca do inciso XV, do art. 41 da LEP a proposta do PLS prevê a possibilidade de outros meios, tais como a internet, e expressamente seja garantido o telefone público monitorado pela autoridade competente (FRANÇA JÚNIOR, 2015)

Outro fator que inviabiliza é que a atividade sexual, sendo elementar e instintiva para o processo de ressocialização da encarcerada, no entanto, a questão sexual é ignorada acreditando que não merece uma atenção especial.

Foi constatado que a privação sexual imposta às mulheres presas é mais contundente e inflexível do que para os homens presos. Uma das situações é que são poucas unidades prisionais que admitem a visita íntima, talvez seja para poder evitar a gravidez das mulheres.

Obviamente que discutir gravidez e maternidade da mulher presa, remete à questão dos direitos sexuais e reprodutivos prestando a devida garantia aos serviços de saúde da mulher (RITA, 2006, p.82).

A estigmatização social dada à encarcerada contribui para o abandono de seus familiares e amigos, e os primeiros a abandonarem são seus companheiros, que em um curto tempo já estão em novas relações afetivas, e por parte de seus familiares que não aceitam as realizações de visitas nas unidades que são essencialmente humilhantes (OEA, 2007, p. 41).

Segundo o relatório coletado pelo DEPEN (Departamento Penitenciário Nacional), órgão vinculado ao Ministério da Justiça, ficou constatado no documento "Mulheres Encarceradas - Diagnósticas da Realidade", que hoje, 70% dos estabelecimentos penais (mistos ou para mulheres) no país permitem a visita íntima (SCOLESE, 2008).

A juíza Dora Martins, presidente do conselho executivo da AJD (Associação de Juízes para a Democracia), afirma que "[...] A visita íntima ainda passa pelo preconceito, por ainda termos uma sociedade muito machista. O homem talvez se sinta envergonhado de visitar a mulher e ter com ela um relacionamento íntimo na prisão [...]" (SCOLESE, 2008).

Portanto, o fato de as mulheres terem conquistado mais tardiamente o status de cidadãs perante o Estado e a Sociedade, não inibe na possibilidade de reconhecimento da titularidade de seus direitos, muitas das vezes discriminados.

Além disso, as políticas de visitação conjugal discriminam as mulheres presas, e algumas das vezes é vedada nas unidades prisionais, e quando existe, está subordinada a exigências como comprovação de vínculo de parentesco e uso obrigatório de contraceptivos, sendo realizadas em condições inadequadas e sem a privacidade devida (SOUZA, 2014).

Na análise de Rita (2006, p.83), a relação equitativa entre os gêneros sob ótica dos direitos humanos, tem:

> Na dimensão individual, afirma o direito à liberdade, privacidade, intimidade e autonomia, o que compreende a garantia do livre exercício da sexualidade e da reprodução humana, sem qualquer tipo de discriminação, coerção ou violência. Consagra-se, assim, a liberdade de mulheres e homens para decidirem sobre aspectos fundamentais de suas vidas; - na dimensão coletiva, o efetivo exercício dos direitos sexuais e dos direitos reprodutivos, de forma consciente, responsável e satisfatória demanda políticas públicas

específicas que assegurem um conjunto de direitos indispensáveis.

Entende-se que correspondem aos direitos sexuais e reprodutivos estão ligados à livre autonomia da sexualidade e da reprodução humana, assim, devem interagir com os demais direitos como à saúde, à educação, à liberdade e ao trabalho.

A consequência da abstinência sexual imposta pode gerar problemas psicológicos, contribuindo para a falta de autoimagem do recluso, destruindo sua vida conjugal, desviando seu comportamento, mediante sua orientação sexual original (COLOMBAROLI, 2012).

Sobre o assunto, é a liça de Bitencourt (2004, p. 220):

> A imposição da abstinência sexual contraria a finalidade ressocializadora da pena privativa de liberdade, já que é impossível pretender a readaptação social da pessoa e, ao mesmo tempo, reprimir uma de suas expressões mais valiosas. Por outro lado, viola-se um princípio fundamental do direito penal: a personalidade da pena, visto que, quando se priva o recluso de suas relações sexuais normais, castiga-se também o cônjuge inocente.

É evidente o caráter discriminatório existente ao tratar da sexualidade feminina, no tocante à visita íntima, visto que, a maioria fecha os olhos para condição da encarcerada, em reconhecer o direito da mulher sobre o próprio corpo.

Para Buglione (2000) a mulher é desestimulada em sua vida sexual ao acesso da visita íntima, "[...] pela burocratização, havendo ainda que se considerar que o sistema punitivo brasileiro não possui uma coerência na execução da pena, fazendo com que os presidiários tenham de se adaptar às ideologias dos novos diretores [...]"

Percebe-se que as detentas têm receio de lutar ao acesso da visita íntima, temendo ser consideradas promíscuas, já que alguns regulamentos não permitem. Nesse sentido, o preconceito vem delas mesmas, vejamos:

> [...] se sente humilhada por manifestar o desejo de ter 'desejo', quando vai para a visita íntima. Neste caso, o delito é o desejo. E, sendo assim, ela é julgada e condenada. Nesse tribunal, as participantes são as próprias mulheres, sejam as que se encontram nas mesmas condições, isto é, presas, sejam as 'outras', isto é, mulheres trabalhadoras da instituição [...] (LIMA, 2006, p. 79).

Nota-se que a justificativa dos funcionários das penitenciárias está relacionada aos argumentos da existência de desigualdade entre homens e mulheres, no tocante, à visita íntima visto que, a mulher engravida, e não tem as mesmas necessidades sexuais dos homens, portanto, não necessitaria de ter relações sexuais.

Entretanto, inverter até a lógica constitucional do planejamento familiar,do qual é direito do casal, e, portanto, sendo vedada a intervenção do Estado em pretender evitar gravidez decorrente dos relacionamentos sexuais, durante as visitas íntimas. É evidente que o papel do Estado é orientar e oferecer os contraceptivos gratuitos, todavia a opção de ter ou não filho, caberá apenas ao casal.

Ao comparar as visitas íntimas entre os presídios femininos e masculinos, tal critério é adotado para as presas é que, elas precisam inscrever seus companheiros e comprovar ter vida conjugal, o que mostra que toda essa rigidez, não é observada aos homens. Desta forma, Lima (2006, p. 57) afirma que:

> [...] a interpretação da opção ou não pela visita íntima passa, num primeiro momento, pela desigualdade de gênero, que se reproduz intra-gênero, tornando as mulheres não somente diferentes dos homens, mas desiguais em relação a eles e às outras mulheres, pelo valor social atribuído à instituição do casamento ou laços de conjugalidade. Assim, são submetidas, na condição de mulheres presas, a uma norma que vincula sua sexualidade ao casamento ou laços comprovados de conjugalidade com o parceiro, o que pode excluir as mulheres que, mesmo possuindo companheiros e/ou namorados, não podem usufruir desse direito [...].

Verifica-se tamanho desrespeito à sexualidade das mulheres presas sem a menor proporção, de restrição no desenvolvimento e manutenção da afetividade restando apenas o expressivo abandono que sofrem, por parte tanto do Estado, quanto de seus familiares.

Por outro lado, o fato de muitas mulheres não poderem se relacionar com seus namorados ou parceiros, elas acabam se relacionando com quem está acessível, mantendo relações homoafetivas. No entanto, continuam a não receber visitas íntimas, porque não é permitida a entrada de parceiras do mesmo sexo, sendo, portanto, uma discriminação pela orientação sexual tomada (COLOMBAROLI, 2012).

No entanto, o Conselho Nacional de Política Criminal e Penitenciária (CNPCP) em junho de 2011, determinou por meio da Resolução 04/11, que a visita íntima é um direito constitucionalmente assegurado à pessoa presa. Conforme art. 2º, o direito de visita íntima é garantido aos que tem relação homoafetiva.

O direito dos homossexuais de receberem visita íntima veio depois da decisão do Supremo Tribunal Federal de reconhecer o relacionamento de pessoas do mesmo sexo como uma união estável (PADOVANI, 2011).

Segundo Luís Roberto Barroso (2000):

> [...] as uniões homoafetivas são fatos lícitos e relativos à vida privada de cada um. O papel do Estado e do Direito, em relação a elas como a tudo mais, é o de respeitar a diversidade, fomentar a tolerância e contribuir para a superação do preconceito e da discriminação.

Nota-se que em um Estado Democrático de Direito qualquer restrição à liberdade sexual é vista como um desrespeito à pessoa humana quanto à sua orientação sexual e afetiva.

Em contrapartida, poucos estudos foram realizados na área e constatou que o fator do encarceramento é um predeterminante para a mudança de escolha uma nova orientação sexual. Contudo, porém na maioria das vezes esse desejo sexual de se relacionar com a pessoa do mesmo sexo depende da identidade do sujeito e da maior interação com as apenadas. Entretanto, observou-se que muitas das relações homossexuais dentro desse contexto são circunstanciais (ALVES, 2002; DIAS, 2000; SILVEIRA, 2006).

Domelen (2005) aponta seis aspectos desencadeadores do sentimento e desejo de relacionamento homoafetivo são eles: a solidão, a raiva, a frustração/baixa autoestima, a depressão, o toque do outro e o sentimento de desesperança. Nessa direção é que algumas presas são encorajadas a se envolver afetivamente com outra, porque só assim irão se sentirem melhores, sendo desta maneira aceitas perante os grupos.

> [...] A discriminação por orientação sexual é um caso paradigmático de teste para a eficácia dos direitos fundamentais. Trata-se de hipótese de preconceito difuso por todas as categorias. Exige-se levar a sério princípios absolutamente fundamentais de liberdade e de igualdade que formam todos os regimes democráticos e que são desafiados por eles [...] (RIOS, 2002, p. 168).

Assim o sendo, mediante os princípios constitucionais e os direitos inerentes às presas assegurados pela LEP, é, portanto, inconstitucional privar as presas homoafetivas o instituto da visita íntima.

Por outro lado, o que se observou é que apesar das reeducandas demonstrarem ser conscientes e bem "resolvidas" quanto as suas relações, as mesmas demonstram preocupação quanto ao prejulgamento da sociedade diante da condição de presidiária e suas relações.

Quanto ao critério adotado em relação ao cumprimento das visitas íntimas, em Alagoas no Estabelecimento Prisional Feminino Santa Luzia, a direção do presídio, juntamente com a recomendação do Conselho Penitenciário Nacional e em consonância com a Regulamentação do Sistema Penitenciário Alagoano, foi implantado em meados da década de 90 (SANTOS, 2015).

Essas normas foram estabelecidas para a realização da visita íntima legalizadas na Regulamentação do Sistema Penitenciário sendo assegurado aos presos casados entre si ou em união estável; devendo ser realizado aos sábados num período não superior a quatro horas e pelo menos uma vez por mês; não podendo ser suspensa ou proibida a título de sanção disciplinar, exceto quando a infração disciplinar estiver relacionada com seu exercício; o preso ou presa, ao dar entrada na unidade prisional, deverá informar o nome do cônjuge ou de outro parceiro para sua visita íntima, não podendo fazer nova indicação após cancelamento formal da indicação anterior (SANTOS, 2015).

Foi observado também que as encarceradas que realizam ou recebem visita íntima, algumas não utilizam os métodos contraceptivos e preservativos. Todavia, o uso de métodos contraceptivos e preservativos inibe não apenas uma gravidez indesejada, mas também a de proteger contra DST/HIV/AIDS.

Inúmeras são as dificuldades apresentadas no estabelecimento prisional de Santa Luzia, visto que, a visita íntima acontece em uma única sala sendo dividida por lençóis, onde casais ficam preocupados em não fazer barulho, indo de encontro à privacidade.

Diante do universo das encarceradas, o fortalecimento das relações familiares para Santos (2015) é que "a visita íntima contribui para a sua sobrevivência diante do encarceramento, pois proporciona o fortalecimento de sua autoestima, permitindo a realização de um movimento reivindicatório inconsciente, construindo a cidadania no cotidiano".

Dentro desse contexto se possibilitou as mulheres visitas íntimas como meio de sobrevivência diante do caos do encarceramento, miminizando as falhas do Sistema Prisional, através das normas dos Direitos Humanos, Constituição Federal e Lei de Execução Penal diante da situação social das presas (SANTOS, 2015).

Cumpre ressaltar segundo o relatório sugestivo de França Júnior (2014) que "para o comportamento humano, a atividade sexual é item que não pode ser negligenciado pelas autoridades gestoras do sistema carcerário".

Desta maneira, é necessário que a encarcerada tenha a oportunidade de ter encontros íntimos e reservados com seus parceiros (as), preservando a identidade familiar.

Sendo assim, "O direito à livre atividade sexual é uma necessidade humana, e como todo direito, evidentemente, precisa ser regrado, mas jamais vedado, sob pena de gerar tensões desnecessárias e danosas ao bom funcionamento do sistema" (FRANÇA JÚNIOR, 2014).

Por fim, é necessário compreender as relações sociais de gênero presente na unidade prisional feminina em Alagoas, prestando à devida atenção às encarceradas, no tocante ao direito de visitas íntimas, diante de todo obstáculo percorrido estruturalmente.

4. Atenção integral à saúde da mulher

No Sistema Carcerário Brasileiro, à atenção integral à saúde de mulher, é fragilizada e precária por diversas circunstâncias, como por exemplo, o descaso do Poder Público em não oferecer a devida assistência dentro dos estabelecimentos.

Segundo Torres (2003, p.86-87), no Brasil a assistência médica aos presos é negligenciada, desde atendimentos simples, como pequenos curativos até problemas complexos, como acidente vascular, câncer, ocasionando que o detento não tenha o devido atendimento necessário.

É notável que isso seja questão de saúde pública, e parece que dentro do encarceramento feminino, a situação é mais grave, pois não existe uma política específica para atender a encarcerada, mesmo diante de suas especificidades à condição de gênero, elas são detentoras de direitos inerentes à condição de pessoa humana.

É possível compreender que a superpopulação carcerária, a falta de assistência médica e as condições estruturais do sistema penitenciário consolidam os elementos para deficiência da saúde da população apenada. No entanto, o Estado justifica a crise da instituição carcerária com a falta de recursos humanos, materiais e financeiro (OLIVEIRA; et all, 2015).

No contexto do encarceramento, características inerentes às

doenças físicas e emocionais podem surtir efeitos conforme cada estrutura da mulher-presa, necessitando de acompanhamento médico específico.

De acordo com a OEA (2007, p.27-28), as estruturas dos estabelecimentos penais afetam a saúde física e mental das encarceradas. Esse "ambiente degradante contribui com o cenário de baixa estima alimentando doenças de âmbito emocional como a depressão, melancolia, angústia, e pânico".

O Estado brasileiro, não promove a devida atenção médica integral à mulher encarcerada. Essa deficiência é encontrada desde no atendimento nas unidades do sistema penitenciário até a falta de equipamentos para realização de exames de rotina com o objetivo de diagnosticar doenças ginecológicas.

Uma das consequências consiste na carência de medicamentos, visto que para aquelas detentas que necessitam de uso contínuo de medicamentos, quando faltam os médicos, fica mais difícil de ministrar com urgência analgésicos para aliviar a dor, sendo um remédio imediato, mas para tratamento de uso contínuo o que acaba ficando comprometido pela falta de recursos.

Percebe-se então que a condição do atual Sistema Penitenciário Brasileiro consiste em celas superlotadas, precariedade e insalubridade. Em meio a isso, existem também as más condições de alimentação e higiene, o sedentarismo das presas, além do uso indiscriminado de drogas (RODRIGUES; HECHLER; HENRICH; KRAEMER, 2012, p.85).

Assim, emerge uma incidência de um Estado penal cada vez mais forte, no campo das políticas sociais. E por inúmeras vezes observa-se um desrespeito aos direitos humanos e às garantias fundamentais das detentas, dicotomizando a realidade com as prerrogativas legais existentes.

Sobre o assunto, Wolff (2009, p. 13) aborda o Estado penal frente ao Estado social:

> [...] vivemos uma crescente tendência de penalização das questões sociais, numa tentativa de fazer com que o controle social repressivo dê respostas à ausência ou enfraquecimento do Estado no âmbito das políticas sociais. Por isso, temos hodiernamente notícias de leis mais gravosas no campo penal e discussões sobre a necessidade de construção de novos presídios e de presídios de segurança máxima e, no entanto, temos poucas notícias sobre novas medidas de implementação dos direitos sociais.

Nesta direção, o atual contexto do Sistema Penitenciário Brasileiro em relação a Segurança Pública no país, ainda está longe de se alcançar a ressocialização das encarceradas, objetivando a diminuição da criminalidade.

> As relações sociais e de poder da subcultura carcerária têm uma série de características que a distinguem da sociedade externa, e que dependem da particular função do universo carcerário, mas na sua estrutura mais elementar elas não são mais do que a ampliação, em forma menos mistificadora e mais "pura", das características típicas da sociedade capitalista: são relações sociais baseadas no egoísmo e na violência ilegal, no interior das quais os indivíduos socialmente mais débeis são constrangidos a papéis de submissão e de exploração. Antes de falar de educação e de reinserção é necessário, portanto, fazer um exame do sistema de valores e dos modelos de comportamento presentes na sociedade em que se quer reinserir o preso. Um tal exame não pode senão levar à conclusão, pensamos, de que a verdadeira reeducação deveria começar pela sociedade, antes que pelo condenado: antes de querer modificar os excluídos, é preciso modificar a sociedade excludente, atingindo, assim, a raiz do mecanismo de exclusão (BARATTA, 2002, p. 186).

Percebe-se que concepções empregadas pela pena de prisão são analisadas com o atual Estado Penal fundado em pressupostos de seletividade e exclusão de alguns grupos sociais, o que só fragiliza quem é caracterizado por esses estereótipos, como é o caso da questão feminina diante da criminologia.

No entender de Lema, (2011, p.59):

> Se o encarceramento já mostrou exaustivamente que não serve para ressocializar e muito menos para diminuir o crime e a violência, poderia se adotar com mais frequência as penas alternativas previstas na legislação brasileira, ao invés de continuar, ingenuamente e/ou perversamente, apostando no aumento das penas privativas de liberdade. Todavia, é bom se esclarecer que isto não significaria deixar sem punição aquelas que cometeram crimes, mas sim lhes aplicar penas condizentes com a gravidade de seus crimes, na realidade, o que se espera é que fossem aplicadas as determinações legais já existentes.

Desta forma, está mais claro que o problema enfrentado pelas encarceradas está ligado pela "ausência de políticas públicas que atendam ao mínimo necessário para que qualquer pessoa viva com dignidade, sem, é claro, que esta deixe de ser responsabilizada e punida pela sua conduta criminosa" (MAONI; PARISE, 2015).

Todas as pessoas privadas de sua liberdade devem ser tratadas com humanidade e com respeito à dignidade inerente à humana pessoa. Prisioneiros não podem ser submetidos a qualquer dificuldade ou constrangimento além da privação de liberdade, o respeito pela dignidade dessas pessoas deve ser garantido sob as mesmas condições de pessoas livres. (MANJOO, 2013, p. 24).

Portanto, para garantir a integridade da mulher no cumprimento da pena, basta preservar os direitos elencados na LEP, no seu art. 41, incisos I ao XVI:

I - alimentação suficiente e vestuário; II - atribuição de trabalho e sua remuneração; III - previdência social; IV - constituição de pecúlio; V - proporcionalidade na distribuição do tempo para o trabalho, o descanso e a recreação; VI - exercício das atividades profissionais, intelectuais, artísticas e desportivas anteriores, desde que compatíveis com a execução da pena; VII- assistência material, a saúde, jurídica, educacional, social e religiosa; VIII - proteção contra qualquer forma de sensacionalismo; IX - entrevista pessoal e reservada com o advogado; X - visita do cônjuge, da companheira, de parentes e amigos em dias determinados; XI - chamamento nominal; XII - igualdade de tratamento, salvo quanto às exigências da individualização da pena; XIII - audiência especial com o diretor do estabelecimento; XIV - representação e petição a qualquer autoridade em defesa de direito; XV - contato com o mundo exterior por meio de correspondência escrita, da leitura e de outros meios de informação que não comprometam a moral e os bons costumes.

Assim, o referido rol de direitos das encarceradas é apenas exemplificativo, logo, não se esgota em absoluto, os direitos da pessoa humana, quando se encontrar presa, submetendo assim a um conjunto de restrições. Vale ressaltar que a interpretação deve ser a mais ampla possível, pois naquilo que não constitui restrição legal, continua sendo seu direito.

Há de se considerar que "atenção básica deve ser prestada em unidades prisionais por profissionais de diferentes categorias da saúde, conforme a Portaria Interministerial n° 1.777, de 09/09/2003, que institui o Plano Nacional de Saúde no Sistema Penitenciário (2003-2011)" (ASSUNÇÃO, 2010, p. 42).

Tal Portaria prevê as principais necessidades: assistente social, enfermeira/o, médica/o, auxiliar/técnica/o de enfermagem, cirurgiã/o dentista, auxiliar de consultório dentário, psicóloga/o.

Com efeito, "[...] Entre as ações propostas pelo Plano estão as que compõem a Atenção Integral a Saúde, a serem desenvolvidas pelas Equipes de Saúde para atuarem nas Unidades Básicas de Saúde dentro do Sistema Penitenciário" (ASSUNÇÃO, 2010, p. 43).

Por outro lado, "ao que se refere ao direito a saúde integral da mulher, por sua vez, assegurado na política nacional, os exames preventivos [...] possibilitam investigar o aparecimento de câncer nos órgãos genitais e reprodutores" (BRASIL, 2007).

Entretanto, "a detecção precoce tem ensejado altos índices de curas com menores sequelas físicas e emocionais, a mamografia *é* o exame que possibilita a detecção precoce de lesões iniciais, diminuindo o índice de mortalidade" (ASSUNÇÃO, 2010, p. 45).

Foi possível observar que, "as situações de cárcere têm impedido um acompanhamento preventivo das mulheres frente ao câncer de mama" (ASSUNÇÃO, 2010, p. 45). Todavia, "segundo os registros, na grande maioria das unidades prisionais o exame nunca foi disponibilizado as detentas" (BRASIL,2007).

É necessário ainda ressaltar uma particularidade feminina que é o direito ao exame de pré-natal, acompanhamento na gravidez e no parto. Esse atendimento pré-natal é um direito tanto do nascido quanto da mãe ,que o por vezes é desrespeitado nos cárceres do Brasil.

Dispõe a Lei nº 11.942 a seção voltada para gestantes e parturientes e creches para os menores, quando a mãe estiver em cumprimento de pena.

Segundo Ramos (2009, p.14-16.), esta lei inova a legislação de execução penal, "reconhecendo as especificidades de gênero que permeiam o encarceramento feminino e, em especial, reflete a necessária oferta de condições específicas para o adequado cuidado com as mulheres presas gestantes e parturientes e seus recém-nascidos/as".

No entanto, "discutir o vínculo mãe-bebê nas penitenciárias brasileiras é polêmico, pois, se por um lado separação entre mãe e filho é muito dolorosa, por outro a inadequação do espaço prisional pode afetar o desenvolvimento da criança" (SILVA; LUZ; CECCHETTO, 2011, p. 36).

Nesse sentido, "Entre os aspectos que envolvem a maternidade atrás das grades existe a problemática de a mãe perder o contato e vínculos afetivos com os filhos e a família, dificultando ainda mais as possibilidades de visitas" (SILVA; LUZ; CECCHETTO, 2011, p. 36).

Outra situação é que presas nem sequer tem qualquer atendimento o que torna esta gestante susceptível ao colocar sua vida e de seu bebê em risco, além de gerar um impacto psicológico profundo na mãe.

Assim, as mulheres grávidas privadas da sua liberdade devem receber tratamento humanitário em respeito à sua dignidade desde o momento que cercam o nascimento até o cuidado de seus filhos recém-nascidos. Entretanto, uma vez assegurado pela política nacional, a integralidade da atenção para a mulher é esquecida, e nunca vista com prioridade.

Outra questão é o "fator da ocorrência de visita íntima não ser um acontecimento no mundo feminino privado de liberdade, sendo este dificultado por mais uma questão de gênero, o que é uma construção dicotômica em relação à companheira de um homem preso" (LOPES; OLIVEIRA, 2014, p. 404).

Desta maneira, por vezes esse direito não é garantido às mulheres, na maioria dos estabelecimentos prisionais, sendo tratado como mera liberalidade, uma questão de regalia ao sexo feminino.

Verifica-se que "a sexualidade das mulheres encarceradas [...] ao contrário das penitenciárias masculinas, onde a discriminação é em menor proporção e muito distante do controle rigoroso e da própria exclusão. A visita íntima é mais informal e aceitável" (LOPES; OLIVEIRA, 2014, p. 405).

Logo, constata-se que o direito a visita íntima e os demais exercícios da afetividade da sexualidade da mulher que se encontra em situação de encarceramento, são violados em larga escala nos sistemas carcerários brasileiros. Por conseguinte, os obstáculos no exercício desses laços afetivos, juntamente com a experiência no cárcere, acabam por tornar-se ainda mais dolorosa devida ausência das políticas públicas voltadas à população feminina.

Diante dos fatos apresentados, sugere-se que o Poder Público tome as devidas providências a fim de garantir os direitos das mulheres presas. Evidencia que por mais que o sistema carcerário foi pensado por homens e para os homens, a legislação propõe que sejam construídos estabelecimentos prisionais que possam atender as específicas necessidades das encarceradas.

Com efeito, há de se sugerir que os presídios femininos possam fornecer produtos de higiene para as mulheres, como por exemplo, "kit de higiene" mensal contendo, pelo menos, escova e pasta de dentes, sabonete, absorvente íntimo e papel higiênico. Ademais, busca observar também os casos de tensão pré-menstrual (TPM), do qual provoca mudança no estado emocional de muitas mulheres (presas e funcionárias) devendo este fato ser tratado em especial atenção, por ser questão de saúde e não de castigo.

Nota-se acima, que tal critério se tratará acerca de uma abordagem oferecida à assistência à saúde na Unidade Feminina Santa Luzia, através da Secretaria da Ressocialização e Inclusão Social, por meio do Comitê Estadual da Política de Atenção à Mulher Presa e Egressa do Sistema Penal com a finalidade de intensificar a reintegração social das mulheres encarceradas.

O objetivo é realizar ações de saúde, educação, trabalho que integrem o projeto ressocializador, sendo fundamental para que se venha evitar a reincidência de crimes após a reintegração social, e a meta é que todas as ações propostas sejam concretizadas até 2018 (COSTA, 2015).

Na Unidade Feminina Santa Luzia, busca-se ofertar 284 vagas no Sistema Prisional de Alagoas, onde "há 81% das reeducandas inseridas em atividades de trabalho ou estudo, com a pretensão de finalizar o projeto com 100%" (COSTA, 2015).

Diante do exposto, tornaram-se imprescindível a elaboração de uma política pública, de atenção integral direcionada as mulheres reclusas e egressas do Sistema Prisional. Só a partir daí, tornou-se necessário desenvolver condições de vida e saúde das encarceradas.

Por outro lado, é importante que traga o Sistema Único de Saúde – SUS para dentro do sistema carcerário. Atualmente, os profissionais da saúde que trabalham no sistema carcerário alagoano são contratados pela Superintendência Penitenciária. E com esta recente adesão do Estado de Alagoas à Política Nacional de Atenção Integral à Saúde da População Privada de Liberdade no Sistema Prisional- (PNAISP) no Âmbito do SUS, existe uma grande expectativa de melhorias nos serviços de saúde ofertados à população feminina na unidade de Santa Luzia, visto que o estado deve receber recursos específicos para a melhoria da equipe de saúde, inclusive contratação de novos profissionais, e consequentemente melhoria do serviço prestado (FRANÇA JÚNIOR, 2014).

A esse respeito, "sugere-se que seja encaminhado expediente para os gestores da saúde estadual e municipal estimulando-os a criar carreiras específicas para todos os profissionais da saúde no sistema carcerário, especialmente médicos, atendendo-se, assim, a PNAISP"

(FRANÇA JÚNIOR, 2014).

Sugere-se ainda que se siga o manual do Departamento Penitenciário Nacional – (DEPEN) para o controle de tuberculose nas prisões e medidas preventivas contra a transmissão do vírus da AIDS, distribuindo camisinhas durante as visitas íntimas e realizando exames para detectar doenças.

Faz-se necessário, que seja encaminhado ao Presidente do Tribunal de Justiça do Estado de Alagoas para que oriente os juízos criminais que "[...] antes de promoverem transferências entre as unidades, se os mesmos se encontram em processo de tratamento de doenças como a AIDS e tuberculose, cuja interrupção do tratamento pode gerar grave prejuízo" (FRANÇA JÚNIOR, 2014).

Seguindo o que prevê a Política Nacional de Atenção Integral à Saúde da População Privada de Liberdade no Sistema Prisional no Âmbito do SUS, publicada em 02 de janeiro de 2014 através da Portaria Interministerial MS/MJ Nº 01, onde o estado de Alagoas aderiu, busca-se atuar em consonância com as diretrizes na PNAISP, estabelecendo metas para a saúde condizentes com o que está posto na PNAISP (SGAP, 2015):

Então, algumas metas gerais foram expostas para assistência integral à saúde da mulher em situação de privação de liberdade no sistema prisional alagoano:

> Garantir para 100% da população privada de liberdade feminina – PPLF o aconselhamento e testagem rápida para HIV/AIDS/Hepatites virais/Sífilis;

> Garantir para 100% da PPLF ações para detecção precoce do câncer cérvico-uterino e de mama; Manter a testagem rápida para HIV/AIDS/Hepatites virais/Sífilis para 100% da PPLF na porta de entrada; Manter a entrega de preservativos femininos e/ou masculinos para 100% da PPLF, com aconselhamento [...] (SGAP, 2015).

Verifica-se que nos últimos anos a população carcerária feminina vem aumentando no Presídio de Santa Luzia, por isso buscou instituir uma política estadual que promova a atenção à saúde e as diferenças de inclusão social, objetivando contribuir para a recuperação social da reeducanda e da egressa.

Dados recentes evidenciam que "se analisarmos a evolução das populações de homens e mulheres entre 2007 e 2014, destaca-se o estado de Alagoas, pelo maior crescimento percentual da população prisional feminina no período (444%)" (INFOPEN, 2014, p. 13).

Contudo, em 2011 foi criada a Gerência de Reintegração Social, através da Lei Delegada n° *44* de 2011, com o objetivo de reduzir a reincidência criminal através da promoção da inclusão social, desenvolvendo ações e projetos voltadas as pré-egressas e egressas, juntamente com os demais setores da Administração Penitenciária, destacam-se (SGAP, 2015) :

> Assistência psicossocial e jurídica as reeducandas, pré-egressas, egressas e familiares; Realização de encontros psicossociais, *in loco,* com as reeducandas inseridas em postos de trabalho; Elaboração e execução de projetos e programas sócio-assistenciais; Conquista de parcerias com órgãos públicos e a iniciativa privada, para a formalização de Convênios que tem por objetivo a inserção da reeducanda no mercado de trabalho; Captação de vagas em cursos e atividades de qualificação social e profissional; Estímulo à participação em cursos de formação continuada e atividades laborais que aproveitem suas habilidades pessoais, de maneira a contribuir com sua gradativa reinserção no meio social; Elaboração de cartilhas para as reeducandas, pré-egressas, egressas; Elaboração de cartilha para empresas e órgão públicos que tenham interesse em se tornarem conveniados e contratar mão de obra carcerária ;Acompanhamento das Penas e Medidas Alternativas, junto a Gerência de Núcleo de Acompanhamento de Alternativas Penais.

Nota-se que a Administração Penitenciária do Estado de Alagoas, visa contribuir para a recuperação social da reeducanda, da egressa, da interna e das cumpridoras de penas e medidas alternativas, visando quebrar os paradigmas enfrentados, colaborando e incentivando sua autoestima, buscando proporcionar oportunidades de trabalho, estudo e qualificação profissional, efetivando assim o princípio da dignidade da pessoa humana através de ações para inserção social.

Há ainda ações de inclusão social voltadas para os reeducandos (as), pré-egressos (as), egressos (as), cumpridores de penas e medidas alternativas e familiares, tais como:

> Ações de recreação com as crianças que comparecem ao sistema prisional nos dias de visita; Eventos motivacionais para os reeducandos (as), pré-egressos (as), egressos (as) a fim de que os mesmos procurem profissionalizarem-se e qualificarem-se para que possam conquistar empregos melhores; Eventos recreativos com os reeducandos (as), pré-egressos (as), egressos (as); Encaminhamento

para unidades de apoio como CAPS, NA, AA; Encaminhamentos e explicações referentes à Previdência Social (SGAP, 2015).

Verifica-se que o Comitê Estadual da Política de Atenção a Mulher Presa e Egressa do Sistema Penal no âmbito da Administração Penitenciária de Alagoas atuará no monitoramento do cumprimento da política, de modo que os objetivos e metas sejam alcançados.

De acordo com o SGAP (2015) "O Comitê apresentará anualmente um relatório detalhado, mostrando a evolução do cumprimento das metas, ao Secretário da Administração Penitenciária, que por sua vez, terá a responsabilidade de encaminhar para o DEPEN".

Nesse sentido, é fundamental zelar pela saúde e observar os direitos de tratamento físico e psicológico das encarceradas devendo figurar como uma de suas prioridades. Além disso, é importante que as reeducandas da Unidade Feminina Santa Luzia participam de cursos e oficinas de serigrafia, corte, costura, artesanato, dentre outros, visto que não basta encarcerar, é preciso criar condições para ressoacializar, e uma das maneiras é a profissionalização como sendo uma maneira de oportunidade para buscar espaço no mercado de trabalho no futuro e evitando assim, a ociosidade.

Conclui-se que, o Brasil ainda é incapaz de garantir direitos e liberdades individuais dentro do cárcere, diante de todos os problemas existentes, seja por constantes violências sofridas dentro do cárcere e de todos os tipos, como desde a violação da integridade física, a superlotação, e até a falta de atendimento às necessidades básicas como vestimentas adequadas, como também a falta de respeito à feminilidade da mulher. Vale reiterar que as necessidades femininas são especificas, posto que, são exigidos exames e medidas preventivas como Papanicolau e pré-natal que são inerentes ao feminino.

Justifica-se, "[...] portanto um olhar mais atento a que condições tais mulheres estão sendo submetidas e como os assistentes sociais podem instrumentalizar o debate e atuar de maneira prática e efetiva para a humanização do sistema prisional no que tange a mulher [...]" (ASSUNÇÃO, 2010, p. 56-58).

Assim, ao avaliar o Presídio Feminino de Santa Luzia, torna-se evidente e fundamental um trabalho multidisciplinar que envolva o atendimento médico, odontológico, psicólogo, nutricional garantindo a assistência social ao direito à saúde, seja dentro ou fora dele.

Desse modo, uma parceria entre a Secretária de Segurança Pública e a de Saúde, poderiam promover, maior longevidade e dignidade na inserção social, no caso específico da mulher encarcerada.

Considerações Finais

Este estudo teve por objetivo compreender como a assistência integral à saúde da encarcerada em Alagoas é prestada, refletindo, sobretudo e a devida proteção e fomento a ausência de políticas públicas penitenciárias voltadas para a questão feminina, diante da dignidade da pessoa humana como elemento fundamental ao Estado Democrático de Direito.

O objeto de estudo em análise, no Estabelecimento Prisional Feminino Santa Luzia – EPFSL prevê medidas alternativas para suprir as necessidades das mulheres encarceradas, todavia, é necessário fazer adaptações na estrutura deficiente e superlotada, com a finalidade de amenizar as dificuldades e oferecer uma atenção maior às custodiadas.

Existe também um projeto para ampliar o Presídio Santa Luzia e sua devida ocupação em 2015, contemplando mais 200 (duzentas) vagas, que desafogará as reeducandas, acomodando-as em celas maiores, dando-lhes mais dignidade. No entanto, é importante atender algumas diretrizes inseridas na Lei de Execução Penal – LEP, no que concerne às reeducandas gestantes e seus bebês, bem como contemplar com uma área específica para visitas íntimas.

Foi neste último objetivo, voltado a encarcerada que se situou o foco de estudo, problematizando a questão da assistência à saúde numa perspectiva de gênero no sistema carcerário. Assim, buscou-se analisar quais as peculiaridades das mulheres em seus ciclos vitais. Como, os obstáculos impostos no sistema carcerário desestimulam a manutenção do vínculo social entre os familiares e amigo. Como, as encarceradas encaram os efeitos do cárcere, diante da estigmatização perante o retorno em sociedade.

Diante dessa realidade apresentada deste universo feminino, procurou-se compreender a necessidade de investigação no contexto social, bem como analisar de que maneira essas mulheres conseguem reestruturar suas vidas, diante de tal omissão estatal.

Ainda no campo da discussão, foram reconhecidos os problemas de saúde dentro do sistema penitenciário para que seja possível a implantação de políticas públicas específicas, podendo contribuir com o fortalecimento de uma política capaz de produzir resultados concretos.

De um lado, é necessário promover a melhoria das condições de vida e saúde das mulheres, já que se observou a disparidade e discriminação na efetiva concessão do direito a visita íntima, maternidade, exames necessários as mulheres, bem como o acesso a informação sobre o uso de anticoncepcionais e o uso de preservativos, podendo assim evitar uma gravidez ou uma DSTs e uma abordagem clínico-ginecológica e educacional.

Portanto, a assistência deve ser prestada na equidade da atenção à saúde das mulheres presas considerando as singularidades sociais e culturais, determinando uma condição digna, em respeito aos direitos fundamentais e humanos.

A grande questão, é que a falta de conhecimento às condições de saúde perfaz o grande desafio e contribui para empenho do poder público ofertando aos estabelecimentos todos os recursos necessários, previstos inclusive no PNSSP; como formação de profissionais especializados para a lida com essa clientela; fortalecimento.

Pretendeu-se, então, possibilitar novas expectativas para a população feminina carcerária em Alagoas com a efetivação das diretrizes propostas pela Política Estadual de Atenção às Mulheres em Situação de Privação de Liberdade e Egressas do Sistema Prisional, especialmente, em todos os ciclos de vida deste grupo, sem discriminação de qualquer espécie. É com essa perspectiva, que se tem a finalidade de incluir e também de contribuir para o problema da sensibilidade e de cada particularidade na situação de mulher encarcerada.

Referências

ALVES, J.D. **Do tratamento penal à reinserção social do criminoso**. Trabalho de Conclusão de Curso, Curitiba, 2002.

ASSUNÇÃO, Cória Helena Vieira. **A saúde da mulher:** a situação das encarceradas do Presídio de Florianópolis. Florianópolis, 2010.

BARATTA, Alessandro. **Criminologia crítica e crítica do direito criminal:** introdução à sociologia do direito penal. 3 ed. Rio de

Janeiro: Renavam, 2002.

BARROSO, Luís Roberto. **O direito constitucional e a efetividade de suas normas**. Rio de Janeiro: Renovar, 2000.

BITENCOURT, Cezar Roberto. **Falência da pena de prisão:** causas e alternativas. 3 ed. São Paulo: Saraiva, 2004.

BRASIL. **Constituição da República Federativa do Brasil de 1988.** Disponível em: <http://www.planalto.gov.br/ccivil_03/Constituicao/Constitui cao.htm>. Acesso em: 04 out. 2015.

_____. **Departamento Penitenciário Nacional,** Conselho Federal de Psicologia. Diretrizes para atuação e formação dos psicólogos do sistema prisional brasileiro, 2007.

_____.**Lei de Execução Penal (LEP): n. 7.210 de Julho de 1984.** 9 ed. São Paulo: Atlas, 2000.

_____. **Lei nº 11.942, de 28 de Maio de 2009.**Para assegurar às mães presas e aos recém-nascidos condições mínimas de assistência. **Disponível em: <<http://www.planalto.gov.br/ccivil_03/_ato2007-2010/2009/lei/l11942.htm>>. Acesso em: 04 out.2015.**

_____. Supremo Tribunal Federal. **RE-AgR 271286 RS. Rel. Min. Celso de Mello. 2000. Disponível** em: <http://redir.stf.jus.br/paginadorpub/paginador.jsp?docTP= AC&docID=335538>. Acesso em: 03 out.2015.

BUGLIONE, Samantha. A mulher enquanto metáfora do Direito Penal. In: **Jus Navigandi**, Teresina, ano 5, n. 38, 1 jan. 2000. Disponível em: <http://jus.uol.com.br/revista/texto/946>. Acesso em: 02 nov. 2015.

CAPOBIANCO, Rodrigo Julio. **Como se preparar para o Exame de Ordem**, 1.ª fase: leis penais especiais. 2. ed. Rio de Janeiro: Forense, São Paulo: Método, 2014.

CASTILHO, Ela Wiecko V. de. Execução da pena privativa de liberdade para mulheres: a urgência de regime especial, In: **Justitia,** São Paulo, n. 64, p. 37-45, jul./dez. 2007. Disponível em:<http://bdjur.stj.gov.br/xmlui/bitstream/handle/2011/25 947/execucao_pena_privativa_liberdade.pdf?sequence=1> . Acesso em: 28 nov. 2010.

CASTRO, Augusto Everton Dias; SOARES, Éricka Maria Cardoso. Saúde da mulher na prisão: legislação e políticas. In: **Jus Navigandi**, Teresina, ano 17, n. 3447, 8dez.2012. Disponível em:< http://jus.com.br/artigos/23194/dispositivos-legais-e-aspoliticas-voltadas-a-saude-da-mulher-em-situacao-de-prisao#ixzz3ncKv9PZ5>. Acesso em: 04 out.2015.

_____. Amamentação no cárcere: as entrelinhas para mães e filhos como sujeitos de Direito. In: Âmbito Jurídico. Disponível em:<http://www.ambito-juridico.com.br/site/?n_link=revista_artigos_leitura&artigo_id =12515>. Acesso em: 01 nov.2015.

CICV. Comitê Internacional da Cruz Vermelha. **Saúde na Prisão:** cuidando das mulheres em um mundo masculino. Publicado em: 02 Fev.2009. Disponível em: <https://www.icrc.org/por/resources/documents/interview/women-health-prison-interview-020309.htm>. Acesso em: 03 out.2015.

COLOMBAROLI, Ana Carolina de Morais. **Violação da dignidade da mulher no cárcere:** restrições à visita íntima nas penitenciárias femininas. São Paulo, 2012.

COSTA, Elaine Cristina Pimentel. **Enfim, a liberdade:** as mulheres e vivência pós-carcere. Recife: Edufal, 2011.

COSTA, Victor. Política de atenção a mulheres encarceradas é implantada em Alagoas. In: Agência Alagoas, 2015. Disponível em:<http://agenciaalagoas.al.gov.br/noticias/2015-1/9/politica-de-atencao-as-mulheres-encarceradas-referencia-no-pais-e-implantada-em-alagoas>. Acesso em: 29 nov.2015.

DIAS, M.B. **União homossexual:** O Preconceito & a Justiça. Porto Alegre: Livraria do Advogado, 2000.

DOMELEN, B. V. (2005). **Prison & Homosexuality**. Comunicação apresentada em Annual Meeting of the Society for Cross-Cultural Research, Isla Verde, Puerto Rico, 2005.

ESPINOZA, Olga. A mulher encarcerada em face do poder punitivo. In: **IBCCrim**. São Paulo, 2004.

FRAGOSO, Gustavo Alfredo de Oliveira. A assistência à saúde do preso. Obrigação do Estado. In: **Portal Jurídico Investidura**. Disponível em: <http://investidura.com.br/biblioteca-juridica/artigos/direito-penal/486-asssasaude>. Acesso em: 22 ago.2015

FRANÇA JÚNIOR, Francisco de Assis de. **Relatório sobre o Projeto de Lei do Senado da República de nº 513/2013**, que altera a Lei de Execução Penal, Lei nº 7.210/1984. Publicado em: Domingo, 19 de Julho de 2015. Disponível em: <http://francajunioradv.blogspot.com.br/2015/07/relatorio-

sobre-o-projeto-de-lei-do.html>. Acesso em: 04 out.2015.

_____. **Relatório Descritivo do Sistema Carcerário Alagoano**: Relatório de Visitas ao Sistema Carcerário Alagoano. Publicado em 04 ago.2014. Disponível em: << http://francajunioradv.blogspot.com.br/2014/08/relatorio-descritivo-do-sistema.html>>. Acesso em: 22 ago.2015.

_____. **Relatório Sugestivo ao Sistema Carcerário Alagoano.** Publicado em 04 ago2014 Disponível em: <http://francajunioradv.blogspot.com.br/2014/08/relatorio-sugestivo-ao-sistema.html>. Acesso em: 28 nov.2015.

GARCIA, Carmen Antony. Mujer y cárcel: el rol genérico em la ejecución de la pena. In: OLMO, Rosa dei (coord.). **Criminalidady criminalización de La mujer em La región andina.**Caracas/Venezuela: Nueva Sociedade, 1998.

INFOPEN. Infopen Mulheres. **Levantamento Nacional de Informações Penitenciárias.** Disponível em: <www.justica.gov.br/politicapenal>,2014. Acesso em: 28 nov.2015.

LEMA, Vanessa Maciel. **Do outro lado do muro:** a crise de eficácia dos direitos das detentas do Presídio Feminino de Florianópolis. 2011

LIMA, Márcia de. **Da visita íntima à intimidade da visita:** a mulher no sistema prisional. Tese (Mestrado). Universidade de São Paulo. São Paulo, 2006. Disponível em: <http://www.teses.usp.br/teses/disponiveis/6/6136/tde-24032008-085201/pt-br.php> Acesso em 29 out. 2015.

LOPES, Arianna Oliveira Santana; OLIVEIRA, Camila Cristina Santana. Saúde da Mulher em Situação de Prisão: Direitos Sexuais e Reprodutivos. In: **Revista Saúde.com**, 2014. . Disponível em:<http://www.uesb.br/revista/rsc/v10/v10n4a08.pdf>. Acesso em: 29 nov.2015.

LOPES, Rosalice. Memórias de pesquisa: a experiência de uma psicóloga no interior de uma prisão feminina. In: **Imaginario**, São Paulo, v. 13, n. 14, jun. 2007. Disponível em: <http://pepsic.bvsalud.org/scielo.php?script=sci_arttext&pid=S1413666X2007000100020&lng=pt&nrm=iso>. Acesso em 29 out. 2015.

MABONI, Tami Cristina; PARISE, Patrícia Spagnolo. **Reflexão acerca dos Direitos da Encarcerada no Sistema Prisional**

Brasileiro. Disponível em:<http://www.fesurv.br/imgs/12%20REFLEX%C3%83O %20ACERCA%20DOS%20DIREITOS%20DA%20ENCARC ERADA%20NO%20SISTEMA%20PRISIONAL%20BRASIL EIRO%20ED.pdf>. Acesso em: 28 nov.2015.

MANJOO, Rashida. **Pathways to, conditions and consequences of incarceration for women.**United Nations. General Assembly, 2013. Disponível em: <http://www.ohchr.org/Documents/Issues/Women/A-68-340.pdf>. Acesso em: 28 nov.2015.

MARCÃO, Renato Flávio. **Curso de Execução Penal.** São Paulo: Saraiva, 2004.

MEDEIROS, Luciana Lessa de. Mulheres e Cárcere: Reflexões em torno das redes de proteção social. In: **Encontro Nacional de História Oral,** nº10. Recife, 2010.

MIRABETE, Julio Fabbrini.**Execução Penal.** 9 ed.São Paulo: Atlas, 2000

OEA. Organizações dos Estados Americanos. **Relatório sobre Mulheres Encarceradas no Brasil.**Disponível em: <http://www.asbrad.com.br/conte%C3%BAdo/relat%C3%B 3rio_oea.pdf>. Acesso em: 28 out.2015.

OLIVEIRA, Hilderline Câmara de; CAVALCANTE, Christianne Medeiros; CRUZ, Eduardo Franco Correia; SANTOS, Joseneide Sousa Pessoa dos; SOUZA, Paulo Sérgio Silva. **Assistência a Saúde à Mulher - Presa**: Um Direito Negado. Disponível em: <http://docplayer.com.br/6751915-Assistencia-a-saude-a-mulher-presa-um-direito-negado.html>. Acesso em: 25 nov.2015.

ONU. **Organização das Nações Unidas. Regras Mínimas para Tratamento de Reclusos, 1955.** Disponível em:<http://www.direitoshumanos.usp.br/index.php/Direitos-Humanos-na-Administra%C3%A7%C3%A2o-da-Justi%C3%A7a-Prote%C3%A7%C3%A3o-dos-Prisioneiros-e-Detidos.-Prote%c3%a7%C3%A3o-contra-a-Tortura-Maus-tratos-e-Desaparecimento/regras-mininas-para-o-tratamento-dos-reclusos.html>. Acesso em: 10 out.2015.

PADOVANI, N. C. **No olho do furação:** Conjugalidades homossexuais e o direito à visita íntima na penitenciária feminina. 2011.

RAMOS, L.S. Direito à amamentação e à convivência familiar:

possibilidade de afeto e resignificação do cárcere. In: **Revista do Observatório Brasil da Igualdade de Gênero**, 1ª Impressão. Brasília: Secretaria Especial de Políticas para as Mulheres, 2009.

RIOS, Roger Raupp. **O princípio da dignidade e a discriminação por orientação sexual**. São Paulo: Revista dos Tribunais, 2002.

RITA, Rosangela Peixoto Santa. **Mães e crianças atrás das grades:** em questão o princípio da dignidade da pessoa humana. Brasília, 2006.

RODRIGUES, Viviane Isabela; HECHLER, Ângela Diana; HENRICH, Giovana; KRAEMER, Luciane. Gênero e Privação de Liberdade: As Condições de Vida das Mulheres na Prisão. In: **Revista de Iniciação Científica da ULBRA**, nº 10, 2012.

ROIG, Rodrigo Duque Estrada. **Execução Penal:** teoria crítica. São Paulo: Saraiva, 2014.

SAFFIOTI, Heleieth I. B. **O poder do macho**. São Paulo: Moderna, 1987.

SANTOS, Marli de Araújo; ALBUQUERQUE, Josineide; SANTOS, Jadileide Pereira; SILVA, Mágelia Patrícia Lima. **A visita íntima no contexto dos direitos humanos:** a concepção das reeducandas do Estabelecimento Prisional Feminino Santa Luzia. Disponível em:< http://www.fazendogenero.ufsc.br/7/artigos/M/Marli_Araujo _51.pdf>. Acesso em 05 nov. 2015.

SARLET, Ingo Wolfgang. As dimensões da dignidade da pessoa humana: Construindo uma compreensão jurídico Constitucional necessária e possível. In: **Revista Brasileira do Direito Constitucional**- RBDC, n.09, 2007.

SILVA, Eveline Franco da; LUZ, Anna Maria Hecker; CECCHETTO, Fátima Helena. Maternidade Atrás das Grades. In: **Enfermagem em Foco**. Porto Alegre, 2011.

SILVA, Tatiane Aguiar Guimarães. O Preso e o Direito Fundamental à Saúde. In: **Contéudo Jurídico**, Brasília-DF: 25 de Janeiro de 2011. Disponível em: << http://conteudojuridico.com.br/artigo%2co-preso-e-o-direito-fundamental-a-saude%2c31019.html>> Acesso em: 22 ago. 2015.

SILVEIRA, O. L. **A Homossexualidade na penitenciária feminina de Porto Velho Rondônia**. Disponível em:< http://amigonerd.net/trabalho/30445-a-homossexualidade-na-penitenciaria-feminina>. Acesso em: 27 nov.2015.

SCOLESE, Eduardo. Apenas 9% das presas têm visita íntima. In:

Folha de São Paulo. Publicado em 26 mai.2008. Disponível em: <http://www1.folha.uol.com.br/fsp/cotidian/ff2605200815.ht m>. Acesso em: 03 nov.2015.

SGAP. Superintendência Geral de Administração Penitenciária. **Presídio Feminino Santa Luzia.** Disponível em: <http://www.seris.al.gov.br/unidades-do-sistema/presidio-feminino-santa-luzia>. Maceió, 2015. Acesso em: 25 out.2015.

SOUSA, Maria Vanessa de Carvalho. Mulheres Presas no Brasil. In: **Jus Navigandi**, Teresina, ano 20, n. 4218, 18 jan.2014. Disponível em: <http://jus.com.br/artigos/30504/a-realidade-das-mulheres-presas-no-brasil#ixzz3ncV1Aux7>. Acesso em: 04 out.2015.

SPRICIGO, Priscila Wieczorek. Visita íntima e ressocialização do preso. In: **Jus Navigandi**, Teresina, ano 18, n. 3583, 23abr.2013. Disponível em: <http://jus.com.br/artigos/24246/o-direito-a-visita-intima-e-a-ressocializacao-do-individuo-submetido-a-pena-privativa-de-liberdade/3#ixzz3rBYBwnmQ >. Acesso em: 29 nov. 2015.

TORRES, Andre Almeida. Direitos Humanos e Sistema Penitenciário Brasileiro: desafio ético e político do serviço social. In: **Serviço Social e Sociedade**. Ano XXII, nº 67. São Paulo: Cortez, 2003.

WOLFF, Maria Palma. A prisão: uma instituição destinada segregar, excluir e até eliminar. In: **IUH On-line**, São Leopoldo, n. 293, 2009. Disponível em: <www.unisinos.br/ihu>. Acesso em: 29 nov. 2015.

Neorrealismo de direita e o gerencialismo prisional na terra dos marechais

ROBERTO BARBOSA DE MOURA[56]

Introdução

O encarceramento em Alagoas vem crescendo exponencialmente nos últimos anos, segundo dados da Secretaria de Ressocialização e Inclusão Social - SERIS, o estado salta de 2.090 presos em janeiro de 2011 para 4.845 em março de 2019, tendo um crescimento de 131,81%[57] em 8 anos, enquanto a taxa populacional de 2010 até 2018 no estado cresceu apenas 6,48%[58].

O interesse deste trabalho, contudo, não é buscar as determinações deste fenômeno, mas averiguar qual a racionalidade e as práticas legitimadoras e relegitimadoras que atravessam estes números. Em outras palavras, buscamos analisar a partir da particularidade alagoana os alicerces discursivos que nos trouxeram até o presente, e quais discursos estão se apresentando como saída para os problemas advindos da questão penal local.

Fundamentalmente, nosso esforço seguirá a tradição foucaultiana de procurar os instrumentos técnicos e discursivos que permitem, garantem e legitimam as formas presentes de dominação[59].

---

[56] Advogado. Graduado em Direito pelo Centro Universitário Tiradentes – Unit/AL. Membro associado ao Instituto Brasileiro de Ciências Criminais – IBCCrim. Membro do Grupo de Pesquisa Biopolítica e Processo Penal. E-mail: rbarbosademoura@gmail.com

[57] SECRETARIA DE ESTADO DE RESSOCIALIZAÇÃO E INCLUSÃO SOCIAL – SERIS/AL. **Mapa Diário da População Carcerária – Plantão de 21/03/2019 à 22/03/2019.** Disponível em: http://www.seris.al.gov.br/populacao-carceraria. Acesso em 24 mar. 2019.
SECRETARIA DE ESTADO DE RESSOCIALIZAÇÃO E INCLUSÃO SOCIAL – SERIS/AL. **Evolução Carcerária 2011 - 2017.** Chefia Especial de Unidades Penitenciárias. Disponível em: Chefia de Pesquisa e Estatística.

[58] INSTITUTO BRASILEIRO DE GEOGRAFIA E ESTATÍSTICA – IBGE. **Projeção da população do Brasil e das Unidades da Federação.** Disponível em: https://www.ibge.gov.br/apps/populacao/projecao//index.html. Acesso em: 25 jan. 2019.

[59] FOUCAULT, Michel. **Em defesa da sociedade:** curso no *Collège de France* (1975-1976). Trad. Maria Ermantina de Almeida Prado Galvão. 2ª ed.. São Paulo: Editora

Entretanto, alertamos que não nos propomos a servir para outras realidades além da alagoana, também não temos a pretensão de exaurir todos os alicerces discursivos que serviram de sustentáculo para o processo de grande encarceramento no estado.

Assim, dissecamos primeiramente o fenômeno do neorrealismo de direita, demonstrando as inconsistências discursivas desde sua origem e a forma cínica em legitimar estes discursos à fórceps a partir da manipulação de dados. Por seguinte, objetivamos rebater os discursos gerencialistas que se apresentam como solução para os problemas carcerários locais, para tanto utilizamos o instrumental heurístico do presentismo e da história como forma de análise da realidade. No mesmo sentido, investigamos a gestão orçamentária e as práticas da administração penitenciária de forma global e comparativa com o intuito de desvencilhar em quais bases está alicerçado o discurso relegitimador.

No último tópico concentramos em apresentar uma proposta de política criminal, pois não nos parece que a crítica deve vir sem propósito, permitindo vazio de poder, vez que é justamente ela que radicalmente transforma a realidade. Portanto, a partir deste fundamento, apropriamo-nos da tradição realista de esquerda e buscamos debater soluções práticas e assertivas para a questão criminal.

Se a "história se repete a primeira vez como tragédia e a segunda como farsa[60]", visamos debater o fenômeno criminal propondo uma crítica à tragédia irracional que se tornou o sistema carcerário brasileiro, buscando descortinar em quais matrizes esta lógica estava apoiada, se possuiu êxito no local de origem, e se nos serviu de alguma forma. Ao mesmo tempo rebatemos o cinismo do setor hegemônico nas propostas aventadas como saída para esta tragédia, que fundamentalmente demonstramos que são farsas. Portanto, temos um triplo objetivo: desnudar a tragédia, denunciar a farsa e nos posicionar de forma a disputar a política criminal.

Utilizamos a abordagem metodológica de análise de documentos oficiais da Secretaria de Ressocialização e Inclusão Social - SERIS, valendo de Boletins Internos, Mapas de Encarceramento e Evolução Carcerária, disponíveis uma parte no sítio eletrônico da SERIS e outra solicitada por meio de ofício e enviada via correio eletrônico,

---

WMF Martins Fontes, 2010, p. 39.
[60] MARX, Karl. **A revolução antes da revolução**. Vol. II. 2ª ed.. São Paulo: Expressão popular, 2015, p. 209.

igualmente operamos com documentos do Portal da Transparência, Departamento Penitenciário Nacional e contrato administrativo do estado de Alagoas disponível no diário oficial, estes dados foram organizados para realização de análise qualitativa. Por outro lado, utilizamos pesquisa bibliográfica, usando dados secundários de fontes oficiais e declarações de agentes públicos em jornal local.

1. Mudando o paradigma: o neorrealismo de direita

Em Alagoas as novas práticas de violência e o crescimento vertiginoso de homicídio[61] possuem como marco a crise da indústria da cana de açúcar no final da década de 90 pelo término dos incentivos fiscais advindos de programas como: IAA, PLANASUCAR e PROÁLCOOL[62].

As ausências destes incentivos fiscais reverberaram em uma crise da dívida pública insanável que fez com que o estado de Alagoas no Governo de Divaldo Suruagy atrasasse por cerca de nove meses o pagamento dos servidores públicos, beneficiando banqueiros e empreiteiras em detrimento de precatórios, bem como praticando isenção de ICMS para usineiros. A sucessiva aplicação destas ações culminou no episódio de 17 de julho de 1997, na Praça Dom Pedro II, no Centro de Maceió/AL, em que após confrontos entre exército, movimentos sociais e entidades de classe, o então governador foi afastado[63].

Esta crise marca o processo de desestruturação do controle social pelas instâncias ordinárias estatais. E a criação de um ainda embrião estado penal a partir da gestão do sucessor de Dilvado Suruagy, o então governador, Manuel Gomes de Barros. O novo gestor assume a posição de "resgate da moralidade política do estado de Alagoas,

---

[61] NASCIMENTO, Emerson Oliveira do. Acumulação social da violência e sujeição criminal em Alagoas. **Revista Sociedade e Estado**, vol. 32, n. 2, Brasília, 2017, maio/ago.,p. 465 – 485. Disponível em: http://www.scielo.br/pdf/se/v32n2/0102-6992-se-32-02-00465.pdf. Acesso em: 17 dez. 2018, p. 475.

[62] OLIVEIRA, Luã Karll de. **Uso corporativo do território e produção da violência no estado de Alagoas.** Dissertação (Programa de Pós-Graduação em Geografia) – Setor de Geociências, Universidade Federal da Bahia, Salvador. 2017, p. 62.

[63] FGV/CPDOC. **Biografia Divaldo Suruagy.** Disponível em: http://www.fgv.br/cpdoc/acervo/dicionarios/verbete-biografico/divaldo-suruagy. Acesso em: 12 nov. 2018.

principalmente através de uma política contra a impunidade e contra a atuação do crime organizado no estado[64]". Manuel Gomes de Barros, por exemplo, afirmava que:

> É preciso ter peito para enfrentar uma empreitada dessas, mas vou até o fim, vou colocar todos na cadeia [...] sei dos perigos que estou correndo ao tomar essa posição, mas vou entrar para a história deste estado. Vou deixá-lo limpo e organizado .

> [E que hoje] [...] as pessoas não acreditam quando veem os resultados das investigações. Nunca ninguém chegou tão longe no combate ao crime organizado[65].

A mudança a partir da crise no final da década de 90 em Alagoas foi fortemente influenciada por uma racionalidade que aqui ousamos admitir ser neorrealista de direita pelo caráter da prisão como solução central, de uma linguagem higienista de limpeza do corpo social, da lógica de combate à criminalidade e de uma luta contra uma suposta impunidade.

O neorrealismo de direita é uma forma de pensamento inicialmente propagada e difundida por Kelling e Wilson a partir da teoria das janelas quebradas, e por Charles Murray, em seu livro *Losing Ground*. Estas teorias[66] em concatenação com a política de lei e ordem, a mídia de massa, a tolerância zero, a ideologia da defesa social e a ideologia da segurança nacional sintetizam o que denominamos de neorrealismo de direita[67].

Pensamos a partir de Hugo Santos que estas políticas, a partir da década de 70, foram os alicerces para a perseguição de "[...] desajustados, mendigos, moradores de rua, grafiteiros e pichadores, prostitutas [e] usuário de drogas." O autor menciona ainda que os mais afetados por esta política foram os negros, algo que agravou as tensões raciais nos EUA, onde a maioria das abordagens policiais era fundada na aparência dos suspeitos, sendo estes geralmente negros e latinos, o que se denominou de *racial profiling*[68] (perfil racial).

---

[64] VASCONCELOS, Ruth. **O poder e a cultura da violência em Alagoas.** Maceió: Edufal, 2005, p. 90.

[65] *Ibidem,* p. 91.

[66] SANTOS, Hugo Leonardo Rodrigues. **Estudos críticos de criminologia e direito penal.** Rio de Janeiro: Lumen Juris, 2015, p. 85.

[67] CARVALHO, Salo de. **A política criminal de drogas no Brasil:** estudo criminológico e dogmático da lei 11.343/06. 6ª ed.. São Paulo: Saraiva, 2013, p. 83.

[68] SANTOS, Hugo Leonardo Rodrigues. **Estudos críticos de criminologia e direito penal.** Rio de Janeiro: Lumen Juris, 2015, p. 96 – 98.

Incialmente, precisamos enfocar que o neorrealismo de direita se distingue do correcionalismo, pois abandona as missões declaradas das políticas RE´s[69] - ressocialização, readaptação, reinserção -, e assume a pena como aparato neutralizador e castigador[70]. Mas também, o neorrealismo de direita se diferencia da teoria da reação social que estava em voga nas escolas criminológicas, justamente por ter um caráter propositivo e não tão abstrato.

A racionalidade do neorrealismo de direita, portanto, sai da lógica do indivíduo ao abandonar as políticas correcionalistas e se distingue das teorias críticas, propondo políticas efetivas e não vindo a pairar apenas no abstracionismo. Contudo, a perspectiva neorrealista de direita mantém o cariz biologicista de matriz higienista lombrosiana, só que não mais em uma perspectiva atávica individual, mas vindo a incidir em territórios, no corpo social.

Publicado em 1982, o livro Teoria das Janelas Quebradas, de Wilson e Kelling, traça os principais fundamentos do que veio a ser o neorrealismo de direita. Esta teoria estava fundada em um experimento de Philip Zimbardo de 1969, que concluía que um carro abandonado no Bronx seria atacado por vândalos, já que este bairro possuía alta criminalidade[71]. Por outro lado, um carro abandonado em um bairro nobre, como Palo Alto, permaneceria intacto por semanas, mas na medida em que se quebrava a janela do carro surgia toda uma cadeia de desvios de conduta naquela região.

Esta teoria fundamentou a política de tolerância zero aplicada em New York através do prefeito republicano Rudolph Giuliani e o comissário de polícia William Bratton no início de 1994. Bratton era partidário da teoria das janelas quebradas e a aplicou sistematicamente em todos os distritos da cidade[72]. O professor

---

[69] CARVALHO, Salo de. **Substitutivos penais na era do grande encarceramento**. *In:* ABRAMOVAY, Pedro; BATISTA, Vera Malaguti. (Org.). **Depois do grande encarceramento:** seminário. Rio de Janeiro: Revan, 2010, p. 360 e 361.

[70] GARLAND, David. **A Cultura do Controle:** crime e ordem social na sociedade contemporânea. Rio de Janeiro: Revan, 2008, p. 59.

[71] WILSON, James Q.; KELLING, George L.. **Ventanas rotas:** la policía y la seguridad vecinal. *In:* URBINA, Iñigo Ortiz de; PONCE, Juli (coord.). **Convivencia ciudadana, seguridad pública y urbanismo:** Diez textos fundamentales del panorama internacional. Barcelona: Fundación Democracia y Gobierno Social, 2008, págs. 307-325. Disponível em: http://www.ucipfg.com/Repositorio/MCSH/MCSH-09/Unidad-04/lecturas/2.pdf. Acesso em: 10 abr. 2019, p. 310.

[72] SHECAIRA, Sérgio Salomão. Tolerância zero. São Paulo: **Revista Brasileira de**

Sérgio Salomão Shecaira em resumo ensina que:

> A ideia central do pensamento ali desenvolvido é o de que uma pequena infração, quando tolerada, pode levar ao cometimento de crimes mais graves, em função de uma sensação de anomia que viceja em certas áreas da cidade. A leniência e condescendência com pequenas desordens do cotidiano não devem ter sua importância minimizada. Ao contrário. Não se deve negligenciar essa importante fonte de irradiação da criminalidade violenta. Esse pensamento é metaforicamente exposto com a teoria das janelas quebradas. "Psicólogos sociais e chefes de polícia tendem a concordar que se uma janela de um prédio é quebrada e não é consertada, todas as demais janelas serão imediatamente quebradas[73]."

Assim, este neorrealismo de direita tinha por base quatro[74] premissas: 1) A lógica de que ter o controle de pequenos desordeiros daria o controle e a prevenção de delitos mais gravosos, vindo a prender sujeitos perigosos por consequência. 2) A crença no fato de que a visibilidade da atuação policial em áreas de maior desordem puniria os maus cidadãos, garantindo a segurança dos bons cidadãos. 3) A participação cidadã no controle do espaço público, legitimando e contribuindo para a atuação policial manter a ordem e prevenir. 4) E, por último, uniu a comunidade e a polícia contra o crime. Criando-se, então, uma política criminal amorfa, pois se abandona as funções da pena e se envolve de uma política de estabelecimento da ordem social fundada em uma lógica eficientista de combate, momento em que não mais se pune o crime, mas se luta contra o crime.

Relembramos que política criminal é definida como: "disciplina que estuda as estratégias estatais para atuação preventiva da criminalidade, e que tem por finalidade estabelecer a ponte eficaz entre a criminologia, enquanto ciência empírica, e o direito penal, enquanto ciência axiológica[75]". Esta política criminal se conecta diretamente com a perspectiva realista, pois o realismo é justamente

---

Ciências Criminais, n. 77, p. 261 – 280, mar./abr., 2009. Disponível em: https://www.revistadostribunais.com.br/maf/app. Acesso em: 17.02.2019, p. 3.

[73] *Ibidem,* p.2.

[74] *Ibidem,* p. 2.

[75] SHECAIRA, Sérgio Salomão. Tolerância zero. São Paulo: **Revista Brasileira de Ciências Criminais**, n. 77, p. 261 – 280, mar./abr., 2009. Disponível em: <https://www.revistadostribunais.com.br/maf/app>. Acesso em: 17 fev. 2019, p. 8.

o elo entre teoria, método e política de propostas elaboradas de forma coerente e consistente[76].

Ocorre que a teoria do neorrealismo de direita é um mero verniz, pois na verdade estamos falando da lógica de combate pelo combate em uma espécie de retroalimentação punitiva[77], que faz uso de mecanismos de manipulação estatística[78] como forma de legitimação. Neste sentido cabe mencionar que nos EUA[79], curiosamente, a teoria das janelas quebradas sequer foi publicada em uma revista científica.

Podemos inclusive deduzir o uso da racionalidade cínica a partir da manipulação dos dados, pois tanto Nova York já vinha decaindo o nível de criminalidade antes da política de tolerância zero, como San Diego que utilizando o método de policiamento comunitário chegou a atingir resultados efetivos na redução de prisões e processos judiciais[80].

No Brasil esta política também foi travestida de combate à criminalidade, mas tinha como centro de gravidade a criminalização dos empobrecidos, negros, imigrantes[81], e que ao invés de reduzir, aumenta a criminalidade, aquilo que Foucault denomina de eficácia invertida do sistema penal[82].

Em São Paulo, o caso icônico aqui retratado é a assim denominada "Operação Tolerância Zero" executada pela Polícia

---

[76] FERREIRA, Carolina Costa. Os caminhos das criminologias críticas: uma revisão bibliográfica. **Revista de Criminologias e Políticas Criminais.** Curitiba, v. 2, n. 2, jul./dez., 2016. P. 171 – 192. Disponível em: <https://www.indexlaw.org/index.php/revistacpc/article/view/1463>. Acesso em: 20 abr. 2019, p. 182.

[77] COUTINHO, Jacinto Nelson de Miranda. CARVALHO, Edward Rocha de. **Teoria das janelas quebradas:** e se a pedra vem de dentro? Disponível em: <https://emporiododireito.com.br/leitura/teoria-das-janelas-quebradas-e-se-a-pedra-vem-de-dentro>. Acesso em: 18 abr. 2019.

[78] SHECAIRA, Sérgio Salomão. Tolerância zero. São Paulo: **Revista Brasileira de Ciências Criminais,** n. 77, p. 261 – 280, mar./abr., 2009. Disponível em: <https://www.revistadostribunais.com.br/maf/app>. Acesso em: 17 fev. 2019, p. 3.

[79] SANTOS, Hugo Leonardo Rodrigues. **Estudos críticos de criminologia e direito penal.** Rio de Janeiro: Lumen Juris, 2015, p. 92 e 96.

[80] SANTOS, Hugo Leonardo Rodrigues. **Estudos críticos de criminologia e direito penal.** Rio de Janeiro: Lumen Juris, 2015, p. 96.

[81] *Ibidem,* p. 104 e 105.

[82] FOUCAULT, Michel. **Vigiar e Punir:** nascimento da prisão. Trad. Raquel Ramalhete. 42ª ed.. Petrópolis: Vozes, 2014, p. 266.

Militar nos meses de janeiro e fevereiro de 1997[83] que consistiu em retirar "[...] 40 homens de rua – mendigos, vadios ou 'suspeitos', portanto com a cara de delinquentes". Destacamos desde logo o caráter racista desta política efetuada no Brasil, pois dos 40 seres humanos "retirados", 36 eram negros e 4 apenas eram brancos.

Depois de alguns dias, a operação migrou para a Zona Oeste, de tal forma que no centro, local de início, tudo voltou à normalidade: "[...] as mesmas crianças na Sé; os mesmos drogados na Luz; os mesmos furtos na República; os mesmos mendigos no Chá e a mesma crítica à inoperância da polícia em todos os lugares[84]". Apesar disto, o jornal O Estado de S. Paulo apontou o decréscimo da violência e o sucesso da operação, comparando os números absolutos de janeiro e fevereiro.

Tal análise é metodologicamente insustentável, pois fevereiro possui 28 dias e janeiro 31, assim, o editorial do Boletim do Instituto Brasileiro de Ciências Criminais constatou o inverso, pois a partir de uma relação proporcional foi demonstrado que houve um aumento e não uma diminuição, diferentemente do alegado pelo jornal, emergindo cabalmente a razão cínica que atravessou aquela política e como a mídia de massa buscou legitimar[85].

2. O velho está morto e o novo ainda não nasceu: do neorrealismo para o gerencialismo

Outra forma de percebermos o fenômeno do neorrealismo de direita é que ele concentra um alargamento da experiência prisional e um fechamento no horizonte de expectativas para além do sistema penal, o que permite tão apenas perspectivas que girem em torno da gestão e do controle dos indesejados.

Esta forma de análise é oriunda da história dos conceitos penais de Hugo Santos[86], este autor tem como base a teoria da história de

---

[83] INSTITUTO BRASILEIRO DE CIÊNCIAS CRIMINAIS - IBCCrim. **Editorial**. Boletim. Ano 5, n. 53, abril, 1997. Disponível para associados em: <https://www.ibccrim.org.br/boletim/73-53-Abril-1997/?ano_filtro=1997>. Acesso em: 10 jan. 2019, p. 2.

[84] *Ibidem*, p. 2.

[85] *Ibidem*, p. 2.

[86] SANTOS, Hugo Leonardo Rodrigues. Futuro pretérito da prisão e a razão cínica do grande encarceramento: três momentos de emergência de discursos, expectativas e experiências acumuladas em torno do conceito de prisão. **Revista Brasileira de**

Reinhart Koselleck, entendendo que o tempo histórico resulta das combinações entre espaço de experiência e horizonte de expectativa. Partindo deste instrumental heurístico a atualidade pode ser analisada através do conceito de presentismo[87] que é a:

> [...] hipertrofia do presente, com a consequente diminuição da importância, para a sociedade atual, do futuro e do passado. Esse regime, denominado de presentismo faz com que, ao mesmo tempo, a experiência não seja considerada, tampouco sejam projetadas metas de futuro: simplesmente vive-se o agora, como se as pessoas estivessem eternamente presas ao presente.

Hugo Santos leciona que este presentismo é justamente o imbricamento entre o acúmulo das frustrantes experiências na pena de prisão juntamente com o achatamento no horizonte de expectativas para além do sistema penitenciário, pois "[...] prevaleceu, tanto no senso comum como também na mentalidade de boa parte dos atores do sistema criminal, a solução simplista e cínica de um presentismo distópico: mais prisão, de preferência, com penas mais longas e as condições menos humanas possíveis[88]".

O maquinário do presentismo e a razão cínica que o permeia fazem com que Alagoas, por exemplo, viva um fenômeno que vem efetuando práticas relegitimadoras de algo comprovadamente fracassado e que só aprofunda as contradições do sistema penal nos levando a uma distopia. Estamos convencidos de que o processo de hiperencarceramento alagoano está também fundamentado no neorrealismo de direita e que este processo não encontra nenhum horizonte de expectativa, mas tão somente vem aprofundando suas contradições diante da expansão do sistema penal e de discursos relegitimadores.

Este processo de tentativa de relegitimação do sistema penal em Alagoas encontra duas perspectivas em bastante evidência. A primeira seria a saída da crise do sistema penal através da iniciativa privada pelo modelo de cogestão entre a empresa Reviver e o Estado de Alagoas que encontra respaldo no Presídio do Agreste - PA na cidade de Craíbas/AL. O outro horizonte apontado dentro do sistema alagoano é o Núcleo Ressocializador da Capital – NRC que está alocado em Maceió/AL.

Ciências Criminais, ano 25, vol. 131, p. 145 – 185, maio, 2017. Disponível em: https://www.revistadostribunais.com.br/maf/app. Acesso em: 17 fev. 2019, p. 4.
[87] *Ibidem*, p. 6.
[88] *Ibidem*, p. 15.

Estes caminhos que aqui denominamos de relegitimadores podem ser encontrados facilmente nos discursos hegemônicos, como modelos para a implantação de um sistema de justiça criminal mais efetivo na terra dos marechais. E que, supostamente, se apresentam como alternativas para o fracasso do sistema penal.

Um exemplo claro disto são as falas para o jornal de maior circulação do estado, Gazeta de Alagoas, do juiz da vara de execuções penais, José Braga Neto e do advogado e professor de direito da Universidade Federal de Alagoas – UFAL, Raimundo Palmeira. José Braga Neto louvando o Presídio do Agreste alude que: "Continuamos com excedente de mais de mil presos. Podemos fazer uma avaliação. Visite o Presídio do Agreste. Compare com qualquer outra unidade do estado para você ver a diferença. Basta isso. Tudo é diferente[89]". Já Raimundo Palmeira afirma que:

> Existe um modelo alagoano que deu certo por implantação do Dr. Braga Neto, que é o módulo Ressocializador. O que é módulo Ressocializador? Presos que conseguem sair daquele mar de terror sem estarem tão contaminados, os de melhor comportamento, então eles com a progressão da pena são colocados para trabalhar nas empresas dentro do sistema. Só se recolhem de noite. Ali tem palestras, tem liberdade maior dentro do sistema[90].

Em síntese poderíamos definir estes dois modelos como um "pseudo-horizonte de expectativa" para a questão criminal em Alagoas. Estamos convencidos de que ambos estão errados e para demonstrar tal afirmação vamos realizar o pedido do magistrado, comparando com as outras unidades prisionais do estado para verificarmos o motivo do Presídio do Agreste e do Núcleo Ressocializador da Capital serem diferentes das outras unidades, e por qual razão estes modelos não possuem o condão de solucionar os problemas do sistema penal no estado, demonstrando inclusive que ambos são parte do problema.

Para cumprir tal objetivo faremos um recorte de cinco unidades do sistema prisional de Alagoas: Casa de Custódia da Capital – CCC, Presídio de Segurança Média Professor Cyridão Durval e Silva - PSMMPCDS, Penitenciária Masculina Baldomero Cavalcante de Oliveira - PMBCO, Presídio do Agreste - PA e Núcleo

---

[89] CARVALHO, Regina. **Juiz defende terceirização dos presídios alagoanos.** Jornal Gazeta de Alagoas – 6 a 12/04/2019. Ano LXXXV, n. 4547, C2.
[90] CARVALHO, Regina. **Juiz defende terceirização dos presídios alagoanos.** Jornal Gazeta de Alagoas – 6 a 12/04/2019. Ano LXXXV, n. 4547, C2.

Ressocializador da Capital - NRC, estas unidades concentram 71% da população carcerária alagoana.

Unidade	Capacidade Prevista	Capacidade Atual	Condenados	Provisórios	Total	Disponibilidade	Excedente	Excedente %
PMBCO	418	773	525	479	1004	.	231	29,9
PSMMPCDS	320	404	81	802	883	.	479	118,6
CCC	248	240	105	356	461	.	221	92,1
NRC	157	157	124	.	124	33	-33	-21
PA	789	960	380	587	967	.	7	0,7

[91]Elaboração própria.

Começaremos a comparação pelo Presídio do Agreste – PA e o modelo de cogestão. O primeiro ponto que salta aos olhos é que o PA quase não possui excedente carcerário, constando em seus quadros 7 presos além da capacidade, totalizando 0,7% de excedente. Comparar o PA que possui este nível de excedente com o PMBCO que conta com 29,9% de excedente, o CCC que quantifica 92,1% e o PSMMPCDS que contém 118,6% beira a covardia e a impossibilidade de tal feito, uma vez que o Presídio do Agreste não está submetido às mesmas condições que as outras unidades.

Mas não é só, outra questão que não é apresentada para a sociedade é o nível de investimento do estado de Alagoas apenas no Presídio do Agreste. O orçamento anual do Presídio do Agreste em 2017, segundo o Termo Aditivo ao Contrato nº 024/2014[92], foi de R$ 40.593.156,00. Todavia, o orçamento total da pasta[93] que cuida do sistema carcerário, Secretaria de Ressocialização e Inclusão Social – SERIS, no ano de 2017 foi de R$ 133.405.906,52. A partir destes números podemos concluir que o Presídio do Agreste contém 20% de toda população carcerária alagoana, no entanto possui 30,42% de

---

[91] SECRETARIA DE ESTADO DE RESSOCIALIZAÇÃO E INCLUSÃO SOCIAL – SERIS/AL. **Mapa Diário da População Carcerária** – Plantão de 21/03/2019 à 22/03/2019. Disponível em: http://www.seris.al.gov.br/populacao-carceraria. Acesso em 24 mar. 2019. SECRETARIA DE ESTADO DE RESSOCIALIZAÇÃO E INCLUSÃO SOCIAL – SERIS/AL. **Evolução Carcerária 2011 - 2017.** Chefia Especial de Unidades Penitenciárias. Disponível em: Chefia de Pesquisa e Estatística.
[92] ALAGOAS. **Termo Aditivo ao Contrato SERIS nº 024/2014.** Diário Oficial do Estado de Alagoas, Poder Executivo, Maceió, AL, 19 julho 2017. Secretaria de Estado de Ressocialização e Inclusão Social, p. 19.
[93] PORTAL DA TRANSPARÊNCIA. **Despesas por Órgão – Secretaria do Estado de Ressocialização e Inclusão Social.** Disponível em: http://transparencia.al.gov.br/despesa/despesas-por-orgao/34000/?data_inicial=01/01/2018&data_final=31/12/2018. Acesso em: 27 out. 2018.

todo o orçamento da pasta. Estes dados evidenciam que o Presídio do Agreste é supervalorizado pelo estado de Alagoas, enquanto outras prisões estão sendo sucateadas, especialmente, em dois flancos: no baixo investimento e no excedente de pessoas encarceradas nas unidades públicas.

Logo, em um critério de igualdade para poder fazer uma análise sóbria do sucesso ou do insucesso de determinada gestão se demanda a igualdade de condições, ou seja, que todas as unidades tivessem a mesma ocupação e o mesmo investimento, uma vez que qualquer comparação fora destes parâmetros remonta a mera obrigatoriedade de êxito. Contudo, e ao mesmo tempo, estes dados ao serem interpretados com o mínimo de honestidade, desiludem qualquer desavisado que este é um horizonte possível, mas sim privilegiado.

Já o Núcleo Ressocializador da Capital – NRC possui um cariz mais perverso ainda, pois apresenta configuração de um espaço de exceção que deveria ser a regra. O Núcleo conta com 2,5% de toda a população carcerária alagoana e possui 33 vagas disponíveis, tão logo o primeiro questionamento é do porquê existem estas vagas no NRC, enquanto outras unidades estão atoladas de seres humanos[94].

O Núcleo Ressocializador da Capital se apresenta para a comunidade com os objetivos que todo estabelecimento prisional deveria ter: prestação de saúde, promoção de educação, profissionalização, assistência social aos familiares presos, assistência jurídica, social, médica, odontológica e religiosa. Enfim, os objetivos do NRC em nada divergem do que toda e qualquer prisão no Brasil se predispõe[95]. Ocorre que para entrar no NRC os presos precisam ser do sexo masculino, sentenciados e precisam estar no regime fechado[96]. Este recorte só permite que apenas 31% dos presos se submetam ao processo de entrada na unidade, pois 67,77% dos presos do sexo masculino são presos provisórios[97].

[94] SECRETARIA DE ESTADO DE RESSOCIALIZAÇÃO E INCLUSÃO SOCIAL – SERIS/AL. **Mapa Diário da População Carcerária** – Plantão de 21/03/2019 à 22/03/2019. Disponível em: http://www.seris.al.gov.br/populacao-carceraria. Acesso em 24 mar. 2019.

[95] SECRETARIA DE ESTADO DE RESSOCIALIZAÇÃO E INCLUSÃO SOCIAL – SERIS/AL. **Boletim interno nº 365/2018.** 28.06.2018. Disponível em: http://www.seris.al.gov.br/boletim-interno. Acesso em 24 mar. 2019, p. 22.

[96] *Ibidem*, p. 22.

[97] SECRETARIA DE ESTADO DE RESSOCIALIZAÇÃO E INCLUSÃO SOCIAL – SERIS/AL. **Mapa Diário da População Carcerária** – Plantão de

Não bastando estes critériosm, há a necessidade do preso se submeter a um processo administrativo para poder ter a chance de conseguir uma vaga dentro do Núcleo. Este processo consiste em seis etapas: recrutamento, abertura, entrevistas, relatórios, filtragem e transferência[98]. Estas etapas são elaboradas pela Comissão Técnica que é formada por agentes penitenciários, gestores, assistentes sociais, psicólogos e também pela Gerência de Inteligência da Secretaria.

Vale mencionar que não há critérios rígidos e todo processo perpassa uma discricionariedade da administração pública em quem irá para uma unidade com condições humanas e quem permanecerá em unidades com condições desumanas. Diferentemente do alegado por Raimundo Palmeira, no NRC não há liberdade, muito pelo contrário, existe um controle disciplinar rígido que vai da hora obrigatória do acordar às 6h30min até o dormir[99].

Esta ausência de liberdade é regida pelo aspecto disciplinador que a unidade sustenta, pois o preso ao adentrar ao Núcleo assina um contrato e neste se expressa a obrigação do detento de participar de todas as atividades propostas, estando sujeito à punição caso não queira ser desligado da unidade "[...] por descumprimento de cláusula contratual[100]". Estas práticas consistem em:

> [...] atividade laboral, fator compulsório para integrar a Unidade; atividade educacional, vinculada aos custodiados que não possuem o ensino médio completo, sendo opcional para os casos de graduação sob a forma de Educação à Distância; atividades de cunho terapêutico promovida pelas profissionais que prestam assistência prisional; participação em palestras e cursos voltados a aprendizagem profissional, atividades de limpeza e higienização de ambientes comuns da Unidade para os reeducandos que apresentem comportamento irregular[101].

Tudo é avaliado permanentemente pelas comissões de avaliação,

---

21/03/2019 à 22/03/2019. Disponível em: http://www.seris.al.gov.br/populacao-carceraria. Acesso em 24 mar. 2019.

[98] SECRETARIA DE ESTADO DE RESSOCIALIZAÇÃO E INCLUSÃO SOCIAL – SERIS/AL. **Boletim interno nº 365/2018**. 28.06.2018. Disponível em: http://www.seris.al.gov.br/boletim-interno. Acesso em 24 mar. 2019, p. 26.

[99] SECRETARIA DE ESTADO DE RESSOCIALIZAÇÃO E INCLUSÃO SOCIAL – SERIS/AL. **Boletim interno nº 365/2018**. 28.06.2018. Disponível em: http://www.seris.al.gov.br/boletim-interno. Acesso em 24 mar. 2019, p. 29.

[100] *Ibidem,* p. 32.

[101] *Ibidem,* p. 32.

e caso algum preso apresente inconsistência ou má elaboração em alguma prática supracitada o mesmo poderá ser desligado do Núcleo[102]. Parece-nos muito claro que na verdade o NRC é uma grande vitrine da loja complexo prisional alagoano por dois motivos. O primeiro motivo se concentra na baixa representação que a unidade tem da população carcerária estadual, pois conta com apenas 2,5% de todos os presos. Por seguinte, sua natureza de vitrine consiste nos critérios de exclusão, que vão da aptidão até o processo administrativo arbitrário que faz a triagem de quem pode e de quem não pode ocupar o Núcleo.

Portanto, o Núcleo não se digna a ser um paradigma de unidade para todos os presos ou para todas as unidades, ele é a exceção, e sua incolumidade e excelência diante do caos penitenciário é mantida no mesmo nível da sua discricionariedade. No entanto, cinicamente, apresenta-se como horizonte de legitimação e relegitimação para o sistema punitivo.

Assim, tal como a vitrine de uma loja é a porta de entrada da boa venda, o NRC é o estandarte do sistema prisional alagoano, como exemplo de boas práticas e de um sistema ressocializador. Todavia, não passa de uma loja em que as roupas apesar de bonitas são antiquadas, não nos cabem mais, e apesar de ser uma loja com uma fachada elegante, seu interior é putrificado, em que os visitantes sequer passam da entrada e também não se questionam o porquê a fachada é uma fachada.

Por último, não poderia deixar de criticar a razão instrumental que permeia o NRC, pois o excesso de poder disciplinar dentro do Núcleo tem o interesse direto na arregimentação de "presos exemplares e confiáveis" para o trabalho dentro das unidades, conforme exposto nas atividades obrigatórias.

O estado de Alagoas conta com apenas 350 agentes penitenciários na função fim, divididos em nove presídios[103]. Este baixo quantitativo faz com que os agentes penitenciários precisem de um corpo de presos para poder administrar as unidades nas mais diversas atividades de gestão cotidiana. Logo, o NRC, de forma gerencialista, retroalimenta o sistema carcerário, suprindo mão de obra básica com trabalho obrigatório dos próprios presos, e em troca os encarcerados passam a ser submetidos a uma condição menos

---

[102] *Ibidem,* p. 33.
[103] CARVALHO, Regina. **Juiz defende terceirização dos presídios alagoanos.** Jornal Gazeta de Alagoas – 6 a 12/04/2019. Ano LXXXV, n. 4547, C2.

desumanizada.

3. Qual é a nossa resposta?

A resposta que trabalhamos neste trabalho é de cariz realista de esquerda, objetivando ser um espaço em que teoria e prática possuem horizonte na alteração do mundo exterior de forma coerente, racional, centrada no ser humano em sua dignidade, partindo de uma investigação do empírico, unindo criminologia, direito penal, processo penal e execução penal visando uma política criminal eficiente[104]. Este arsenal teórico, diferente do neorrealismo de direita, busca respostas a partir da realidade empírica, obstando importações teóricas descabidas, transplantes inapropriados, racistas, de matriz colonialista, aquilo que Maximo Sozzo denomina de Traduções Traidoras[105].

O realismo de esquerda, escola protagonizada por pensadores como Jock Young e Roger Matthews, nasce como oposição ao neorrealismo de direita, adotando uma visão mais pragmática se diferenciando do abolicionismo, rebatendo visões idílicas do criminoso, entendendo que este aumenta as injustiças sociais. Os pensadores desta escola entendem que o delito precisa ser eliminado, "(...), pois este não é uma reação política contra a opressão do sistema, mas antes, uma ação que prejudica ainda mais a classe trabalhadora[106]". Assim, o realismo de esquerda busca disputar a racionalidade e os instrumentos estatais de eliminação da criminalidade, almejando reduzir o dano provocado por este fenômeno, e impedir que o neorrealismo de direita domine estes espaços. Cabe destacar que apesar de termos como norte o realismo de esquerda, as críticas e propostas abaixo elencadas não se encerram nesta escola, mas também coadunam com outras racionalidades a exemplo do abolicionismo e do garantismo.

---

[104] MATTHEWS, Roger. **Criminologia realista.** Buenos Aires: Didot, 2015, p. 97 – 100.

[105] SOZZO, Máximo. **Traduttore traditore:** traducción, importación cultural e historia del presente de la criminología en América Latina. Reconstruyendo las Criminologías Críticas. Buenos Aires: Ad Hoc, 2006.

[106] LEAL, Jackson da Silva; BRUNA, Gabriel Dela. Para uma política criminal das classes subalternas: balizamentos teóricos acerca do realismo de esquerda no brasil. **Insurgência: revista de direitos e movimentos sociais,** v. 3, p. 30-49, 2017, p. 43.

Neste sentido, entendemos que primeiramente devemos profanar mitos dentro do sistema penal que impedem uma prática racional e efetiva. O primeiro ponto a ser questionado é o caráter jurídico e não político do direito penal, pois para alguns o direito penal se apresenta como uma categoria independente, sistemática e apartada de outras influências culturais, econômicas e políticas.

No entanto, sabemos desde Tobias Barreto[107] que o sistema penal possui centro nevrálgico na política e não apenas na esfera jurídica ou filosófica. Esta determinação política está no cerne do processo de criminalização seja primário ou secundário, pois envolve em ambos uma escolha política do aparato legislativo e do sistema de justiça criminal – polícia, ministério público e poder judiciário, do que e de quem deve ser criminalizado.

Nossa sustentação se baseia no estudo coordenado por Maíra Rocha Machado e Marta Rodrigues de Assis Machado[108]. As pesquisadoras constatam que o Brasil possui 1.529 normas de criação de sanção penal (pena privativa de liberdade, pena restritiva de direito e pena de multa) até o ano de 2006, ocorre que se todas estas 1.529 normas fossem concretamente punidas, não existiria um habitante sequer que não fosse por diversas vezes criminalizado[109].

Ao invés do mito da plena criminalização, punimos precipuamente três tipos penais que constituem o núcleo duro da expressão de classe no processo de criminalização, uma vez que são crimes que se voltam para a constituição de patrimônio, sendo cometidos por sujeitos em que não possuem perspectiva e "jogam tudo para o alto". Estes atores não se preocupam com sua condição ,pois não possuem nada a perder, sendo exatamente os homens livres como os pássaros elucidados nos ensinamentos de Karl Marx[110].

---

[107] BARRETO, Tobias. **Algumas ideias sobre o chamado fundamento do direito de punir**. *In:* **Estudos de filosofia**.2 ª ed.. São Paulo: Grijalbo; Brasília, INL, 1977, p. 229 .

[108] MACHADO, Maíra Rocha; MACHADO, Marta Rodriguez de Assis. SISPENAS: sistema de consulta sobre crimes, penas e alternativas à prisão. **Revista Jurídica da Presidência**. V. 10, n. 90, 2008, abr./mai., Ed. Esp., p. 01 – 26. Disponível em: www.planalto.gov.br/revistajuridica. Acesso em: 10.04.2019.

[109] ZAFFARONI, Eugenio Raúl. **Em busca das penas perdidas**: a perda de legitimidade do sistema penal. Trad.: Vania Romano Pedrosa, Amir Lopez da Conceição. 5ª ed.. Rio de Janeiro: Revan, 1991, p. 26.

[110] MARX, Karl. **O capital**: crítica da economia política. Livro I: O processo de

Estes crimes são: tráfico de drogas, roubo e furto. Porém, com isto não queremos dizer que os outros tipos penais não estão contidos a partir do recorte de classe, mas tão apenas queremos apresentar um panorama a partir das máximas expressões deste fenômeno. Faremos aqui também um recorte de gênero[111], pois há particularidades inclusive de incidência do machismo e patriarcado no panorama do encarceramento feminino.

No tocante aos homens estes três crimes totalizam 64% (tráfico – 26%, roubo – 26%, furto – 12%), já entre as mulheres totaliza 82% dos crimes (tráfico – 62%, roubo – 11%, furto – 9%)[112]. Por outro lado, homicídio representa 11% dos homens presos e 6% das mulheres presas[113]. Vale mencionar que somente 34% dos homicídios viram denúncia e apenas 5% chegam a ser julgados[114] em um país que em 2016 atingiu a marca de 62.517 homicídios[115]. Outro dado que elucida o caráter político do direito penal é a ínfima punição dos crimes de colarinho branco, quantidade que sequer chega a ser categorizada pelo Informativo Penitenciário – INFOPEN do ministério da justiça.

Este cenário se opõe ao princípio da obrigatoriedade, visto que para este o direito penal brasileiro tem o dever de punir todas as 1.529 normas que estão previstas, ocorre que tal disposição além do caráter cínico e ingênuo, impede um debate acerca do que deve ser criminalizado e de quem deve ser criminalizado.

Parece-nos que a experiência chilena[116] em um sistema

---

produção do capital. Trad. Rubens Enderle. São Paulo: Boitempo, 2013, p. 961.

[111] MENDES, Soraia da Rosa. **(Re)pensando a criminologia:** reflexões sobre um novo paradigma desde a epistemologia feminista. 2012. 284 f. Tese (Doutorado em Direito)—Universidade de Brasília, Brasília, 2012, p. 198 - 202.

[112] BRASIL. Ministério da Justiça e Segurança Pública. Departamento Penitenciário Nacional – DEPEN. **Levantamento Nacional de Informações Penitenciárias - INFOPEN.** Brasília, 2017. Disponível em: http://depen.gov.br/DEPEN/noticias-1/noticias/infopen-levantamento-nacional-de-informacoes-penitenciarias-2016/relatorio_2016_22111.pdf. Acesso em: 23 out. 2018, p. 43.

[113] *Ibidem,* p. 43.

[114] INSTITUTO SOU DA PAZ. **Onde mora a impunidade?** Por que o Brasil precisa de um indicador nacional de esclarecimento de homicídios. São Paulo: Instituto Sou da Paz, 2017. Disponível em: https://goo.gl/68rDLG. Acesso em: 23 abr. 2019, p. 5

[115] FÓRUM BRASILEIRO DE SEGURANÇA PÚBLICA .**Atlas da Violência.** São Paulo: FBSP, 2018, p. 4 .

[116] POSTIGO, Leonel González. **Bases da reforma processual penal no Brasil:**

adversarial é um horizonte positivo para o Brasil, pois além de outros fatores, rompe a obrigatoriedade e institui o princípio da oportunidade, politizando o ministério público e a comunidade para decidir racionalmente o que e quem deve sofrer intervenção penal, concentrando esforços no que de fato interessa

Já no que tange propostas de disputa política dentro da criminalização primária devemos colocar na trincheira o Estudo de Impacto Legislativo proposto por Carolina Costa Ferreira[117], pois desde a propositura legislativa, o processo de criminalização passaria por filtros seletivos, respondendo desde o primeiro momento: o que é o problema, se o problema reflete uma realidade nacional, se o assunto deve ser tratado de forma exclusiva pelo direito penal, se caso a proposição legislativa seja aprovada, a proposta será avaliada e por quem, se as alterações provocarão mudanças na estrutura do sistema de justiça e se a sociedade interessada foi ouvida para a elaboração da alteração legislativa.

No mesmo sentido devemos pensar também na Lei de Responsabilidade Política - LRP[118], proposta por Alberto Silva Franco, Sérgio Salomão Shecaira e Rafael de Souza Lira, que coloca a magistratura frente a frente aos problemas carcerários, responsabilizando-os inclusive pela atual situação e buscando combater o estranhamento da responsabilidade da magistratura para com a questão carcerária. A LRP consiste em cobrar os deveres funcionais dos juízes que estão dispostos no art. 103-B, § 4, da Constituição Federal, regulamentando e obrigando a inspeção mensal dos estabelecimentos prisionais, a interdição de unidades que não estejam conforme a Lei de Execução Penal. A proposta, ao fim, também consiste em realizar o controle rígido dos apenados que estão cumprindo pena, os que estão em prisão preventiva e em quais condições os estabelecimentos prisionais se encontram.

---

lições a partir da experiência na américa latina. *In:* COUTINHO, Jacinto Nelson de Miranda. DE PAULA, Leonardo Costa. DA SILVEIRA, Marco Aurélio Nunes (ORG.). **Mentalidade inquisitória e processo penal no Brasil:** o sistema acusatório e a reforma do CPP no Brasil e na América Latina. Vol.3. Florianópolis: Empório do Direito, 2017, p. 35 e 36.

[117] FERREIRA, Carolina Costa. O estudo impacto legislativo como possível estratégia de contenção do encarceramento em massa no Brasil. **Revista Brasileira de Ciências Criminais,** vol. 129, p. 137 – 180, março, 2017. Disponível em: https://www.revistadostribunais.com.br/maf/app. Acesso em: 20 fev. 2019, p. 20.

[118] SHECAIRA, Sérgio Salomão; FRANCO, Alberto Silva; LIRA, Rafael de Souza. Lei de Responsabilidade Política. **Boletim.** Ano 24, n. 289, dez. 2016, p. 4.

Estas perspectivas rompem um tripé autoritário[119] e ideológico de punições simbólicas, emergencialistas e eficientistas, instituindo um direito penal mínimo de cariz eficiente que se presta a dar uma resposta efetiva principalmente para "(...) crimes de maior potencial danoso, como homicídios, crimes empresariais contra trabalhadores e consumidores, crimes ecológicos e crimes de ódio, perpassados por subjetividades opressoras, como a violência à mulheres, negras e negros e LGBTs[120]". Sabemos que povo negro no sistema penitenciário brasileiro constitui hoje 64% das pessoas privadas de liberdade e em Alagoas esta porcentagem chega a 80% das pessoas encarceradas[121].

O processo de criminalização aqui proposto deve vir em detrimento da punição de crimes ligados à juventude pobre e negra, que sofreu historicamente o processo de criminalização advindo do neorrealismo de direita, colocando em evidência a luta de classes, o combate ao racismo e as opressões de gênero e sexualidade dentro do processo de criminalização.

Pensamos que tomar a decisão[122] de escolha classista, antirracista e contra as opressões dentro de uma perspectiva político criminal, fugindo de automatismos e obediências normativas é justamente o caráter ético de que a criminologia não pode abrir mão, inclusive em não ter medo de dizer o que é inegociável, qual é o seu nome e por quem se está lutando[123].

Estas escolhas devem vir acompanhadas também do processo de

---

[119] SANTOS, Hugo Leonardo Rodrigues. **Estudos críticos de criminologia e direito penal.** Rio de Janeiro: Lumen Juris, 2015, p. 65 – 80.

[120] BORGES, Samuel Silva da Fonseca. **Imagens da Ideologia Punitiva** - Uma Análise de Discurso Crítica do Movimento Brasil Livre. 2019. Dissertação (Programa de Pós-Graduação em Sociologia) – Setor de Ciências Sociais, Universidade de Brasília, Brasília, p. 224 e 225.

[121] BRASIL. Ministério da Justiça e Segurança Pública. Departamento Penitenciário Nacional – DEPEN. **Levantamento Nacional de Informações Penitenciárias - INFOPEN.** Brasília, 2017. Disponível em: http://depen.gov.br/DEPEN/noticias-1/noticias/infopen-levantamento-nacional-de-informacoes-penitenciarias-2016/relatorio_2016_22111.pdf. Acesso em: 23 out. 2018, p. 33.

[122] AMARAL, Augusto Jobim do. Criminologia como desconstrução – talvez. **Revista de derecho Penal y Criminología.** Ano VII, n. 9. Out., 2017, p. 249 – 258. Disponível em: https://dialnet.unirioja.es/servlet/articulo?codigo=6374395. Acesso em: 23 abr. 2019, p. 249 e 253.

[123] CARVALHO, Salo de. O "Gerencialismo Gauche" e a crítica criminológica que não teme dizer seu nome. **Revista Direitos e Garantias Fundamentais,** v. 15, n. 1, p. 125-155. Vitória: FDV, jan./jun. 2014, p. 142.

rebaixamento dos níveis absurdos de prisões preventivas, da descriminalização de todas as drogas e da união entre o conhecimento acadêmico e grupos políticos que são também para nossa leitura pontos essenciais a um programa político-criminal de cunho realista de esquerda e minimalista[124].

Considerações Finais

Olhar os discursos que nos fizeram chegar a mais de 720 mil presos[125] no Brasil, verificar que o horizonte hegemônico é cínico e tenta relegitimar a todo custo o moinho de moer gente, coloca-nos frente a frente em uma cruzada ética de tomada de decisão. A retomada do debate por setor que possui por orientação a dignidade mulheres e homens como epicentro deve estar consubstanciada primeiramente em uma análise crítica do passado, bem como descortinando as tentativas de aprofundamento trágico do presente, pondo-se frente a frente na disputa discursiva da política criminal.

A experiência alagoana vem demonstrando que o aumento carcerário tanto acompanhou os processos de legitimação discursiva do encarceramento em massa via neorrealismo de direita a partir do final dos anos 90, bem como atualmente por um presentismo está emergindo tentativas gerencialistas a partir da cogestão e do núcleo ressocializador. Ocorre que conforme demonstramos nem um e nem outro são experiências hábeis para a solução da questão penal no estado de Alagoas.

Por outro lado, apresentamos uma série de medidas que para nossa leitura são eficientes, partindo da profanação de mitos como o da obrigatoriedade e dos automatismos, almejando uma racionalidade para a máquina de destruição de vidas negras e/ou pobres que se tornou o sistema penitenciário brasileiro e alagoano.

Ocorre que a chave de leitura do nosso trabalho parte de uma escolha ética do que e de quem deve ser criminalizado, não

---

[124] CARLEN, Pat. **Criminologias Alternativas**. *In:* CARLEN, Pat; FRANÇA, Leandro Ayres (org.). **Criminologias Alternativas**. Porto Alegre: Canal de Ciências Criminais, 2017, p. 30.

[125] BRASIL. Ministério da Justiça e Segurança Pública. Departamento Penitenciário Nacional – DEPEN. **Levantamento Nacional de Informações Penitenciárias - INFOPEN**. Brasília, 2017. Disponível em: http://depen.gov.br/DEPEN/noticias-1/noticias/infopen-levantamento-nacional-de-informacoes-penitenciarias-2016/relatorio_2016_22111.pdf. Acesso em: 23 out. 2018, p. 7.

naturalizando o fato da maioria absoluta do sistema carcerário brasileiro e alagoano esteja categoricamente constituído pelo povo negro, em prisão preventiva, por crimes ligados a formação de patrimônio por parte de setor pauperizado.

Assim, se o ataque ao povo negro em Alagoas está sendo também via sistema penal, talvez seja a hora de invocarmos o contra-ataque, não tendo medo de dizer qual é o nosso nome e por quem estamos lutando. Afinal, se Alagoas é a terra dos Marechais, também o é do Quilombo dos Palmares, de Dandara e Zumbi.

Referências

ALAGOAS. **Termo Aditivo ao Contrato SERIS nº 024/2014.** Diário Oficial do Estado de Alagoas, Poder Executivo, Maceió, AL, 19 julho 2017. Secretaria de Estado de Ressocialização e Inclusão Social.

AMARAL, Augusto Jobim do. Criminologia como desconstrução – talvez. **Revista de derecho Penal y Criminología.** Ano VII, n. 9. Out., 2017, p. 249 – 258. Disponível em: https://dialnet.unirioja.es/servlet/articulo?codigo=6374395. Acesso em: 23 mar. 2019.

BARRETO, Tobias. **Algumas ideias sobre o chamado fundamento do direito de punir.** *In:* **Estudos de filosofia.** *2* ª ed.. São Paulo: Grijalbo; Brasília, INL, 1977.

BORGES, Samuel Silva da Fonseca. **Imagens da Ideologia Punitiva**: Uma Análise de Discurso Crítica do Movimento Brasil Livre. 2019. Dissertação (Programa de Pós-Graduação em Sociologia) – Setor de Ciências Sociais, Universidade de Brasília, Brasília.

BRASIL. Ministério da Justiça e Segurança Pública. Departamento Penitenciário Nacional – DEPEN. **Levantamento Nacional de Informações Penitenciárias - INFOPEN.** Brasília, 2017. Disponível em: http://depen.gov.br/DEPEN/noticias-1/noticias/infopen-levantamento-nacional-de-informacoes-penitenciarias-2016/relatorio_2016_22111.pdf. Acesso em: 23 out. 2018.

CARLEN, Pat. **Criminologias Alternativas.** *In:* CARLEN, Pat; FRANÇA, Leandro Ayres (org.). **Criminologias Alternativas.** Porto Alegre: Canal de Ciências Criminais, 2017.

CARVALHO, Regina. **Juiz defende terceirização dos presídios**

alagoanos. Jornal Gazeta de Alagoas – 6 a 12/04/2019. Ano LXXXV, n. 4547, C2.

CARVALHO, Salo de. **A política criminal de drogas no Brasil:** estudo criminológico e dogmático da lei 11.343/06. 6ª ed.. São Paulo: Saraiva, 2013.

CARVALHO, Salo de. O "Gerencialismo Gauche" e a crítica criminológica que não teme dizer seu nome. **Revista Direitos e Garantias Fundamentais,** v. 15, n. 1, p. 125-155. Vitória: FDV, jan./jun. 2014.

CARVALHO, Salo de. **Substitutivos penais na era do grande encarceramento.** *In:* ABRAMOVAY, Pedro; BATISTA, Vera Malaguti. (Org.). **Depois do grande encarceramento:** seminário. Rio de Janeiro: Revan, 2010.

COUTINHO, Jacinto Nelson de Miranda. CARVALHO, Edward Rocha de. **Teoria das janelas quebradas: e se a pedra vem de dentro?** Disponível em: https://emporiododireito.com.br/leitura/teoria-das-janelas-quebradas-e-se-a-pedra-vem-de-dentro. Acesso em: 18 abr. 2019.

FERREIRA, Carolina Costa. Os caminhos das criminologias críticas: uma revisão bibliográfica. **Revista de Criminologias e Políticas Criminais.** Curitiba, v. 2, n. 2, jul./dez., 2016. P. 171 – 192. Disponível em: https://www.indexlaw.org/index.php/revistacpc/article/view/14 63. Acesso em: 20 abr. 2019.

FERREIRA, Carolina Costa. O estudo impacto legislativo como possível estratégia de contenção do encarceramento em massa no Brasil. **Revista Brasileira de Ciências Criminais,** vol. 129, p. 137 – 180, março, 2017. Disponível em: https://www.revistadostribunais.com.br/maf/app. Acesso em: 20 fev. 2019.

FGV/CPDOC. **Biografia Divaldo Suruagy.** Disponível em: http://www.fgv.br/cpdoc/acervo/dicionarios/verbete-biografico/divaldo-suruagy. Acesso em: 12 nov. 2018.

FOUCAULT, Michel. **Em defesa da sociedade:** curso no *Collège de France* (1975-1976). Trad. Maria Ermantina de Almeida Prado Galvão. 2ª ed.. São Paulo: Editora WMF Martins Fontes, 2010.

FOUCAULT, Michel. **Vigiar e Punir:** nascimento da prisão. Trad. Raquel Ramalhete. 42ª ed.. Petrópolis: Vozes, 2014.

FÓRUM BRASILEIRO DE SEGURANÇA PÚBLICA. **Atlas da Violência.** São Paulo: FBSP, 2018 .

GARLAND, David. **A Cultura do Controle:** crime e ordem social na sociedade contemporânea. Rio de Janeiro: Revan, 2008.

INSTITUTO BRASILEIRO DE CIÊNCIAS CRIMINAIS - IBCCrim. **Editorial.** Boletim. Ano 5, n. 53, abril, 1997. Disponível para associados em: https://www.ibccrim.org.br/boletim/73-53-Abril-1997/?ano_filtro=1997. Acesso em: 10 jan. 2019.

INSTITUTO BRASILEIRO DE GEOGRAFIA E ESTATÍSTICA – IBGE. **Projeção da população do Brasil e das Unidades da Federação.** Disponível em: https://www.ibge.gov.br/apps/populacao/projecao//index.html. Acesso em: 25.01.2019.

INSTITUTO SOU DA PAZ. **Onde mora a impunidade?** Por que o Brasil precisa de um indicador nacional de esclarecimento de homicídios. São Paulo: Instituto Sou da Paz, 2017. Disponível em: https://goo.gl/68rDLG. Acesso em: 23 abr. 2019.

LEAL, Jackson da Silva; BRUNA, Gabriel Dela. Para uma política criminal das classes subalternas: balizamentos teóricos acerca do realismo de esquerda no brasil. **Insurgência: revista de direitos e movimentos sociais,** v. 3, p. 30-49, 2017.

MACHADO, Maíra Rocha; MACHADO, Marta Rodriguez de Assis. SISPENAS: sistema de consulta sobre crimes, penas e alternativas à prisão. **Revista Jurídica da Presidência.** V. 10, n. 90, 2008, abr./mai., Ed. Esp., p. 01 – 26. Disponível em: www.planalto.gov.br/revistajuridica. Acesso em: 10.04.2019.

MARX, Karl. **O capital:** crítica da economia política. Livro I: O processo de produção do capital. Trad. Rubens Enderle. São Paulo: Boitempo, 2013, p. 961.

MARX, Karl. **A revolução antes da revolução.** Vol. II. 2ª ed.. São Paulo: Expressão popular, 2015.

MATTHEWS, Roger. **Criminologia realista.** Buenos Aires: Didot, 2015.

MENDES, Soraia da Rosa. **(Re)pensando a criminologia:** reflexões sobre um novo paradigma desde a epistemologia feminista. 2012. 284 f. Tese (Doutorado em Direito) - Universidade de Brasília, Brasília, 2012.

NASCIMENTO, Emerson Oliveira do. Acumulação social da violência e sujeição criminal em Alagoas. **Revista Sociedade e Estado,** vol. 32, n. 2, Brasília, 2017, maio/ago.,p. 465 – 485. Disponível em: http://www.scielo.br/pdf/se/v32n2/0102-6992-se-32-02-

00465.pdf. Acesso em: 17 dez. 2018.

OLIVEIRA, Luã Karll de. **Uso corporativo do território e produção da violência no estado de Alagoas.** Dissertação (Programa de Pós-Graduação em Geografia) – Setor de Geociências, Universidade Federal da Bahia, Salvador. 2017.

PORTAL DA TRANSPARÊNCIA. **Despesas por Órgão – Secretaria do Estado de Ressocialização e Inclusão Social.** Disponível em: http://transparencia.al.gov.br/despesa/despesas-por-orgao/34000/?data_inicial=01/01/2018&data_final=31/12/2018. Acesso em: 27.10.2018.

POSTIGO, Leonel González. Bases da reforma processual penal no Brasil: lições a partir da experiência na américa latina. *In:* COUTINHO, Jacinto Nelson de Miranda. DE PAULA, Leonardo Costa. DA SILVEIRA, Marco Aurélio Nunes (ORG.). **Mentalidade inquisitória e processo penal no Brasil:** o sistema acusatório e a reforma do CPP no Brasil e na América Latina. Vol.3. Florianópolis: Empório do Direito, 2017.

SANTOS, Hugo Leonardo Rodrigues. **Estudos críticos de criminologia e direito penal.** Rio de Janeiro: Lumen Juris, 2015.

SANTOS, Hugo Leonardo Rodrigues. Futuro pretérito da prisão e a razão cínica do grande encarceramento: três momentos de emergência de discursos, expectativas e experiências acumuladas em torno do conceito de prisão. **Revista Brasileira de Ciências Criminais,** ano 25, vol. 131, p. 145 – 185, maio, 2017. Disponível em: https://www.revistadostribunais.com.br/maf/app. Acesso em: 17 fev. 2019

SECRETARIA DE ESTADO DE RESSOCIALIZAÇÃO E INCLUSÃO SOCIAL – SERIS/AL. **Mapa Diário da População Carcerária – Plantão de 21/03/2019 à 22/03/2019.** Disponível em: http://www.seris.al.gov.br/populacao-carceraria. Acesso em 24 mar. 2019.

SECRETARIA DE ESTADO DE RESSOCIALIZAÇÃO E INCLUSÃO SOCIAL – SERIS/AL. **Evolução Carcerária 2011 - 2017.** Chefia Especial de Unidades Penitenciárias. Disponível em: Chefia de Pesquisa e Estatística.

SECRETARIA DE ESTADO DE RESSOCIALIZAÇÃO E INCLUSÃO SOCIAL – SERIS/AL. **Boletim interno n°**

365/2018.   28.06.2018.   Disponível   em: http://www.seris.al.gov.br/boletim-interno. Acesso em 24 mar. 2019.

SHECAIRA, Sérgio Salomão. Tolerância zero. São Paulo: **Revista Brasileira de Ciências Criminais,** n. 77, p. 261 – 280, mar./abr.,   2009.   Disponível   em: https://www.revistadostribunais.com.br/maf/app. Acesso em: 17 fev. 2019.

SHECAIRA, Sérgio Salomão; FRANCO, Alberto Silva; LIRA, Rafael de Souza. Lei de Responsabilidade Política. **Boletim.** Ano 24, n. 289, dez., 2016.

SOZZO, Máximo. **Traduttore traditore:** traducción, importación cultural e historia del presente de la criminología en América Latina. Reconstruyendo las Criminologías Críticas. Buenos Aires: Ad Hoc, 2006.

VASCONCELOS, Ruth. **O poder e a cultura da violência em Alagoas.** Maceió: Edufal, 2005.

WILSON, James Q.; KELLING, George L.. Ventanas rotas: la policía y la seguridad vecinal. *In:* URBINA, Iñigo Ortiz de; PONCE, Juli (coord.). **Convivencia ciudadana, seguridad pública y urbanismo:** Diez textos fundamentales del panorama internacional. Barcelona: Fundación Democracia y Gobierno Social,   2008,   págs.   307-325.   Disponível   em *:* http://www.ucipfg.com/Repositorio/MCSH/MCSH-09/Unidad-04/lecturas/2.pdf. Acesso em: 10 abr. 2019.

ZAFFARONI, Eugenio Raúl. **Em busca das penas perdidas:** a perda de legitimidade do sistema penal. Trad.: Vania Romano Pedrosa, Amir Lopez da Conceição. 5. ed.. Rio de Janeiro: Revan, 1991.

A incompatibilidade da revista íntima com o ambiente carcerário: linhas críticas sobre os estabelecimentos prisionais de Maceió/AL

FRANCISCO CARLOS EUGÊNIO DOS SANTOS[126]

Introdução

Quando alguém decide visitar um parente que se encontra encarcerado, é de praxe ser submetido à revista íntima. O procedimento visa detectar materiais proibidos, agarrados ao corpo ou inseridos na vagina ou no ânus dos revistados e que supostamente seriam entregues aos presos. O fundamento é simples: necessidade de segurança nas unidades penitenciárias, porém, a questão em comento não é apenas sobre tirar a roupa na frente do agente penitenciário, e sim a utilização de métodos grotescos e arcaicos para sua realização, independente de sexo, idade ou raça, seus resultados provocam uma série de indignações, as razões desta repulsa serão alvo de abordagem da primeira parte.

Destacamos, quanto a importância desse trabalho, que apesar da nocividade do problema aqui exposto, há pouca produção acadêmica a respeito, em razão disso, foi necessário aderir novas fontes de pesquisa distintas das tradicionais, demandando, além da pesquisa empírica, feita corpo a corpo, a busca por manuais de tratamento penitenciário, informativos de associações que apoiam a reforma prisional, relatórios, artigos, projetos de lei, portarias e resoluções que ressaltam a necessidade de todo indivíduo em ter plena garantia da inviolabilidade de seus direitos, com ênfase na dignidade humana.

Com efeito, nós optamos por utilizar a primeira pessoa do plural na exposição dos argumentos contidos neste trabalho, tendo em vista que este é fruto de uma pesquisa empírica realizada nos estabelecimentos carcerários *in fine* descritos, o que por sua vez ensejou na busca de dados relevantes e oportunos, obtidos através de uma experiência pessoal que necessitou ser registrada por tal metodologia, pois trás a baila conclusões que decorrem da maturidade experimental de agentes penitenciários e familiares de

---

[126] Advogado

presos no cotidiano das prisões, fontes diretas que conhecem como ninguém o real funcionamento do cárcere. Assim, a abordagem do tema em comento possui diferenciação em sua abordagem, conduz a uma mudança relevante que não suprime a realidade dos fatos, mas sim que o complementa e torna mais didático a análise do tema exposto.

Por razões metodológicas dividimos este artigo em quatro partes. Na primeira, será apresentado as razões que movem o Direito na contramão da via do Estado Democrático, no qual acaba-se rotulando condutas e desprezando precauções necessárias em razão da emergencialidade que a segurança pública requer, culminando no encarceramento em massa e na triste assertiva: quanto mais presos, menos direitos. Relacionaremos alguns dados estatísticos para traçar a realidade de Maceió e diante de tal complexidade, parece certo desconsiderar qualquer saída que se apresente como uma panaceia, seja na seara administrativa ou jurídica, porém, não significa que nada pode ser feito.

Contrariamente, intensidade do problema requer juristas, gestores públicos e legisladores trabalhando em conjunto, objetivando soluções estratégicas, capazes de buscar uma adequada reestruturação. O problema é que grande parcela da sociedade assiste o processo como se fosse um espetáculo cinematográfico, um justicialismo midiático, no qual a sociedade do espetáculo está sob os holofotes da mídia, culminando, assim, numa triste assertiva: "quanto mais presos, menos direitos e mais restrições", trataremos deste assunto ao longo da segunda parte.

Impende observar que este é um estudo baseado em dados autênticos do sistema carcerário alagoano, cujo resultado é direcionado aos estudiosos do Direito e áreas afins, aborda a pesquisa de campo[127] e seus aspectos, buscando construir um comparativo através da análise dos discursos dos agentes penitenciários e dos familiares de presos. Neste, pretendemos contribuir, de algum modo, para a construção de práticas humanizadas, com enfoque no padrão de violação de direitos humanos que foi instituído aos parentes dos presos, observando-se o estudo científico, amparo legal, argumentação doutrinária e ações estatais, tal corolário será exposto na terceira parte.

---

[127] As unidades analisadas foram: Estabelecimento Prisional Prof. Cyridião Durval e Silva e Penitenciária Masculina Baldomero Cavalcanti de Oliveira, nos dias 01, 03 e 12 de set. de 2015, conforme anexo B.

Para o tema em comento, foi realizada análise da relação entre o agente penitenciário x familiar do detento, analisando o discurso das partes envolvidas, de modo a contemplar o conhecimento destes sobre a existência, ou não, de diploma normativo específico, bem como se há aplicação de recursos destinados à modernização dos presídios. Fora indagado, ainda, quais os procedimentos da revista íntima e se tais regras também se aplicam em crianças e idosos, bem como se os agentes penitenciários passam por treinamento para obter técnica apropriada, se existe outra forma de controle para ter acesso ao preso e se o método aplicado é eficaz. Após a inquirição dos personagens, restou devidamente comprovado o conteúdo constante na quarta e ultima parte do presente artigo.

1. Catástrofe iminente: o aumento dos índices de violência e o grande encarceramento no Brasil

A revista íntima é um método arcaico utilizado na idade média pelos eclesiásticos inquisidores que procuravam esperma de Satanás nos órgãos genitais de feiticeiras, que eram obrigadas a abrir seus orifícios com as próprias mãos, constatando-se uma absoluta desnecessidade. Diante deste espelho, parece que a idade média ainda não foi superada, é notório que neste aspecto, o sistema penal está paralisado, pois adota uma técnica inconstitucional e internacionalmente vedada, legitimando o uso excessivo do estado de polícia como uma forma administrativa de coerção direta (GOMES, 2012).

Posta assim a questão, vislumbramos que no sistema penitenciário alagoano, especialmente nas unidades penitenciárias de Maceió, ocorre uma disputa pelo exercício do poder, consequência da pertinente dúvida se o bem comum está em xeque ou não. Prática corriqueira de gestores adeptos de um discurso fácil, que pregam mudar a realidade por decreto, como se a aplicação fria da lei fosse suficiente. A princípio, seria necessário deixar de olhar as coisas de ponta cabeça, pois olhar pelo espelho não resolve o problema, ao contrário, intensifica-o. Mais importante do que mudar as leis, é mudar a mentalidade daqueles que a operam, somente assim se transformará o curso da história, sairemos do Direito da sombra, para chegar à luz.

É bem verdade que a ausência ou oferta irregular ou inadequada de ações, projetos ou programas de tratamento penitenciário podem gerar insatisfações, angústias, doenças físicas e psíquicas ,tanto para os presos como para os agentes e também aqueles que ingressam no estabelecimento prisional, conforme Projeto de Modernização do Sistema Penitenciário Nacional BRA 05/038 (2011), no intuito de manter contato direto ou indireto com detento, em razão dessa omissão do Estado, pode-se dar início a rebeliões ou outro tipo de manifestação de violência por parte dos sujeitos elencados acima.

De acordo com um estudo da Secretaria Nacional da Juventude da Presidência da República, extraímos que Alagoas é o Estado com o maior déficit de vagas no sistema penitenciário, com 3,7 presos por vaga, seguido de Pernambuco com 2,5 presos por vaga, Amapá com 2,4 e Amazonas com 2,2 presos por vaga. Porém, em todas as unidades do país há mais presos do que vagas, essas informações evidenciam o fechar de olhos para um problema que segue desenfreado. Outrossim, a Secretaria de Defesa Social de Alagoas informa, que de 2011 a 2015 foram geradas 2.099 vagas no sistema carcerário alagoano e que serão criadas mais 603 vagas para o ano de 2016, totalizando 2.702 vagas até o fim do ano, conforme relatório estatístico (2015, p. 5-6), porém, fazemos aqui um enfoque para este investimento fantasioso, visto que a população carcerária total é de 6.025 presos, ou seja, mesmo após a ampliação, restará o déficit de 3.323 vagas.

Posta assim a questão, não precisa ser pessoa esclarecida para notar que o momento do caos em unidades penitenciárias é chegado, já que o Estado insiste no método arcaico e ineficiente de encarcerar sem acompanhamento ou estrutura devida. Melhor evitar um problema com políticas públicas eficientes, do que remediar um mal que irá se procrastinar com o tempo, fruto de medidas emergenciais de contenção que maquiam e não resolvem o problema. Atualmente, diante da tendência encarceradora do Brasil, haja vista que ocupa o 3º lugar no ranking mundial, sendo o país com maior crescimento da população carcerária do mundo, com 450% de aumento (MONTENEGRO, 2014), acompanhado de uma piora expressiva, Alagoas é responsável por quase 8% desse número, cujo alvo é a parcela jovem, negra, pobre e sem escolaridade da população. Assim, a insalubridade, a superlotação, a não adoção de penas alternativas e a violação de direitos humanos são características consolidadas do sistema penitenciário sob análise.

Diante dos elementos acima expostos, considerando que de 1940 até o presente momento o Código Penal foi modificado 156 vezes, das quais, 75% vezes para criminalizar mais (PADRÃO, 2015), em contrapartida, o número de vítimas de homicídio no Brasil saltou de pouco mais de 10 mil por ano no início da década de 1980 para mais de 50 mil em anos recentes, em Alagoas, no início do ano de 2015, cerca de 6 pessoas foram assassinadas por dia (ALESSI, 2014), ou seja, apesar da grande quantidade de ajustes em nossa legislação, o país não consegue diminuir a criminalidade, ao contrário, os índices explodem.

Ponderamos, no que diz respeito aos elevados gastos com prisões, que se o Brasil parasse de prender hoje, para suprir o déficit de 231.062, sem que os mandados de prisão já em aberto sejam cumpridos, seriam necessários mais de 9 bilhões de reais, conforme Levantamento Nacional de Informações Penitenciárias (INFOPEN), realizado pelo Ministério da Justiça (2014, p.11). Atualmente, a despesa mensal com o sistema carcerário gira em torno de 1 bilhão de reais. Para manter todos os 1.085.454 que "deveriam" estar presos no cárcere, a um custo médio de R$ 2.000,00 (dois mil reais) por preso ao mês, seriam necessários mais de 2 bilhões de reais, vale frisar que o gasto mensal com alunos na escola é de R$ 562,00, conforme divulgação do Ministério da Educação (2015). Definitivamente, não vale a pena.

No dizer sempre expressivo de Augusto Thompson (2002, p. 19):

> A cadeia não é uma miniatura da sociedade livre, mas um sistema peculiar, cuja característica principal, o poder, autoriza a qualifica-lo como um sistema de poder. Por outro lado, suas hierarquias formais, se bem que devem ser levadas em conta, não podem ser tidas como as únicas ou as mais relevantes, pois os aspectos informais das organizações comunitárias são de importância fundamental, se se deseja captá-las no modo concreto de operação. Uma hierarquia interna, não prevista e não estipulada, com fins próprios e cultura particular, emerge pelos interstícios da ordem oficial. A interação desses dois modos de vida, o oficial e o interno-informal rende ensejo, naturalmente, ao seguimento de conflitos, os quais terão de ser solucionados por meio de processos de acomodação.

Diante da assertiva do autor, logo compreendemos que não há democracia sem respeito aos mandamentos jurídicos. A Constituição Federal, prevê em seu artigo 1º, inciso III, a dignidade da pessoa humana, como um princípio absoluto que assegura um conjunto de direitos e deveres fundamentais contra atos humilhantes, garantindo condições fundamentais para uma vida com qualidade e em comunhão com os demais seres humanos. Não se pode abandonar preceitos constitucionais consolidados em razão de uma maior comodidade da Administração Pública, essa prática expõe a vida de milhares de pessoas a um procedimento desumano, justificado pela insuficiência do poder público em modernizar os presídios.

Consoante noção cediça, em sede de julgamento do HC nº 117764 RO, em 31/05/2013, publicado no DJe-105 DIVULG 04/06/2013 PUBLIC 05/06/2013, cuja relatora fora a Min. ROSA WEBER - STF, extraímos:

> [...] todas as pacientes são familiares/visitantes de presos recolhidos na Unidade Prisional Centro de Ressocialização Vale do Guarapé, na comarca de Porto Velho, Rondônia. Todas, ao adentrarem no mencionado presídio, nos dias de visitas, são submetidas, **com risco à saúde, a procedimento extremamente invasivo, vexatório, desumano e humilhante de revista íntima**, a fim de se averiguar a existência de drogas ou aparelhos celulares em suas partes íntimas. Afirma serem obrigadas, durante o procedimento, a sentarem em banco no qual não se procede a qualquer tipo de higienização, expondo-as a risco de contaminação por doenças sexualmente transmissíveis, porquanto centenas de outras visitantes podem estar contaminadas ao realizarem o mesmo ato. Aduz que todo esse procedimento é realizado com a conivência da Juíza de Direito da Vara de Execuções Penais da Comarca de Porto Velho/RO. Na oportunidade, pleiteou, em sede liminar e no mérito, fosse assegurado o **direito de visita com análise tão somente dos pertences e dos alimentos, resguardando o procedimento de revista íntima apenas em ocasiões excepcionais, quando houvesse fundadas suspeitas de práticas escusas, flagradas pelo detector de metais ou pelo aparelho de Raio X**. A 1ª Câmara Criminal, por maioria, denegou a ordem, vencido o relator. Em seguida, foi impetrado o HC 267.507/RO perante o Superior Tribunal de Justiça. A Ministra Alderita Ramos de Oliveira indeferiu o pleito liminar. Neste *writ*, a Impetrante, preliminarmente, pugna pelo abrandamento do enunciado da Súmula 691/STF. Para tanto, reitera as alegações levadas às instâncias anteriores. Nesse sentido, requer, em provimento liminar: a) sejam as pacientes submetidas primeiramente ao detector de metais e ao aparelho de Raio X ao adentrarem, nos dias de visitas, no Centro de Ressocialização Vale do Guarapé, ficando isentas do procedimento invasivo da revista íntima; b) sejam submetidas ao procedimento de revista íntima apenas em caráter excepcional, à medida que houver fundadas suspeitas de estarem portando algum objeto ilícito, flagrado no

detector de metais ou no aparelho de Raio X; c) e, em havendo necessidade de submissão ao procedimento de revista íntima, seja preenchido, antes de ser realizada a averiguação, relatório circunstanciado sobre o evento. No mérito, pleiteia a concessão da ordem em definitivo. É o relatório. Decido. [...] A despeito da perplexidade provocada pelos argumentos esgrimidos pela Impetrante, a escorreita solução da controvérsia demanda análise acurada do caso, inclusive com a solicitação de informações à autoridade coatora, a fim de bem delimitar a questão circunstância essa já levada a efeito pelo Superior Tribunal de Justiça: o objeto do *writ* demanda exame mais aprofundado das circunstâncias que ensejaram a prática do ato (...). É que, **o direito de visitar seus parentes sem a necessidade de submissão a procedimentos vexatórios constitui uma garantia fundamental,** (...) tendo em vista que o objeto do *writ* trata de espécie de constrangimento físico ou moral à liberdade física. Diante desse contexto, pode-se até entender como teratológica a decisão atacada, única forma de justificar a supressão de instância. Ante o exposto e com base na Súmula 691 desta Corte e no § 1.º do artigo 21 do Regimento Interno, concedo seguimento ao presente *writ*. Publique-se. Brasília, 31 de maio de 2013. Ministra Rosa Weber Relatora. (grifo nosso)

Ora, como se depreende da decisão supra, a revista íntima não encontra amparo constitucional, devido afrontar princípios que sustentam o Estado Constitucional de Direito, segundo o dispositivo elencado no artigo 5º, inciso III, que diz: "ninguém pode ser submetido à tortura ou a tratamento cruel ou desumano". No âmbito internacional, muitas são as normas jurídicas em vigor, ressaltando-se a proteção da intimidade, pessoalidade na aplicação da pena, honra, dignidade, proteção das crianças, proteção das mulheres, direito a assistência familiar para o preso e a não produção de provas contra si mesmo, *ex vi* artigo 5º, inciso LXIII, tais direitos não podem ser ignorados nem mesmo em condições excepcionais, pois o controle dentro dos estabelecimentos penitenciários deve estar sujeito aos limites impostos pelo Estado de Direito.

Com efeito, a inspeção dos órgãos genitais é um dos elementos mais preocupantes, segundo o Conselho Nacional de Políticas Criminais e Penitenciárias (2014, p. 4-5), para submeter o visitante ao procedimento, seria necessário preencher quatro exigências: 1- plena necessidade; 2- não existir outra possibilidade (excepcionalidade); 3- disposição judicial (em regra); 4- realização somente por técnico de saúde habilitado. Toda prática fora destes moldes, é opressora.

Isto posto, resta inconteste que o tema em comento possui fins políticos, com o discurso de garantir segurança pública, são manobras de um sistema artista, que procurar burlar os direitos fundamentais para evitar despesas essenciais. Vale frisar que a revista vexatória é a porta de entrada do sistema e neste não há investimentos suficientes em políticas de reintegração de presos, direcionados à educação unida ao trabalho dentro do cárcere, acarretando na inutilização de instrumentos importantes para que o indivíduo não retorne a cometer crimes e não alimente o ciclo penitenciário. Tudo aponta para a insuficiência do Estado.

2. Equívocos que geram a revista íntima

No Brasil, está ocorrendo um lento progresso com o alvo de abolir o referido procedimento. Inexiste, porém, agrupamento de ideias para normatizar a matéria, o que provoca inconsistência em seu propósito, segundo o Informativo Rede Justiça Criminal (2014, p. 2). Para embasar esse parâmetro basta considerar que apenas oito Estados do país proíbem a revista vexatória e aderiram a chamada "revista humanizada", conseguindo produzir um ambiente mais leve dentro das prisões, devido à transformação de atitudes no que diz respeito aos Direitos Humanos dos familiares, sendo eles: Paraíba, Goiás, Minas Gerais, Espírito Santo, Rio de Janeiro, Santa Catarina, Rio Grande do Sul e São Paulo.

Para que a proibição do mecanismo em epígrafe se consume e obtenha efeitos em todo país, é necessário que o PLS 480/2013 seja aprovado, desse modo, seria vedada qualquer forma de desnudamento, tratamentos desumanos ou degradantes. Com respeito à dignidade humana e a segurança de estabelecimentos penais, estabeleceria as hipóteses que seriam admitidas a realização de revista manual (citadas no capítulo anterior); prevendo a utilização desta após persistir a suspeita de porte ou posse de objetos, substâncias ou produtos proibidos, ou seja, depois do visitante passar pela revista eletrônica, cabendo a este a liberdade de escolher se quer se submeter ao procedimento manual ou não, podendo a visita ser realizada no parlatório ou em local assemelhado, desde que não haja contato físico entre o visitante e a pessoa presa.

Considerando os dados concedidos pela Rede Justiça Criminal (2015), em apenas 0,03% dos casos foi encontrado algum produto proibido com os visitantes, ou seja, somente 3 em cada 10 mil revistados foi flagrado portando objetos não permitidos, dentre estas apreensões estão inclusos grampo de cabelo, alça de sutiã que contém ferro e outros. Diante das apreensões ínfimas, salta aos olhos a falta de precisão da revista feita de forma manual nos familiares de presos, pois o objetivo principal não é alcançado. Outrossim, fazemos um enfoque para a fantasia de que a revista íntima deva ser realizada nos familiares, porque supostamente estes seriam responsáveis pela entrada de produtos ilícitos nos estabelecimentos prisionais, quando na verdade diversas outras pessoas mantém contato com o preso, não sendo possível afirmar que o visitante seja a única fonte.

Convém notar que existe uma alternativa interessante, trata-se da inversão o sujeito revistado, haja vista que o procedimento poderia ser realizado tão somente no preso após a visita, dessa forma, se adequaria ao princípio da pessoalidade da pena, um dos nortes do Direito Penal moderno, não caracterizando um estupro institucionalizado, afinal, existem outros meios para ter contato com o preso e evitar que o familiar, sem motivo palpável seja submetido ao procedimento de revista manual, desta forma o visitante acaba participando da pena do recluso.

Antes de adentrarmos ao exame da norma impugnada, cabem aqui algumas considerações acerca do que a sociedade contemporânea considera como se fosse o "quarto poder[128]" (D'OLIVEIRA, 2012), pois, infelizmente, a imprensa tornou-se a visão da nação. Logo, o povo ingere o Direito Penal a título de simbolismo[129], como se verdade fosse.

Desrespeitando a intervenção mínima do Direito Penal, tendo em vista que a obediência ao instituto da *ultima ratio*, consiste em admitir a punição das condutas somente quando for exaurida a aplicação dos demais ramos do direito.

---

[128] A expressão "quarto poder" foi utilizada para demonstrar que os meios de comunicação de massa exercem influência e domínio social equiparado aos Três Poderes no Estado Democrático de Direito (Executivo, Legislativo e Judiciário), pois a mídia brasileira faz a análise, denuncia, investiga e torna público o ato que entende ser incorreto, em todos os seguimentos.

[129] A expressão "simbolismo" foi utilizada para enfatizar a função contemporânea do Direito Penal, face a elaboração de leis provocadas pelo clamor social difundido pela mídia, vale salientar que determinados fatos, por suas características próprias, estimulam determinada parcela da sociedade a exigir soluções emergentes do Poder Público, sem que seja feita a devida análise do problema, resultando em leis descartáveis, sem nenhum (ou quase nenhum) efeito.

Como consequência, a sociedade caminha a passos largos para uma realidade onde a desordem predomina, os direitos individuais são expostos e os valores são invertidos. Na conjuntura da fantasia, as partes se assemelham a gladiadores, postura equivocada que simplifica a violência (PALMINI, 2010) como se esta fosse um fenômeno de fácil compreensão, e torna o drama processual uma escola de incivilização. A concepção de quanto pior, melhor, é a porta de entrada do Direito sanguinário[130], mostra em cores vivas a realidade da Justiça Penal (BOBBIO, 1997). Neste cenário, a mácula democrática acrescida pela mídia, resulta na transformação do Direito em apenas um instrumento de dominação das classes. Deste modo, acreditar nas finalidades da pena é quase um ato de fé.

Partindo desse pressuposto, todas as teorias da pena se assemelham a utopias, haja vista o disparate abismal do instituto do dever ser para a realidade, fato agravado pela falta de planejamento, evidenciado pela forma que a revista íntima é realizada, pois o Estado insiste em submeter semanalmente os familiares a um estupro, caracterizando uma agressão ao princípio da pessoalidade da pena, acontece sempre que a sanção é transferida do preso para aqueles que os visitam. Verdade seja, que tais dificuldades burocráticas de se garantir a visita, asseguram a intransparência do cárcere e comprometem todo o circuito da justiça criminal, por outro lado, também representam um completo abandono às ideologias humanizadoras de ressocialização (BALDISSARELLA, 2011) ou reinserção social (teorias rê), pois falham em alcançar seus objetivos e mostram como a prisão é incapaz de (re)introduzir o indivíduo na sociedade em razão de déficits administrativos.

Por falar em dever ser, o Direito Penal deveria proteger a sociedade, tratando as condutas mais lesivas como crimes. Nessa conjectura, notamos que tal proteção é direcionada com transmissão de valores e fragmentada em determinado seguimento de classe e não na sociedade como um todo, dessa forma o Direito Penal acaba sustentando o capitalismo. Atitudes irracionais demandam justificativas lógicas. O argumento que fundamenta a revista manual é suprir a carência de segurança nas prisões, isso é insuficiente face à dignidade de seres humanos; o que imediatamente nos induz a pensar se seria somente isso... Ou se trata de mais uma artimanha da

---

[130]O termo "sanguinário" é utilizado na obra de Hegel "Filosofia da História" na qual define a história como um 'imenso matadouro".

política do medo?

Nos dias que correm, o estupro é usado como instrumento de guerra em conflitos locais, tal situação é sofrida em vários países do mundo, tais quais: República Centro-Africana, Costa do Marfim, República Democrática do Congo, Mali, Sudão do Sul e Síria (O GLOBO, 2014). Agora, infelizmente, é utilizado no Brasil. Neste sentido, uma nação democrática que deturpa o conceito de democracia[131], cria um fenômeno muito perigoso (BOBBIO, 1997), migra ligeiramente da arte de contar cabeças para a arte de cortar cabeças. É o que se tem visto, uma total negligência de funções sociais.

Esse ato de ignorar os problemas, potencializa o reflexo da inoperância do Estado, resulta em mais delinquência (SOUZA, 2010), expressamente e tacitamente, por não exercer de forma correta as suas funções básicas[132], propagando o espírito de impunidade, efeitos vindos de muita humilhação institucional, é o reflexo de ociosidade, déficits na infraestrutura, desumanização e tratamentos cruéis, que são gerados dentro e fora dos presídios, concorre ainda para sua piora a falta de fiscalização ou bom senso, na menor das hipóteses.

Considerando a falta de iniciativa em promover a recuperação carcerária, sendo a perder de vista aquelas que fazem o indivíduo retornar ao sistema. O caráter abusivo das revistas vexatórias e a carência de ações que promovam mais dignidade, tal como o investimento na obtenção de scanners corporais ou aparelhos análogos, fazem brotar o sentimento de que não existem garantias desde que a finalidade seja a comodidade do bem comum, nesse caso a segurança pública, noção democrática que pode trazer prejuízos e germina frutos envenenados[133]. Aos que de alguma forma ainda

---

[131] A democracia é, no essencial, um método de governo, um conjunto de regras de procedimento para a formação das decisões coletivas, no qual está prevista e facilitada a ampla participação dos interessados, consubstanciando-se no governo das leis por excelência.

[132] As funções básicas do Estado podem ser compreendidas de modo a estabelecer direitos, garantias e deveres aos cidadãos. Estes dispositivos basilares regulam a vida social, política e jurídica das pessoas, estão legitimados entre os artigos 5º ao 17 dividindo-se em cinco grupos: individuais, coletivos, sociais, de nacionalidade e político.

[133] A expressão "frutos envenenados" foi utilizada para demonstrar que os vícios advindos do caráter abusivo da revista vexatória contaminam os demais setores do sistema penitenciário, provocando repulsas "em cadeia".

preservam senso de humanidade, é inaceitável saber que os presos dividem celas abarrotadas, em condições degradantes, insalubres, com a presença de ratos e sem devida alimentação, sujeitos a um poderio que se utiliza de violentos mecanismos de tortura. No momento em que tais práticas excedem os limites das prisões e afetam os familiares dos encarcerados, o desprezo é ainda maior.

O cárcere não aflige somente quem está cativo, o que lá acontece contamina mães, esposas, namoradas e filhos que precisam se submeter a uma repressão de direitos para conservar o vínculo afetivo. Dentro dessa conjuntura, há uma imposição de valores destinados a determinado seguimento de classe, conforme informações do Departamento Penitenciário Nacional (2014), em esmagadora maioria, pobres, jovens, negros e sem escolaridade, que se tornam reféns do sistema penitenciário, afinal, existem meios alternativos de se realizar a revista, pois não é um enigma científico tal adoção em aeroportos, levando a crer que o Estado utiliza-se de métodos banais por opção. Desta forma, mulheres continuam sendo constrangidas como se fosse algo normal, no entanto, entorpecentes e instrumentos proibidos permanecem sendo encontrados nos estabelecimentos prisionais.

Outro elemento crucial que gera a revista íntima é o fato de que a camada social afetada pelas violações do procedimento em epígrafe permite ser emudecida, o que de certa forma legitima os abusos do Estado, não é por ser pobre e sem instrução que as mulheres são violentadas, mas porque toleram ser nulificadas, dispõem de seus corpos sem que ocorram reivindicações expressivas. É óbvio que essa agressão vai seguir sendo frequentemente praticada, por uma mera justificativa: não há interesse do governo, pois lhe é mais conveniente sujeitar pessoas a ações que vulneram sua dignidade do que conceder a elas métodos semelhantes aos encontrados nos aeroportos.

Nesse mister de opressões, evidenciam-se algumas consequências, dentre elas a existência de meios de transformar a pena em algo ainda mais desumano e potencializar o afastamento de quem já se considerava marginalizado. Coibir a visitação da família pode ser compreendido dessa forma, seja pelo tratamento ou pelos meios empregados, significa impor uma sanção ilegal. Condicionar o acesso ao preso à exposição das partes íntimas, vai de encontro ao direito de visita, previsto no artigo[134] 41, inciso X, da Lei de Execuções Penais.

Como reflexo do despotismo do Estado, que infringe a inviolabilidade da intimidade, desrespeita a dignidade humana, ignora o princípio da proporcionalidade, viola a integridade pessoal, ofende o dever de proteger crianças e adolescentes contra tratamentos constrangedores e despreza o mandamento que a pena não deve ultrapassar a pessoa do condenado, grande parte dos familiares deixam de visitar os presos. É patente que os apenados que têm seus vínculos familiares rompidos apresentam maior dificuldade em ressocializar-se quando saem dos estabelecimentos prisionais, visto que sem moradia e sem alguém para lhe fornecer apoio moral e financeiro, acabam sendo levados de volta para a criminalidade, deste modo, a afetividade interrompe o ciclo da violência, pois é revestida de caráter fundamental na recuperação do indivíduo.

A assistência jurídica prestada pelo Estado não é suficiente, diante disso, são os familiares que procuram se atualizar sobre o andamento processual dos encarcerados, sem a presença habitual do visitante o preso deixa de ter esse conhecimento. É de se imaginar a aflição de um indivíduo que se encontra atrás das grades e sem perspectivas do fluxo de seu processo. É obrigação da administração pública pôr ao alcance dos presos os itens de higiene pessoal *,ex vi* artigo 41, inciso VII, da LEP, todavia, essa responsabilidade também não é posta em prática, sendo de praxe os familiares levarem tais utensílios; a pessoa que não é visitada, não tem acesso a esses objetos, sendo movida a barganhar com os outros detentos, ou seja, ocorre um patrocínio do Estado, por sua negligência, culminando na existência de um mercado oculto ligado à delinquência.

Embora possam ser compreendidos, são incalculáveis os danos produzidos pela arbitrariedade do Estado, quanto a isto, infelizmente, o silêncio do legislador estadual é eloquente, podendo ser interpretado de modo que revela extrema necessidade de transformação na mentalidade destes em relação às atitudes, ou falta delas, que devam conservar garantias existentes e efetivar medidas de segurança úteis, já que as vigentes não apresentam o resultado devido, evidenciado pelas falhas no proceder das revistas íntimas e

---

[134] Artigo 41, inciso X, Lei de Execuções Penais - Lei nº 7.210/84 - Constituem direitos do preso: visita do cônjuge, da companheira, de parentes e amigos em dias determinados.

ao alto índice de rejeição do procedimento, ineficaz e degradante. Estes são estigmas que carecem de mudanças.

3. A revista íntima nas unidades penitenciárias de Maceió/AL

Se o Estado pune o estupro, classifica o racismo como hediondo, estabelece sanção para os crimes contra a honra, é sinônimo que ele protege a inviolabilidade da vida humana, em todos os aspectos, e como pode ao mesmo tempo eliminar habitualmente a dignidade dos familiares dentro do cárcere?

Em um sábado comum de visitas, nos estabelecimentos prisionais de Maceió[135], nós colhemos declarações de familiares de presos, para tomar conhecimento das condições vivenciadas por elas, ocasião na qual relataram as principais dificuldades que enfrentam sempre que decidem visitar seus parentes. Segundo as mulheres[136] (por incrível que pareça não encontramos um homem sequer nos dias visitados) para manter contato com seu ente querido, é necessário submeter-se a alguns procedimentos: sacudir o cabelo, abrir a boca, mostrar a sola do chinelo e até a axila, porém, dentre todos os procedimentos, o mais temido é agachar no espelho e fazer força ou tossir ou mesmo ter que abrir a genitália com os dedos quando a agente assim orientar[137].

Algumas relataram, indignadas, já terem sido sujeitadas a repetir os movimentos várias vezes, independente da idade ou condição física. O ponto onde todas corroboraram é a vergonha e a sensação de tensão no momento em que tiveram seus corpos violados, isso significa que todas se sentiram humilhadas e estigmatizadas. Dentre tantos danos sofridos, os efeitos da revista íntima podem ser sentidos até mesmo por quem nunca passou por ela, em razão de seu caráter marcante, muitas crianças deixam de ter contato com aqueles que são fundamentais para o desenvolvimento de seu caráter, como meio de poupá-las de exibir seus corpos nus para pessoas estranhas, o que causaria forte abalo psicológico, agravado pelo fato de ver seu familiar segregado.

---

[135] As unidades visitadas foram: Estabelecimento Prisional Prof. Cyridião Durval e Silva, Penitenciária Masculina Baldomero Cavalcanti de Oliveira e Estabelecimento Prisional Feminino Santa Luzia, nos dias 01, 03 e 12 de set. de 2015.

[136] Não citaremos os dados das pessoas para preservar suas identidades.

[137] Situações análogas ocorrem nos demais estabelecimentos prisionais que ainda não aderiram à revista humanizada.

Muitas famílias deixam de visitar o cárcere, devido a tamanha violência institucional do mecanismo utilizado na revista corporal, o que acaba interferindo diretamente na inclusão social dos presos, vez que, rompe o vínculo familiar. Vale ressaltar que o apoio e carinho da família são de suma importância, pois transmitem a sensação de manutenção de elo afetivo, ainda que sob supervisão, leva a crer que a pessoa não foi abandonada pela sociedade, conduzindo, então, a novas alternativas, que não seja o regresso para a criminalidade.

Sem meias palavras, agentes penitenciárias também nos relataram que o procedimento em epígrafe representa tortura, tratamento indigno para o ser humano, um verdadeiro estupro legitimado pelo Estado, em atenção que a mostragem forçada das partes íntimas gera ofensa moral tanto para a dignidade das pessoas revistadas quanto para quem realiza a revista, pois mesmo com toda experiência, esta prática ainda coisifica e produz aversão. A agente penitenciária[138] entrevistada se posicionou a favor da adoção de novos meios menos agressivos e mais eficientes para detectar os ilícitos, descreveu que os servidores do sistema penitenciário só podem realizar a revista íntima em pessoas do mesmo sexo, bem como orientam que as mulheres vistam trajes de malha fina para facilitar o desnudamento, sendo necessário levantar a blusa e o sutiã, tirar uma perna da calça, baixar a bermuda ou levantar a saia e finalmente agachar em frente ao espelho três vezes, caso haja suspeita, é orientado que a pessoa tussa ou abra a genitália com os dedos.

Em ato contínuo, a pessoa revistada é conduzida sem que ocorra contato físico, nem mesmo na hipótese de ser encontrado algum objeto proibido, neste caso há uma orientação no sentido de que a pessoa coloque o objeto em um recipiente específico para que seja posteriormente averiguado, o mesmo se aplica aos idosos. Já crianças, até os 12 anos, no momento da revista, devem estar acompanhadas dos pais ou responsáveis. Em caso de crianças de colo, os servidores do sistema penitenciário pedem para que a fraude seja trocada em local específico.

As visitantes que tentam ingressar na prisão sem se submeter ao procedimento cometem atos em confronto com a Lei de Execução Penal e desobedecem o regimento estabelecido pela Superintendência Geral de Administração Penitenciária, sendo tidas

---

[138] Os agentes penitenciários entrevistados não autorizaram a divulgação de suas identidades, em razão de seus ofícios.

como indisciplinadas, *ex vi* artigo 130[139] da Resolução nº 144/2010[140], pois comprometem a ordem e a segurança, podendo ser punidas com restrição temporária do direito de visita, no período de quinze a trezentos e sessenta dias, conforme a gravidade do ato. Nesse contexto, notamos que os profissionais da segurança pública são mais algumas vítimas da precariedade do sistema, visto que faz parte da rotina serem submetidos a uma situação excessivamente constrangedora e que provoca discriminação, claro que não no mesmo nível que a visitante. Em um ponto todos concordaram: a revista vexatória não deveria existir! Logo, diante dos debates firmados entre os familiares e os agentes penitenciários, não encontramos nenhuma justificativa plausível para que mulheres abram vaginas e ânus, crianças fiquem despidas perante desconhecidos, idosos e pessoas com deficiência tenham que superar sua capacidade física e moral para serem expostos como meio mais adequado de coibir a violência e garantir segurança dentro das prisões.

Em uma de nossas idas à Penitenciária Masculina Baldomero Cavalcanti de Oliveira, especificamente no dia 12 de setembro de 2015, presenciamos um importante avanço, que consiste na instalação de novos aparelhos detectores de metal, semelhantes aos encontrados nos aeroportos. Foi nos assegurado pelos agentes penitenciários que tal investimento também seria realizado em outras

---

[139] Artigo 130 da Resolução SAP nº 144/2010 - São considerados atos de indisciplina cometidos por visitantes: I-praticar ações definidas como crime ou contravenção; II- manter conduta indisciplinada no interior ou nas dependências externas da unidade prisional, desobedecendo a qualquer ordem, seja escrita ou verbal, emanada por autoridade competente; III- desobedecer, desacatar ou praticar qualquer ato que importe em indisciplina, seja ele praticado contra servidores públicos, presos ou outros particulares; IV- promover tumulto, gritaria, algazarra ou portar-se de maneira inconveniente que perturbe o trabalho ou o sossego alheio; V-induzir, fazer uso, estar sob ação de bebida alcoólica, substância entorpecente ou que determine dependência física ou psíquica, ou ainda introduzi-las em área sob administração da unidade prisional; VI- vestir-se de maneira inconveniente; VII-recorrer a meios fraudulentos em proveito próprio ou alheio; VIII- praticar manifestações ou propaganda que motivem a subversão à ordem e a disciplina das unidades prisionais; a discriminação de qualquer tipo e o incitamento ou apoio a crime, contravenção ou qualquer outra forma de indisciplina; IX- auxiliar, participar ou incentivar a prática de falta disciplinar do preso, tentada ou consumada.

[140] Diante do silêncio do legislativo federal e estadual, a Resolução nº 144/2010 da Secretaria de Administração Penitenciária de São Paulo, serve de parâmetro para adoção de procedimentos nos estabelecimentos prisionais dos Estados que ainda não editaram norma específica.

unidades do Complexo Penitenciário de Maceió. Para que ocorram mais transformações, é preciso promover discussões públicas sobre o tema, isso envolve coragem para mudar o quadro da violência institucional enraizada em Alagoas e dos demais Estados.

Após análise, constatamos que na revista vexatória, a impunidade domina em relação ao torturador. Alagoas é mais um dos Estados criminosos da Federação, por sua vez, pune um crime com outro crime. O simbolismo empregado para determinar que em um delito, a pena cumpre função preventiva é mais um conto falacioso, isto jamais deveria ser transferido aos visitantes. É um sintoma da ausência do Direito Penal Racional[141] (GONÇALVES, 2010), deve ser feito a análise dos aspectos culturais da sociedade antes de ser implementar mecanismos emergentes para "garantir segurança" na prisão, sem observância dos efeitos em longo prazo, outrossim, é necessário que a administração pública seja atuante em meio a desordem, deixando de imaginar que as sanções são constituídas com o único objetivo de canalizar uma vingança irracional.

A prisão é local excluído do mundo, o Estado não entra no cárcere, é um espaço sem a atuação do Direito, sendo a revista íntima um meio coercitivo ineficaz, pode-se dizer que lá existem leis próprias, e não é a Lei de Execuções Penais, nem mesmo o respeito a Tratados ou Convenções. Com muita propriedade sobre o tema, Adeildo Nunes (2005, p. 152) conta que: "as prisões brasileiras são opressivas e violentas, de consequências devastadoras sobre a personalidade humana, e que deve ser aplicada, como verdadeira medida de segurança, somente aos reconhecidamente perigosos".

Mesmo diante de seu fracasso, muitos insistem nesse método, como sendo a panaceia da violência, porém resta cristalinamente comprovado que essa prática em nada influencia na diminuição da criminalidade, pelo contrário, é como se fosse uma coreografia de sangue, na qual os índices dos encarcerados crescem em harmonia com a tipificação de condutas e práticas de crimes. Esse é o sistema, que mesmo sem estrutura, continua prendendo cada vez mais indivíduos junto com suas famílias, que estão fora do cárcere e são

---

[141] Termo empregado por Claus Roxin na obra, *La Evolución de la Política Criminal, el Derecho Penal y el Proceso Penal*, 2000, p. 99-100, no qual adverte que o "Direito Penal Racional" possui um toque dúbio e se concretiza sendo "teleológico" ou sistematizado, utilizado como um instrumento, em razão da obra de Max Weber. Esclarece, ainda, que não foi intuito de nenhum autor funcionalista distanciar-se dos princípios na elaboração do sistema teleológico do Direito Penal.

forçadas a produzirem provas negativas, pois são vítimas de um discurso fácil, no qual a primeira dose para remediar o mal da violência, é uma violência maior.

A segunda dose desse ciclo vicioso, consiste em treinar um ser humano para viver em sociedade tirando-o do convívio social e tratando-o como um animal. Dentro desse interminável sofisma, (THOMPSON, 2002), ensinava que: "Treinar homens para a vida livre, submetendo-os a condições de cativeiro, afigura-se tão grande absurdo como alguém se preparar para uma corrida, ficando na cama por semanas". Logo, se a adequação à cadeia não significa adequação à vida fora dos muros, a sugestão obvia é que a adaptação à cadeia resulta em desadaptação à vida fora dos muros. Assim, o Direito Penal se torna uma máquina de homens pobres, com suas prisões que mais parecem depósitos de pessoas.

Ao tratar de prisão, Nilo Batista (1981, p. 23), enfatiza que:

> Seja qual for o fim atribuído à pena, a prisão é contraproducente. Nem intimida, nem regenera. Embrutece e perverte. Insensibiliza ou revolta. Descaracteriza e desambienta. Priva de funções. Inverte a natureza. Gera cínicos ou hipócritas. A prisão, fábrica e escola de reincidência, habitualidade, profissionalidade, produz e reproduz criminosos.

Partindo desse ponto de vista punitivo, é necessário conter os ânimos, já que a adoção de outra medida prejudica o Estado de Direito e culmina em um massacre. Uma vez que o indivíduo volta ao convívio social reproduzindo o tratamento que obteve dentro do presídio, como uma bola de neve, retendo tudo aquilo que vê pela frente (visão humanista), altamente criticada por aqueles que esperam que o preso saia do cárcere reproduzindo amor, carinho e respeito para aqueles que o mantiveram em condições degradantes durante todo o período de encarceramento, com sua dignidade sendo violada constantemente. Isso também pode ser empregado ao tratamento humilhante dado aos familiares por meio da exposição à revista íntima, uma espécie de treinamento para o crime.

Tratando do assunto, Francesco Carnelutti (2008, p.09), ensina:

> As pessoas crêem que o processo penal termina com a condenação e não é verdade; as pessoas crêem que a pena termina com a saída do cárcere, e não é verdade; as pessoas crêem que o cárcere perpétuo seja a única pena perpétua; e não é verdade: A pena, se não mesmo sempre, nove em dez não termina nunca. Quem em pecado está perdido. Cristo perdoa, mas os homens não.

Não obstante, com base em nossa pesquisa de campo, realizada com alguns agentes da Superintendência Geral de Administração Penitenciária de Alagoas (SGAP), todos os perguntados se sentem constrangidos em ter que revistar pessoas idosas, crianças ou gestantes. Eles opinam que a revista manual deveria ser o último recurso, sendo empregado em primeiro plano, a revista indireta (uso de aparelhos ou métodos cautelares), levando em conta, o fato de cada vez menos se encontrar objetos proibidos nas revistas, dado que vai de encontro ao que se vê dentro dos presídios. Isso evidencia falhas na aplicação da revista íntima, segundo as estatísticas da Secretaria de Defesa Social de Alagoas, gerando assim uma cadeia de insatisfações.

Todavia, notamos que os gestores da Administração Pública, dotados de "caráter soberano", legitimam seus atos através do consentimento ou silenciar das classes sociais que são submetidas aos atos abusivos. Deste modo, se o poder incumbido ao Estado está fulcrado nas suas atribuições e limites impostos, resta claro, obviamente, que ele não possui finalidade em si mesmo, pois está atrelado ao bem-público, ficando impossibilitado de se contrapor aos princípios constitucionais e valores da pessoa humana (CARDOZO, 2013). Este elo representa um freio para as ações do Estado, evoluindo para "Estado de Direito" que se concretiza através da elaboração de normas jurídicas.

Com o passar do tempo, o sistema penitenciário estagnou, é um espelho que reflete o dia a dia de uma sociedade que não aprendeu a lidar com os problemas fora dos livros. Transmite a sensação de que quando uma coisa é criada para não funcionar, e não funciona, ela está em perfeito estado. Nisso o sistema penitenciário é o carro chefe. Outro ponto crítico e bastante controverso é o Fundo Penitenciário Nacional (FUNPEN), regulamentado pelo Decreto nº 1.093, de 23 de março de 1994. Seus gigantes recursos são constituídos de recolhimentos, capitais confiscados, alienações, multas derivadas de sentenças penais condenatórias com trânsito em julgado, fianças, custas judiciais recolhidas em favor da União e outros rendimentos, constituídos por recursos próprios financeiros[142] e recursos próprios não financeiros[143], que por maiores que sejam não atingem seus objetivos.

Em seu aniversário de 20 anos o Programa não tem nada a comemorar, visto que seus propósitos não saem do papel, por isso não atendem à demanda, não aprimoram, não modernizam, nem ao menos custeiam o Sistema Penitenciário. Isso é devido à contingência assombrosa, verbas que entram e não saem já totalizam 4 bilhões. Segundo o Ministério da Justiça, esse crédito orçamentário não pode ser utilizado, com a justificativa banal de que faz parte do contingente do Governo Federal para atingir o superávit primário, chegando a barrear até 40% do repasse (CONTAS ABERTAS, 2014). Outra barreira para que tais verbas cheguem ao seu destino é que boa parte desses recursos são impedidos de serem transferidos graças à inadimplência de alguns Estados, em outras palavras, é a economia para manter a fama de "bom pagador". Enquanto isso, famílias pagam a diferença no repasse de verbas, frente à insuficiência de um sistema corrompido e multiplicador de violências[144].

O PLS 25/2014, que modifica a Lei Complementar nº 79/1994, instituiu o Fundo Penitenciário Nacional, impondo limites ao Governo Federal na obstrução de verbas destinadas ao lotérico sistema penitenciário, estabelecendo que os créditos orçamentários direcionados ao FUNPEN não poderão ser objeto de limitação de empenho, elencado no artigo 9º da Lei Complementar nº 101/2000, proíbe a criação de qualquer contingenciamento à execução da programação financeira referente às fontes vinculadas ao Fundo, em reservas de contingência primária ou financeira.

Basta reparar, que o contingenciamento tem prejudicado a liberação de recursos necessários para ampliação, melhorias e

---

[142] Essa arrecadação é depositada diretamente na Conta Única do Tesouro Nacional em prol do Fundo, ou recolhidos por Documento de Arrecadação de Receitas Federais - DARF e por Guia de Recolhimento da União, na hipótese de multas penais ou fianças quebradas ou perdidas, prevista no artigo 2º, incisos, IV, V, VI da Lei Complementar nº 79/94.

[143] Essa receita não é vinculada ao Fundo, ou seja, não existe um percentual estipulado, encontra previsão no artigo 2º, inciso, I, IX da Lei Complementar nº 79/94.

[144] O aspecto multiplicador de violências da prisão diz respeito aos fins que ela se propõe, os quais, ligados, oferecem espantosa combinação: confinamento, ordem interna, punição (real ou fingida), intimidação particular e geral, tudo dentro de uma estrutura severamente delimitada pela lei e pela opinião pública.

construção de novos presídios. Após tais considerações, é preciso não apenas conservar o Direito Penal e o ameaçado Estado de Direito, mas construir algo melhor do que ele, já que em meio aos tropeços sua função clara é limitar o poder punitivo e resguardar garantias individuais.

4. Procedimentos adotados para a revista íntima em Alagoas

A política criminal enraizada em Alagoas é resultado de uma cultura punitivista (GOMES, 2012), fragmentada e alastrada pela doutrina do período militar, tempo este em que a legislação penal e processual foi criada e até hoje vigora. Infelizmente essa atividade ainda é fortemente apreciada pela maior parte da sociedade. Considerando que "o poder emana do povo", seus representantes no parlamento também apoiam tal ideologia, que tem seus efeitos potencializados devido ao suporte televisivo. Essa política funciona com o ideal de rotular "inimigos" [145] (MOURA; VARGAS, 2010, p. 3), como garantia da ordem pública, econômica, conveniência da instrução criminal [146] ou da soberania nacional, buscando desenvolver coerência de pensamento e ação na caçada desse plano.

À medida que a propagação de ideais segregadores transmitidos pela mídia avança) D 'OLIVEIRA, 2012), os valores democráticos recuam. Essa má influência gera grande enfermidade para a sociedade. Os sinais de aviso têm sido realizados frequentemente pela comunidade acadêmica, porém ,tais costumes arcaicos permanecem sendo postos em prática, inclusive de forma intensiva, como alternativa tática na luta contra a criminalidade, ou seja ,é como jogar gasolina no fogo.

Meditando sobre o problema carcerário brasileiro, Augusto Thompson (2002, p. 32), aduz que:

---

[145] O "inimigo" seguindo a teoria de Guither Jakobs, na qual a reprovação do indivíduo não é estabelecida em função da gravidade do crime praticado, mas pelo caráter do agente, seu estilo de vida, personalidade, antecedentes, conduta social, culpabilidade de condições ou escolha de vida. Portanto, o indivíduo que não cumpre com o dever de cidadão deve ser banido deste meio, não sendo mais tratado como uma pessoa digna.

[146] Art. 312, caput, Código de Processo Penal - Decreto Lei nº 3.689/41 - "A prisão preventiva poderá ser decretada como garantia da ordem pública, da ordem econômica, por conveniência da instrução criminal, ou para assegurar a aplicação da lei penal [...]"

A imprensa só aparece, para fiscalizar as ações, quando há boatos (ou informações verdadeiras) acerca de acontecimentos escandalosos, acontecidos intramuros". Rapidamente surge a missão do Governador e do Secretário de Segurança Pública em conseguir administrar o sistema sem azares, isentos de fatos que maculem a imagem do gerenciamento carcerário diante da sociedade.

É de caráter fundamental, logo, transformar essa ideologia bélica de encarceramento em um governo que preze pela soberania popular, que tenha a isonomia e a proteção do cidadão (individual) como norteadores e não da coletividade. Neste páreo o primeiro deveria ter seus interesses privilegiados, pois nem sempre a maioria tem razão (BOBBIO, 1997). Desse modo, o limite que não deve ser ultrapassado ,é o cerceamento de direitos e garantias do indivíduo , atribuindo a estes características utópicas, mitigando-os ou negando sua importância. Na medida em que isso acontece acaba-se reduzindo direitos de outros, prejudicando a prezada segurança jurídica do meio democrático.

Nesse caminho, independente de ser adequada ou não, a presente Lei de Execuções Penais chega a ser hostilizada até mesmo por grande parcela de administradores do sistema prisional, porquanto, não satisfaz a "vontade social". Os resultados insuficientes, indicam que são poucos os pontos respeitados pelos protagonistas desse palco, tanto direta quanto indiretamente. O grau de depravação moral alcançado pelo modelo brasileiro de realizar a revista íntima atraiu os olhares da comunidade internacional. Há um descumprimento em larga escala de diplomas normativos, tais como as regras mínimas para o tratamento de prisioneiros (MINISTÉRIO DA JUSTIÇA, 2009, p. 13), eleitas no 1º Congresso das Nações Unidas sobre Prevenção do Crime e Tratamento de Delinquentes, ocorrido em Genebra, em 1955; Convenção Americana sobre Direitos Humanos, Decreto nº 678/1992 e Pactos da Organização das Nações Unidas, Decretos nº 591/1992 e nº 592/1992, os quais deveriam ser cumpridos tão inteiramente como neles se contém.

No começo do ano de 2013, o Grupo de Trabalho das Nações Unidas sobre Detenção Arbitrária fez uma visita oficial nos estabelecimentos prisionais do Brasil, onde reconheceram o que já é de conhecimento de todos: as prisões constroem cenários de intensas transgressões de direitos humanos. Como se não fosse suficiente o abarrotamento do sistema carcerário, com uma deficiência de mais de 200 mil vagas, ainda existem cerca de 192 mil mandados de prisões em aberto (ONU BRASIL, 2013).

No sentido de promover o máximo de efetividade às normas do sistema penitenciário, observando-se a dignidade da pessoa humana, parâmetro basilar da República brasileira, por força do artigo 1º, inciso III, Constituição Federal, existe no Congresso Nacional (no Senado o PLS nº 513/2013, e na Câmara o PL nº 2.230/2011) ambos projetos tem como objeto e aplicação, mudanças necessárias nas atividades do sistema carcerário nacional. Convém, como em toda matéria controversa, que no decorrer do tempo entre os debates sobre as propostas que objetivam maximizar a efetividade do sistema de execução penal, apareçam posicionamentos disfarçados de "espírito da benevolência", e estes acabem distorcendo os mandamentos constitucionais. Em razão disso, deve ser apresentado ao Senado, os posicionamentos que tratam de retrocessos sociais encontrados no Projeto de Lei do Senado nº 513/2013, que foi alvo de análise da Comissão Nacional de Acompanhamento do Sistema Carcerário.

A revista íntima, pela forma atual como é realizada, promove desgaste ético e de valores legitimado pelo Estado, unidos à falta de bom senso, são bem mais onerosos do que o custeio de scanners, aparelhos de raio X e outros similares eletrônicos que preservem a integridade física, psicológica e moral do visitante. Tais mecanismos de segurança impediriam com mais eficácia o ingresso de instrumentos metálicos, entorpecentes, aparelhos de comunicação, explosivos ou qualquer outro objeto proibido em pessoas, que na qualidade de visitantes, servidores ou prestadores de serviço, ingressam nas dependências dos estabelecimentos penais. Visto que este procedimento deveria ser regulamentado pelo Conselho Nacional de Política Criminal e Penitenciária (CNPCP[147]), conforme relatório realizado pela Comissão Nacional de Acompanhamento do Sistema Carcerário Brasileiro (COASC, 2014).

Segundo a Lei nº 15.552/14, a qual proíbe a revista íntima dos visitantes nos estabelecimentos prisionais no Estado de São Paulo e dá outras providências, pelo menos nove estados brasileiros baixaram normas no mesmo sentido. O Conselho Nacional de Justiça (CNJ) e outras instituições, como o Instituto dos Advogados

---

[147] O CNPCP é o primeiro dos órgãos da execução penal, com sede na Capital Federal, cujo objetivo principal é deliberar sobre política pública criminal e penitenciária para o Brasil.

Brasileiros (IAB), recomendam o fim desse procedimento, por considerá-lo ofensivo aos direitos individuais garantidos pela Constituição Federal. A revista manual somente deve ser desenvolvida em ultimo caso, quando houver presunção de que o indivíduo porte objeto ilícito. Essa fundada suspeita dá-se na forma de busca subjetiva pelo interesse jurídico, sem ser caracterizada como autoritária, ultrapassada ou legitimadora de um Governo sem senso de respeito com as garantias fundamentais (SANCHEZ, 2010), não abrindo o leque para que o agente autorizado (do mesmo sexo que o revistado) pratique abusos, ações preconceituosas ou racistas, sendo tão somente uma forma de averiguar o registro dos aparelhos de revista, no intuito de constatar a tentativa de ingresso do objeto proibido.

É necessário traçar estratégias de resolução de conflitos e assegurar políticas de segurança pública e de execução penal de forma menos lesiva, dentro e fora das prisões, revistando o preso e não o seu familiar, a fim de preservar os direitos individuais daqueles que visitam o cárcere. A maneira atual como é realizada, escancarando portas para fraudes, denota a falta de preocupação com o a segurança pública, sendo necessário acatar a Resolução nº 05/2014 emitida pelo Conselho Nacional de Políticas Criminais e Penitenciárias (CNPCP), que pede o fim do desnudamento, introdução de objetos nos revistados, agachamentos ou saltos, haja vista que caracteriza uma prática desumana e degradante. Em redação, a referida resolução orienta que a revista seja feita se utilizando de recursos eletrônicos: detectores de metal, aparelhos de raio X ou scanners corporais, deixando as revistas manuais para casos extremos.

Em crianças ou adolescentes, tal procedimento precisa ser realizado na presença ou com a autorização expressa dos genitores ou representantes legais, ou na presença de um conselheiro tutelar para fiscalizar as revistas, quando forem precisas, evitando possíveis abusos. Vale salientar que as crianças não devem presenciar as revistas em seus familiares. Visto que o momento da revista íntima é o de maior abalo emocional, tanto para os que compõem a administração carcerária, quanto para os presos e familiares. Nesta seara, deve se atentar para a Lei 12.962/14 que introduziu algumas mudanças no ECA, no que tange ao direito de convivência dos pais encarcerados, para que não se torne uma *via crucis*, repleta de abusos e afrontas constitucionais. A referida lei busca assegurar o melhor interesse na criança ou adolescente, protegendo a convivência familiar, com base no princípio da afetividade, que deve ser preservado de modo que o Estado deve promover a reintegração familiar.

A revista íntima, como um instrumento hostil de uma má administração, obriga pessoas a despir-se totalmente, agachar-se em um espelho e submeter-se à aberturas vaginais, como sendo requisitos para entrar na prisão. Neste dado momento, salta aos olhos o comportamento avesso que o Estado sustenta frente aos direitos individuais, hipocrisia que diz assegurar dignidade e ao mesmo tempo promove profundo desgaste social e desrespeito à intimidade das pessoas, mais uma vez leva a crer que, em regra, os estabelecimentos prisionais são lugares excluídos da atuação do Direito e que não há interesse nem perspectiva do Estado promover dignidade para os presos e seus familiares.

Pelo contrário, a mentalidade é encarcerar cada vez mais, como se essa fosse a solução. Levando em conta a explosão carcerária, o Brasil já alcança a 4ª posição do ranking dos países que mais prendem do mundo. Em 2075, um em cada dez brasileiros estará preso se o Estado continuar empenhado em elevar as taxas de encarceramento (MINISTÉRIO DA JUSTIÇA, 2014). Dessa forma, temos uma tragédia anunciada. Outra porta de escape para esta desordem, encontra-se no embasamento de sistemas penitenciários internacionais desenvolvidos, articulados com maior sistematização de informações dentro dos estabelecimentos prisionais, nos quais portam salas específicas para que haja uma maior organização. Em casos de maior gravidade possibilitam a separação para que não haja contato físico e que a visita seja feita com maior segurança, sem ferir a inviolabilidade dessa visita, nesse campo, a intimidade.

Portanto, o que vigora no Brasil é o critério da desconfiança, embasado na subjetividade. Entende-se que as fortes críticas direcionadas à revista íntima não visam sua abolição, buscam promover melhorias dignas, com urgência. As penitenciárias são estabelecimentos que disseminam doenças como AIDS, hepatite e tuberculose. Nelas os níveis de contaminação são muito mais altos do que na população em geral, se mata 6,5% a mais dentro da cadeia (DEPEN, 2014) do que fora dela. É o que se espera, migrar da bestialidade para a lucidez, respeitando os mandamentos jurídicos da dignidade, proporcionalidade, ofensividade, integridade física e moral, estabelecendo um fim ao atual legado de transcendência penal cumulativa.

Considerações Finais

Pesquisar o cotidiano de servidores do sistema penitenciário alagoano e familiares de presos representou momentos em que restou evidente uma realidade privada de dignidade, fato desconhecido pela maioria da sociedade e que recentemente vem sendo difundido pelos meios de comunicação. Constatamos num dado momento, que a sensação da espera dos familiares se assemelha a uma expectativa de ser atendido em qualquer repartição pública, na qual a pessoa pega sua senha e espera ser atendido, com relevo ao respeito, à educação e regras de boa convivência, até conseguir satisfazer o desejado, que é manter contato com o ente familiar.

Os estabelecimentos prisionais de Maceió não são instituições públicas que produzem ou contribuem para o bem estar das pessoas que fazem uso deste, mesmo que seja para fazer uma visita. São instrumentos do Estado que esbanjam opressões, com elevados níveis de transgressões aos direitos humanos. Na primeira parte, vislumbramos em meio aos dados estatísticos, que Alagoas é o Estado com o maior déficit de vagas no sistema penitenciário e que mesmo com esse crescimento desenfreado do número de presos, há pouca iniciativa para mudar tal quadro, o que reflete diretamente no desenvolvimento econômico e social do Estado.

Restou comprovado através de imposições constitucionais, que a revista íntima afronta princípios que sustentam o Estado Constitucional de Direito, o que desvirtua a prática em comento do ordenamento jurídico, sob o prisma do direito fundamental à dignidade. Na segunda parte, apresentamos as razões determinantes que sustentam a realização do procedimento em tela, basilar para a incivilização nas prisões e aumento da violência, sendo posteriormente elencado os danos produzidos pela arbitrariedade do Estado nesta seara.

Na terceira parte, fizemos análise mediante pesquisa empírica, realizada no Complexo Penitenciário de Maceió, no qual obtivemos a confirmação de que a revista íntima é o maior exemplo de violência institucional, desrespeita a dignidade humana dos familiares e despreza a pessoalidade da pena, pois transfere a sanção do preso para aqueles que o visitam. Ao colher as declarações de mulheres familiares de presos e agentes penitenciários, extraímos, segundo seus esclarecimentos, que no decorrer do procedimento da revista, ambos sentem-se altamente constrangidos, em meio a tamanha humilhação, como se estivessem sendo punidos. Isso significa ter graves reflexos na perda de afetividade aos detentos, coisificação e estigmatização das pessoas.

Na quarta parte, demonstramos que o procedimento em epígrafe não se mostrou eficiente até hoje, pois não consegue atingir seu objetivo, sendo posteriormente apontadas formas não ofensivas e mais eficazes para barrear a entrada de objetos não permitidos, bem como comprovado que o familiar é só uma porta dentre tantas outras para o ingresso de substâncias ilícitas, armas e mercadorias dentro dos estabelecimentos prisionais. Concluímos que todo esforço para mudar a realidade da revista vexatória de nada adiantará se o legislador não reconhecer sua missão maior, que é fazer leis que solucionem os problemas da sociedade. Essa falta de interesse gera dano principalmente para aqueles que sofrem com a exclusão social. Como vivem sob condições de vulnerabilidade, são os que mais precisam da tutela jurisdicional.

Frizamos os riscos advindos desta situação, para que haja conscientização sobre os malefícios sistêmicos, efeitos colaterais e os equívocos jurídicos da segurança publica. Esse problema não se resolverá caso não ocorra um esforço conjunto dos três poderes, junto com a União e Estados, com o propósito de sensibilizar a sociedade sobre as péssimas condições prisionais, pois geram organizações criminosas que atuam de dentro dos presídios brasileiros. Elas são o reflexo de más condições de encarceramento e protagonizam o narcotráfico e o tráfico de armas. Comumente estas facções tramam rebeliões, quase sempre com o ideal de alcançar liberdade ou chamar a atenção dos líderes políticos e dizer: "estamos aqui".

Com fundamento nas definições levadas ao cumprimento pelo Superior Tribunal de Justiça, que tem a responsabilidade de impor subordinação à legislação infraconstitucional, deixa de ter sentido o incompreensível silêncio do legislador federal em não disciplinar a matéria em comento. A realidade dos presídios alagoanos bate nas portas do Judiciário e nenhum magistrado mais consegue se escusar de pôr em prática seu dever de assegurar o direito a dignidade a quem está condenado pela invisibilidade em decorrência da inércia legislativa. É bem verdade que toda via que elege o direito a individualidade, intimidade, integridade pessoal e respeito à dignidade humana, obrigatoriamente institui a eliminação de diferenças, único meio de erradicar a revista vexatória. Observamos, ainda, que o silêncio eloquente do legislador federal termina por comprometer a autonomia das entidades federativas estaduais e municipais, que ficam incapacitadas de organizar adequada e convenientemente a distribuição do poder político-administrativo nos respectivos territórios.

Por todo o exposto, concluímos que a revista íntima não é apenas inadequada, como também inconstitucional em sua integralidade, afronta a dignidade da população mais pobre. É inegável que o sistema alagoano é ruim, forma escolas de criminalidade e violação de direitos, uma triste realidade. Tudo isso é prova de um sistema inviável para a sociedade alagoana do século XXI. Por outro lado, é intelectualmente desleal com o povo a não divulgação dos indicadores do relatório do Ministério da Justiça. Se o Congresso Nacional optar por esse caminho, que é desastroso, há uma ciência comprovando sua ineficácia. Estejamos atentos.

Referências

ALESSI, Gil. **Brasil bate recorde histórico de homicídios**. São Paulo: UOL Notícias. Maio/2014. Disponível em: <http://noticias.uol.com.br/cotidiano/ultimasnoticias/2014/0 5/27/brasil-tem-recorde-historico-de-homicidios.htm>Acesso em: 02 out.2015.

BALDISSARELLA, Francine Lúcia Buffon. **Teoria da prevenção especial**. Âmbito Jurídico. Disponível em: <http://www.ambito-juridico.com.br/site/index.php?n_link=revista_ artigos_leitura&artigo_id=9013> Acesso em: 07 nov. 2015.

BATISTA, Nilo. **Liberdade Provisória**. Rio de Janeiro: Forense, 1981.

BECCARIA, Cesare. **Dos Delitos e das Penas**. Recife: Saraiva, 2000.

BOBBIO, Norberto. **O futuro da democracia**. Tradução Marco Aurélio Nogueira. 6ª edição São Paulo: Paz e Terra, 1997.

BRASIL. Câmara dos Deputados. **Estatuto Penitenciário Nacional**. Projeto de Lei nº 2.230, de 2011. Autoria: Deputado Domingos Dutra - PT/MA.

_____. Congresso Nacional. Câmara dos Deputados. Comissão Parlamentar de Inquérito do Sistema Carcerário. **CPI Sistema Carcerário - 2009**. 53ª Legislatura. 3ª Sessão Legislativa. Disponível em: <http://bd.camara.gov.br/bd/handle/bdcamara/2701> Acesso em: 05 set. 2015.

_____. Ministério da Educação. **Ministério divulga valor de apoio financeiro por aluno**. Portal Brasil. Disponível em: <http://www.brasil.gov.br/educacao/2014/01/ministerio-divulga-valor-de-apoio-financeiro-por-aluno-da-educacao-infantil> Acesso em: 02 out. 2015.

_____. Ministério da Justiça. Conselho Nacional de Política Criminal e Penitenciária. **Resolução n° 05, de 28 de agosto de 2014**. Recomenda a não utilização de práticas vexatórias para o controle de ingresso aos locais de privação de liberdade e dá outras providências.

_____. Ministério da Justiça. **Fundo Penitenciário Nacional em Números**. Disponível em: <https://www.justica.gov.br/seus-direitos/politica-penal/transparencia-institucional/biblio teca-on-line-2/biblioteca-on-line-relatorios/funpen-em-numeros-3.pdf> Acesso em: 21 nov. 2015.

_____. Ministério da Justiça. **Normas e Princípios das Nações Unidas sobre Prevenção ao Crime e Justiça Criminal**. Disponível em: <https://www.unodc.org/documents/justice-and-prison-reform/projects/ UN_Standards_and_Norms_CPCJ_-_Portuguese1.pdf> Acesso em: 21 nov. 2015.

_____. Ministério da Justiça; Departamento Penitenciário Nacional. Levantamento Nacional de **Informações Penitenciárias INFOPEN - junho de 2014**. Disponível em: <www.cnj.jus.br/files/conteudo/arquivo/2015/11/080f04f01d 5b0efebfbcf06d050dca34.pdf> Acesso em: 25 out. 2015.

_____. Ministério da Justiça; Departamento Penitenciário Nacional. **Projeto BRA 05/038**. Modernização do Sistema Penitenciário Nacional. Manual de Tratamento Penitenciário IntegradoparaoSistemaPenitenciárioFederal:GestãoCompartilha da e Individualização da Pena.

_____. Presidência da República. **Convenção Americana sobre Direitos Humanos (Pacto de São José da Costa Rica, de 22 de novembro de 1969)**. Decreto n° 678, de 6 de novembro de

1992.

_____. Presidência da República. **Lei de Execução Penal.** Lei n° 7.210, de 11 de julho de 1984.

_____. Presidência da República. **Pacto Internacional sobre Direitos Econômicos, Sociais e Culturais.** Decreto n° 591, de 6 de julho de 1992. Disponível em: <www.planalto.gov.br/ccivil_03/decreto/1990-1994/D0591.htm> Acesso em: 21 nov. 2015.

_____. Senado Federal. **PLS n° 25, de 2014 (complementar).** Altera a Lei Complementar n° 79/1994, que cria o Fundo Penitenciário Nacional. Autoria: Senadora Ana Amélia de Lemos - PP/RS.

_____. Senado Federal. **PLS n° 480, de 2013.** Altera a Lei n° 7.210/84 - Lei de Execução Penal. Autoria: Senadora Ana Rita Esgario - PT/ES. Disponível em: <http://www25.senado.leg.br/web/atividade/materias/-/materia/115328> Acesso em: 25 out. 2015.

_____. Senado Federal. **PLS n° 513/2013.** Altera a Lei n° 7.210/84 - Lei de Execução Penal. Autoria: Senador Renan Calheiros - PMDB/AL. Disponível em: <http://www25.senado.leg.br/web/atividade/materias/-/materia/115665> Acesso em: 03 out. 2015.

BULOS, Uadi Lammêgo. **Constituição Federal Anotada.** 11ª edição. São Paulo: Saraiva. 2015.

CAMPOS, Carolinne Pinheiro; CARDOSO, Mariana de Jesus; DUTRA Yuri Frederico. **A Revista Íntima Realizada em Familiares de Presos.** Uma análise sobre a possibilidade de indenizações em casos vexatórios. <http://www.webartigos.com/artigos/a-revista-intima-realizada-em-familiares-de-presos/100672/>Acesso em: 26jun. 2015.

CARDOSO, Rayssa Pires Amorim; COSTA, Nayara García da. **A Revista Íntima Realizada em Familiares de Presos e sua Violação aos Princípios Constitucionais.** Disponível em: <http://www.webartigos.com/artigos/a-revista-intima-realizadas-em-familiares-de-presos-e-sua-violacao-aos-principios-constitucionais/106346/#ixzz3e8aPTZyq> Acesso em: 27 jun. 2015.

CARNELUTTI, Francesco. **As Misérias do Processo Penal.**

Campinas: Bookseller, 2008.

CERNEKA, Heidi; DRIGO, Sônia; LIMA, Raquel da Cruz. **Luta por direitos: a longa mobilização pelo fim da revista vexatória no Brasil**. Boletim IBCCRIM; n° 261, agosto/2014. Disponível em: <www.ibccrim.org.br/boletim_artigo/5166-Luta-por-direitos-a-longa-mobilizao-pelo-fim-da-revista-vexatria-no-Brasil> Acesso em: 24 out. 2015.

CONTAS ABERTAS. **Fundo Penitenciário completa 20 anos sem atingir suas finalidades**. Disponível em: <http://www.contasabertas.com.br/website/arquivos/7530> Acesso em: 30 jun. 2015.

D'OLIVEIRA, Marcele Camargo; D'OLIVEIRA, Mariane Camargo; CAMARGO, Maria A. Santana. **Midiatização do Direito Penal: uma conjuntura pragmática sensacionalista**. Disponível em: <http://coral.ufsm.br/congressodireito/anais/2012/1.pdf> Acesso em: 12. dez. 2015.

DELLEGRAVE NETO, José Affonso. **O Procedimento Patronal de Revista Íntima**. Possibilidade e Restrições. São Paulo: Livraria do Advogado, 2010.

DUTRA, Yuri Frederico. **Como se Estivesse Morrendo**. Florianópolis: 2008. Disponível em:<http://www.dominiopublico.gov.br/download/teste/arqs/cp059975.pdf> Acesso em: 19 jun. 2015.

GAZETA DE ALAGOAS - G1. **Alagoas é o estado do país com maior déficit de vagas no sistema prisional**. Disponível em: <http://g1.globo.com/al/alagoas/noticia/2015/06/alagoas-e-o-estado-do-pais-com-maior-deficit-de-vagas-no-sistema-prisional.html> Acesso em 24 jun. 2015.

GOMES, Luiz Flávio. **Cultura punitivista contribui para o aumento da violência**. Disponível em: <http://www.conjur.com.br/2012-jul-19/coluna-lfg-cultura-punitivista-contribui-aumento-violencia> Acesso em: 12. dez. 2015.

GOMES, Luiz Flávio. **Sistema Carcerário: Bomba Relógio com Tragédias Anunciadas**. Disponível em: <http://institutoavantebrasil.com.br/sistema-carcerario-bomba-relogio-com- tragedias-anunciadas/> Acesso em: 02 out. 2015.

GOMES, Luiz Flávio; ALMEIDA, Débora de Souza de.

Populismo Penal Midiático: Caso Mensalão, Mídia Disruptiva e Direito Penal Crítico. São Paulo: Saraiva, 2013.

GONÇALVES, Marco Frattezi. Fundamentos Teóricos do Funcionalismo Teleológico-Racional em Claus Roxin: Algumas Considerações. Disponível em: <http://www.ambito-juridico.com.br/site/index.php?n_link=revista_artigos_leitura&%2 0artigo_id=8778> Acesso em 28 jun. 2015.

INSTITUTO BRASILEIRO DE CIÊNCIAS CRIMINAIS. Revista vexatória: o estupro institucionalizado. Boletim IBCCRIM; nº 267, fevereiro/2015. Disponível em: <www.ibccrim.org.br/boletim_artigo/5279-Revista-vexatria-o-estupro-institucionalizado> Acesso em: 24 out. 2015.

INFORMATIVO REDE JUSTIÇA CRIMINAL. Boletim Temático: Revista Vexatória. Ed. 06, ano 04, 2014. Disponível em: <https://redejusticacriminal.files.wordpress.com/2013/07/red e-boletim-revista-vexatoria-marc3a7o-17-03-2014-web.pdf> Acesso em: 25 out. 2015.

KUEHNE, Maurício. Nacional: Alterações à execução penal - Primeiras impressões. IBCCRIM, fevereiro/2004. Disponível em: <www.ibccrim.org.br/boletim_artigo/6223- Nacional-Alteraes-execuo-penal-Primeiras-impresses> Acesso em: 25 out. 2015.

MARIATH, Carlos Roberto. Limites da Revista Corporal no Âmbito do Sistema Penitenciário. Disponível em: <http://www.egov.ufsc.br/portal/sites/default/files/anexos/1 3588-13589-1-PB.pdf> Acesso em: 29 jun. 2015.

MONTENEGRO, Manuel. CNJ divulga dados sobre nova população carcerária brasileira. Agência CNJ de Notícias. Boletim do Magistrado; 09/junho/2014. Disponível em: <http://www.cnj.jus.br/component/acymailing/archive/view/ listid-4-boletim-do-magist%20ra do/mailid-5632-boletim-do-magistrado-09062014>Acesso em: 02 out. 2015.

NUNES, Adeildo. A Realidade das Prisões Brasileiras. Recife: Nossa Livraria, 2005.

O GLOBO. ONU lista 21 países onde estupro é usado como arma de guerra. Disponível em: <http://oglobo.globo.com/mundo/onu-lista-21-paises-onde-estupro-usado-como-arma-de-guerra-12287386> Acesso em: 14

nov. 2015.

ORDEM DOS ADVOGADOS DO BRASIL. **Relatório Sugestivo do Sistema Carcerário Alagoano**. Ordem dos Advogados do Brasil - Coordenação Nacional de Acompanhamento do Sistema Carcerário Brasileiro. Disponível em: <http://francajunioradv.blogspot.com.br/2014/08/relatorio-sugestivo-ao-sistema.html> Acesso em: 01 ago. 2015.

_____. **Relatório sobre o Projeto de Lei do Senado da República de nº 513/2013**, que altera a Lei de Execução Penal, Lei nº 7.210/84. Disponível em: <http://francajunioradv.blogspot.com.br/2015/07/relatorio-sobre-o-projeto-de-leido.html> Acesso em: 21 nov. 2015.

OBSERVATÓRIO DE SEGURANÇA PÚBLICA. **Problemas e características das polícias**. Disponível em: <http://www.observatoriodeseguranca.org/dados/debate/viol%C3%AAncia> Acesso em: 24 out. 2015.

ORANIZAÇÃO DAS NAÇÕES UNIDAS. **Grupo de Trabalho sobre Detenção Arbitrária: Declaração após a conclusão de sua visita ao Brasil (18 a 28 março de 2013)**. Organização das Nações Unidas no Brasil. Disponível em: <http://nacoesunidas.org/grupo-de-trabalho-sobre-detencao-arbitraria-declaracao-apos-a-conclusao-de-sua-visita-ao-brasil-18-a-28-marco-de-2013/> Acesso em: 21 nov. 2015.

PADRÃO, Márcio. **Apontado como datado, Código Penal já foi alterado 156 vezes em 75 anos**. São Paulo: UOL Notícias. Abril/2015. Disponível em: <http://noticias.uol.com.br/cotidia no/ultimas-noticias/2015/04/26/apontado-como-datado-codigo-penal-ja-foi-alterado-156-vezes-em-75-anos.htm> Acesso em: 03 out. 2015.

PALMINI, André. **Violência na perspectiva neurocientífica dos afetos e das decisões**: por que não devemos simplificar os determinantes do comportamento humano. Rio Grande do Sul: Revista Brasileira de Psicoterapia. Abril/2011. Disponível em: <http://rbp.celg.org.br/detalhe_artigo.asp?id=31> Acesso em: 10 out. 2015.

SANTIAGO SANTOS, Mariana Chies. **Violento é o Estado**. Boletim IBCCRIM; nº 271, junho/2015. Disponível em:

<www.ibccrim.org.br/boletim_artigo/5442-Violento-o-Estado> Acesso em: 24 out. 2015.

SANTOS, Thiago Pedro Pagliuca dos. **Com a palavra, o estudante: A revista íntima (rectius: vexatória) é proibida pelo ordenamento jurídico brasileiro.** Boletim IBCCRIM; n° 221, abril/2011. Disponível em: <www.ibccrim.org.br/boletim_artigo/4337-COM-A-PALAVRA-O-ESTUDANTE-A-revista-ntima-rectius-vexatria-proibida-pelo-ordenamento-jurdico-brasileiro> Acesso em: 25 out. 2015.

SÃO PAULO. Secretaria da Administração Penitenciária. **Resolução n° 144, de 29 de junho de 2010.** Institui o Regimento Interno Padrão das Unidades Prisionais do Estado de São Paulo. Disponível em: <http://www.sifuspesp.org.br/files/u1/ovo_Regimento_intern o_nas_unidades_prisonais.pdf> Acesso em: 19 dez. 2015.

_____. Assembleia Legislativa do Estado de. **Lei n° 15.552, de 12 de agosto de 2014.** Proíbe a revista íntima dos visitantes nos estabelecimentos prisionais e dá outras providências. Disponível em: <www.al.sp.gov.br/norma/?id=173369> Acesso em: 03 out. 2015.

SARLET, Ingo Wolfgang. **A Eficácia dos Direitos Fundamentais.** Porto Alegre: Livraria do Advogado, 2015.

SOUZA, Lorena M. Santos de; CORREA, Carolina E. Lunardi; MOURA, Skárlett Régis de. **Direitos Humanos Fundamentais na Constituição Federal de 1988.** XI Salão de Iniciativa Científica - PUCRS. Disponível em: <http://www.pucrs.br/edipucrs/XISalaoIC/Ciencias_Soci ais_Aplicadas/Direito/84439-LORENAMARILADOSSANTOSDESOUZA.pdf> Acesso em: 26 dez. 2015.

SZAFIR, Alexandra. **Quem lucra com a criminalização?** Boletim IBCCRIM; biênio 2011/2012. Disponível em: <www.ibccrim.org.br/boletim_artigo/4749-Quem-lucra-com-a-criminalizacao>Acesso em: 24 out. 2015.

THOMPSON, Augusto. **A Questão Penitenciária.** Rio de Janeiro: Forense, 2002.

ZAFFARONI, Raul Eugênio. **En Torno de la Cuestión Penal.** Buenos Aires: B de F, 2005.

A ressocialização mediante assistência educacional ao preso e os desafios do sistema prisional caótico: breve análise sobre Alagoas

WHERING ALBERTO DOS SANTOS FILHO[148]

Introdução

Trata-se este estudo de uma breve análise acerca da situação caótica do sistema prisional brasileiro (direcionada ao estado de Alagoas) e a efetivação do direito à assistência educacional dos presos como via de ressocialização (também direcionada ao estado de Alagoas) diante dos desafios que se apresentam na realidade prisional do país. Sendo assim, resulta este trabalho de um cotejo sob a ótica da execução penal, de modo a evidenciar as nuances cabíveis envolvendo o tema.

Diante do tema apresentado, se faz necessário trazer à tona o seguinte problema: como viabilizar o cumprimento da (vital) função ressocializadora da pena privativa de liberdade dentro de unidades prisionais colapsadas?

Como hipótese principal, parte-se do pressuposto de que as pessoas privadas de liberdade, à luz da Constituição e da legislação processual penal, não devem ser negligenciadas pelo Estado – detentor exclusivo do poder de punir –, ao ponto de serem transformadas em subproduto de uma sociedade violenta e revanchista, uma vez que, mesmo sob a condição de condenadas, estas não deixam de ser sujeitos de direitos e garantias constitucionais (que, neste trabalho, concentrar-se-á no direito à educação).

Ressalte-se, ainda, que não obstante o caos penitenciário vivenciado hodiernamente, as assistências ao preso não devem ser relegadas ou tratadas como privilégios de poucos. São, na verdade, mecanismos de manutenção da dignidade da pessoa humana (uma vez que a pena privativa de liberdade não lhes retira – ou, ao menos, não deve retirar – esse *status*) e também de reinserção social.

A fim de abordar o assunto, a estrutura sistemática do trabalho inicia-se pelo estudo da pena privativa de liberdade e consequente

---

[148] Advogado; Pós-graduando pela Universidade Cândido Mendes (UCAM)

fase de execução penal. É nesse contexto que a assistência educacional ao preso será trabalhada e defendida.

Na sequência, são tratadas considerações acerca da violência no sistema prisional sob o prisma do nascimento e da consolidação das facções criminosas (e, a fim de não prolongar sobremaneira o trabalho, com foco nas duas maiores do país) e como esse fenômeno pode atrapalhar (e vem atrapalhando) a ressocialização dos reeducandos no Brasil.

Por último, é trazida uma breve análise acerca da situação do complexo prisional alagoano e como a ressocialização por meio da educação vem tentando superar os desafios da falida instituição e contribuindo para a reinserção dos reeducandos na sociedade após o cumprimento da pena.

Não será demais advertir, a fim de prevenir, que o objetivo geral do presente estudo é destacar a situação real dos presos no Brasil, totalmente contrária aos postulados legais, mas que guarda como possível saída a assistência educacional efetiva e eficaz, sob responsabilidade do Estado e passível de ser complementada com a participação sociedade civil organizada.

A metodologia utilizada no presente estudo foi a pesquisa do tipo teórico, utilizando-se como norte o método dedutivo e, sobretudo a técnica da pesquisa bibliográfica, reunindo, contudo, as mais abalizadas posições doutrinárias.

1. Do direito à educação prisional

O direito à educação é, sem dúvida, direito que assiste também às pessoas condenadas à pena privativa de liberdade, posto que este é elencado no rol dos direitos humanos fundamentais, isto é, aqueles inerentes à condição de pessoa humana, e tal condição, em que pese a situação do condenado, se mantém intacta mesmo diante da condenação.

Por direitos humanos, tem-se a ideia, segundo Casado Filho (2012, p. 19-20) de:

> um conjunto de direitos positivados ou não. Entretanto, vários conjuntos de direitos são positivados e não são considerados como Direitos Humanos (...). os Direitos Humanos têm a finalidade de assegurar o respeito à dignidade da pessoa humana, o que torna tal conjunto de direitos bastante especial. No entanto, os meios que os Direitos Humanos utilizam também são necessários para uma boa

conceituação. E os Direitos Humanos chegam ao seu objetivo por meio da limitação do arbítrio estatal e assegurando a igualdade nos pontos de partida dos indivíduos.

Assim sendo, não é surpresa que a Educação seja assegurada enquanto direito de todos nos mais importantes diplomas, como a Declaração Universal dos Direitos Humanos de 1948 ou a Constituição da República Federativa do Brasil de 1988, por exemplo.

No Brasil, além da Constituição Federal, que assegura, em seus artigos 6º e 205 o direito à educação como direito de todos e dever do Estado, a Lei de Execução Penal (Lei 7210 de 1984) também traz a assistência educacional do preso (Capítulo II, Seção V, artigos 17 a 21-A e Capítulo IV, Seção II, artigo 41, VII) como um direito a ele inerente durante o cumprimento da pena.

Dessa forma, entende-se que a condenação e consequente execução penal, embora atinjam um dos mais importantes direitos do indivíduo, qual seja, o de liberdade, não afeta o direito à educação, mesmo porque, como se verá mais adiante, a pena privativa de liberdade tem como uma de suas funções a ressocializadora, que se dá pelo trabalho e pelo ensino escolar.

Nesse sentido, aduz Avena (2015, p. 35-36):

> Prevê o art. 3º da LEP que "ao condenado e ao internado serão assegurados todos os direitos não atingidos pela sentença ou pela lei". Isso quer dizer que, ressalvadas as restrições decorrentes da própria sentença penal e os efeitos da condenação previstos na Constituição Federal e na legislação infraconstitucional, o condenado mantém incólumes todos os direitos que lhe assistiam antes do trânsito em julgado da decisão condenatória.
>
> (...) são exemplos de direitos assegurados pela legislação infraconstitucional: à alimentação, vestuário e instalações higiênicas (art. 12 da LEP); ao trabalho remunerado (art. 41, II, da LEP); à **assistência** material, à saúde, à jurídica, **educacional**, social e religiosa (art. 41, VII, da LEP); à proteção contra qualquer forma de sensacionalismo (art. 41, VIII, da LEP); ao uso do nome (art. 41, XI, da LEP); à audiência especial com o diretor do estabelecimento (art. 41, XIII, da LEP) e de atestado de pena a cumprir, emitido anualmente (art. 41, XVI, da LEP).(grifo nosso).

Diante disso, é imprescindível que tal assistência seja fomentada, mesmo porque cerca de 70% da população carcerária no Brasil não tem sequer o ensino fundamental completo, segundo os dados nacionais levantados pela Relatoria Nacional para o Direito Humano à Educação (RIZZI, 2015).

1.1 Das assistências ao preso

A assistência ao preso e ao internado compete ao Estado, como disciplina o artigo 10 da LEP, e este dever estatal objetiva prevenir o crime e orientar o retorno do apenado ao convívio social, estendendo-se, inclusive, ao egresso. A assistência ao preso, se devidamente conferida, evita tratamentos discriminatórios e resguarda a dignidade da pessoa humana (lembremo-nos, pois, que a pena é privativa de liberdade, não mais que isso).

Nesse sentido, a assistência a ser prestada ao preso através do Estado é descrita no artigo 11 da LEP: "Art. 11: A assistência será: I – material; II – à saúde; III – jurídica; IV – educacional; V – social; VI – religiosa".

Em sintonia com o artigo ora lido, a resolução 96 de 27 de outubro de 2009, do Conselho Nacional de Justiça, atenta à questão das más condições carcerárias, da necessidade de sistematização de ações voltadas à reinserção social dos apenados, bem como da necessidade de efetivar o cumprimento da LEP, institui o projeto Começar de novo, cujo objetivo é fomentar as ações de assistência aos apenados, merecendo destaque os seguintes artigos:

> Art. 1º: Fica instituído o Projeto Começar de Novo no âmbito do Poder Judiciário, com o objetivo de promover ações de reinserção social de presos, egressos do sistema carcerário e de cumpridores de medidas e penas alternativas;

> Art. 2º: O Projeto Começar de Novo compõe-se de um conjunto de ações educativas, de capacitação profissional e de reinserção no mercado de trabalho (...).

No artigo 1º, constata-se a preocupação do CNJ em auxiliar a ressocialização dos apenados e egressos do sistema prisional, combatendo a reincidência e a estigmatização dos mesmos e, no artigo 2º, atende-se à disciplina dos artigos 10 e 11 da LEP (das assistências ao preso/egresso), ambos tentativas de efetivar o cumprimento da referida lei.

1.1.1. Da assistência educacional

Em consonância com o disposto no artigo 26 da Declaração Universal dos Direitos Humanos ("Todo homem tem direito à instrução. A instrução será gratuita, pelo menos nos graus elementares e fundamentais. A instrução elementar será obrigatória."), a LEP prevê a assistência educacional ao preso/internado, compreendendo a instrução escolar e a formação profissional.

Nas palavras de Renato Marcão (2014, p.55):

> A assistência educacional tem por escopo proporcionar ao executado melhores condições de readaptação social, preparando-o para o retorno à vida em liberdade de maneira mais ajustada, conhecendo ou aprimorando certos valores de interesse comum. É inegável, ainda, sua influência positiva na manutenção da disciplina do estabelecimento prisional.

Assim, sendo, a assistência educacional, que é dever do Estado e obrigatória ao apenado, objetiva promover melhores oportunidades aos que dela se utilizam, conferindo aos reeducandos capacitação e profissionalização que, não raro, lhes eram impensáveis até o momento do delito, em função de sua condição social. Ao mesmo tempo, a instrução escolar e a formação profissional contribuem para a importante função ressocializadora da PPL.

1.2. Da pena privativa de liberdade

Como consequência jurídica do delito, tem-se a pena, considerada a mais importante delas. A pena aqui abordada é a privativa de liberdade, que, no atual Código Penal Brasileiro – CPB (Decreto-Lei n°. 2.848 de 1940), tem como modalidades a reclusão e a detenção, reguladas pela LEP.

Em 2017, segundo dados do Levantamento Nacional de Informações Penitenciárias (Infopen), o Brasil contava com mais 622 mil pessoas privadas de liberdade, número que eleva o país à quarta posição no "ranking" dos países que mais prendem pessoas, e indicando que aqui, a pena mais utilizada como reprimenda ao crime é a privativa de liberdade.

Essa pena, com suas finalidades retributiva e ressocializadora, é definida por Monteiro de Barros (2011, p.72) como "a que restringe o direito de ir e vir do condenado, infligindo-lhe um determinado tipo de prisão" e deve ser cumprida em uma instituição totalitária, ou seja, aquela que, segundo Thompson (1993, p.22) "envolve o indivíduo a ela submetido em toda extensão de sua personalidade".

1.2.1. Do caráter ressocializador da pena privativa de liberdade

Antes de iniciar a análise acerca do caráter (ou função) ressocializador(a) da pena privativa de liberdade, é necessário fazer uma breve análise sobre a teoria mista (ou eclética) da pena, adotada pelo Direito Penal brasileiro, para entender de onde (e porque) surge tal finalidade da pena privativa de liberdade.

O CPB não se pronunciou sobre qual teoria da pena adotou, mas, modernamente, entende-se que a pena possui finalidade tríplice: retributiva, preventiva e reeducativa (ou ressocializadora). Nas palavras de Rogério Sanchez Cunha (2015, p.397-98):

> Quando o legislador cria o crime, cominando-lhe a sanção penal (pena em abstrato), revela-se o seu caráter preventivo geral. Ao estabelecer os parâmetros mínimo e máximo da pena, afirma-se a validade da norma desafiada pela prática criminosa (prevenção geral positiva), buscando inibir o cidadão de delinquir (prevenção geral negativa). Praticado o crime, no momento da sentença (aplicação da pena), o Magistrado deve observar outras duas finalidades: a retributiva e a preventiva especial. Por fim, na etapa da execução penal concretiza-se a retribuição e prevenção especial (disposições da sentença), ganhando relevo a prevenção especial positiva (ressocialização).

Já para Rogério Greco (2015, p.539):

> Em razão da redação contida no caput do art. 59 do Código Penal, podemos concluir pela adoção, em nossa lei penal, de uma teoria mista ou unificadora da pena. Isso porque a parte final do caput do art. 59 do Código Penal conjuga a necessidade de reprovação com a prevenção do crime, fazendo, assim, com que se unifiquem as teorias absoluta e relativa, que se pautam, respectivamente, pelos critérios da retribuição e da prevenção.

O caráter reeducativo (ou educativo) assume importância máxima, conforme disposto no artigo 1º da própria LEP: "A execução penal tem por objetivo efetivar as disposições de sentença ou decisão criminal e proporcionar condições para a harmônica integração social do condenado e do internado".

A par do texto do artigo supracitado, evidencia-se o caráter ressocializador da pena privativa de liberdade em função de sua finalidade mista ou eclética, mesmo porque inócua seria a aplicação de uma pena que não tivesse em si mesma a intenção de "(re)adequar" a conduta do agente em conformidade com os parâmetros da macrossociedade da qual ele é retirado.

Nas palavras de Rogério Sanches Cunha (2015, p.11): "A pena tem tríplice finalidade (polifuncional): retributiva, preventiva (geral e especial) e reeducativa" (a que chamamos de ressocializadora).

Sobre esta função ressocializadora da pena privativa de liberdade, cresce o ceticismo da sociedade brasileira, uma vez que tal função tem se revelado ineficaz, já que também se sabe que os níveis de criminalidade nacionais aumentam ano após ano, conforme apontou levantamento realizado pelo jornal O Globo (2014) baseado nas dez edições do Anuário Brasileiro de Segurança Pública.

Ainda assim, o tema em análise mantém sua relevância, já que, em que pese a ineficácia da pena de prisão, esta continua sendo o eixo em torno do qual orbita o sistema penal brasileiro, de modo que buscar vias para humanizar o tratamento conferido aos destinatários de tal sanção revela-se imperativo para uma eficaz função ressocializadora da pena.

Nesse sentido, a LEP afirma, em seu artigo 3º, que "ao condenado e ao internado serão assegurados todos os direitos não atingidos pela sentença ou pela lei". Nesse mesmo sentido, o artigo 38 do CPB assegura que a todas as autoridades é imposto o respeito à integridade física e moral do apenado. É também garantia fundamental do preso "o respeito à integridade física e moral", segundo o artigo 5º, XLIX da CF.

Por "direitos não atingidos pela sentença ou pela lei", considera-se, para fins deste estudo, o direito do preso à assistência educacional. Tal direito não afetado pela sentença ou pela lei deve ser fomentado no contexto do cumprimento da pena (a execução penal), uma vez que previsto na LEP e potencial catalisador do caráter ressocializador da PPL.

No que concerne à educação escolar, a LEP indica, no seu artigo 41 – que trata do rol de direitos inerentes ao apenado –, que "constituem direitos do preso: [...] VII – assistência material, à saúde, jurídica, educacional, social e religiosa;".

Importa salientar que o disposto no parágrafo único do citado artigo (suspensão/restrição de tais direitos mediante ato motivado do diretor do estabelecimento) não inclui este que ora se descreve, trazendo a ideia de que tal direito [à educação] é indisponível do indivíduo, mesmo na condição de apenado, como mencionado anteriormente.

Como "recompensa" ao reeducando que se integra ao ensino escolar carcerário, surge o instituto da Remição, que, nas palavras de Luiz Regis Prado (2014, p.478):

> [...] introduzida no ordenamento jurídico por meio da Lei 7.210/1984, recentemente alterada pela Lei 12.433/2011, busca abreviar, pelo trabalho e pelo estudo, parte do tempo da condenação. Desse modo, o sentenciado que cumpre a pena em regime fechado ou semiaberto poderá remir, pelo trabalho ou pelo estudo, parte do tempo de execução da pena (art. 126, *caput*, LEP), sendo que, para fins de cumulação dos casos de remição, as horas diárias de trabalho e de estudo serão definidas de forma a se compatibilizarem (art. 126, § 3º, LEP).

A contagem do tempo para fins de remição por meio do estudo será, conforme § 1º, I, da LEP, de um dia de pena para cada doze horas estudadas. Tal remição não é mero abatimento das horas de estudo no total da pena imposta, já que o tempo remido deve ser computado como sanção penal efetivamente cumprida pelo apenado, conforme disciplina expressa do artigo 128 da LEP, reformado pela lei 12.433/2011.

Dessa forma, por exemplo, se ocorre algum acidente que impossibilite o apenado de prosseguir com suas atividades laborativas ou educacionais, continua ele a ser beneficiário do instituto da remição.

Essa remição faz parte de um conjunto de benefícios que podem ser aplicados ao condenado a depender de seu comportamento durante a execução penal (mais precisamente na terceira etapa da individualização da pena – a individualização executória) e, nas palavras de Guilherme de Souza Nucci (2015, p.934):

> A sentença condenatória não é estática, mas dinâmica. Um título executivo judicial, na órbita penal, é mutável. Um réu condenado ao cumprimento da pena de reclusão de dezoito anos, em regime inicial fechado, pode cumpri-la em exatos dezoito anos, no regime fechado (basta ter péssimo comportamento carcerário, recusar-se a trabalhar etc.) ou cumpri-la em menor tempo, valendo-se de benefícios específicos (**remição**, comutação, progressão de regime, livramento condicional etc.), como se verá nos tópicos próprios. (Grifo nosso).

A remição da pena, de acordo com a LEP, se dá pelo trabalho, pelo estudo e, mais recentemente, pela leitura (adicionada ao cômputo graças à Recomendação n.º 44/2013 do Conselho Nacional de Justiça (CNJ). Segundo a norma, o preso deve ter o prazo de 22 a 30 dias para a leitura de uma obra, apresentando ao final do período uma resenha a respeito da obra lida, que deverá ser avaliada pela comissão organizadora do projeto. Cada obra lida possibilita a remição de quatro dias de pena, com o limite de doze obras por ano, o que permitirá ao apenado remir até 48 dias de pena a cada 12 meses.

A relevância de tal assistência dada pela LEP tem lugar no objetivo de integração social do apenado, conforme as palavras de Renato Marcão (2014, p.31):

> A execução penal deve objetivar a integração social do condenado ou do internado, já que adotada a teoria mista ou eclética, segundo a qual a natureza retributiva da pena não busca apenas a prevenção, mas também a humanização. Objetiva-se, por meio da execução, punir e humanizar.

A humanização da pena, inclusive, é um dos princípios que permeiam a execução penal, pelo qual se entende que o apenado é sujeito de direitos (e deveres), que devem ser respeitados mesmo diante de uma condenação criminal – isso porque, conforme o *caput* do artigo 5º da atual Constituição Federal, "todos são iguais perante a lei, sem distinção de qualquer natureza". Nesse sentido, aduz Marcão (2014, p.40):

> Até porque existente vedação constitucional, já que a liberdade de religião e política estão asseguradas, como outras liberdades públicas, na atual Carta Magna (art. 5º, VI, VII, XVII e XLI, da CF), e também por configurar ilícito penal, já que a Lei n. 7.716, de 5 de janeiro de 1989, define os crimes resultantes de preconceitos de raça ou de cor, conforme estatuído no art. 5º, XLII, da Constituição Federal, os executados não poderão sofrer qualquer distinção de natureza racial, social, religiosa ou política.

Assim sendo, por mais gravosa que seja a pena privativa de liberdade, esta não tira (ou, melhor dizendo, não deveria tirar) do apenado a condição de sujeito de direitos, que é inerente ao princípio da dignidade da pessoa humana e deve acompanhar todo o período de cumprimento da pena. O que se verifica, porém, é que essa manutenção se revela inviável diante das condições dos estabelecimentos prisionais e da forma como as assistências ao preso vêm sendo negligenciadas.

Essa finalidade [ressocializadora] da pena privativa de liberdade traz também uma importante contribuição para a diminuição da reincidência, na medida em que uma vez ressocializado, o apenado adquire as condições de sociabilidade necessárias para ser "devolvido" à liberdade, incluindo a capacitação para o mercado de trabalho, vislumbrando assim novas possibilidades de vida fora do cárcere.

Atualmente, têm se destacado nesta função ressocializadora da PPL as Associações de Proteção e Assistência ao Condenado (APACs), que visam a humanização do tratamento dispensado aos apenados, com foco no trabalho e no ensino escolar, e já despontam em diferentes Estados do Brasil.

Em Minas Gerais, por exemplo, 36 presídios receberam a metodologia humanizada das APACs e já se observou uma redução da reincidência criminal de 85% antes das APACs para apenas 11% após o advento das mesmas (ALAGOAS-SEPREV, 2016).

O resultado foi constatado pelo grupo formado por representantes da Secretaria de Estado de Prevenção à Violência (Seprev), da Defensoria Pública Estadual e do Tribunal de Justiça de Alagoas, que realizou, em 2016, visita técnica ao município de Itaúna (MG), para avaliar a metodologia que visa a humanização das prisões, melhorando as condições dos presídios e da vida dos encarcerados, para viabilizar a implantação do método em Alagoas.

A estrutura do sistema prisional que utiliza esta metodologia funciona com poucos empregados, alguns voluntários e com a cooperação dos presos, que trabalham em todos os setores – até na portaria e na manutenção da disciplina. Isso faz com que o custo dos presos seja consideravelmente reduzido. Enquanto no sistema prisional comum, o custo mensal para manutenção de um preso varia entre R$ 1.800 e R$ 2.800, na Apac não ultrapassaria R$ 1.000. (ALAGOAS-SEPREV, 2016).

Infelizmente, porém, a realidade caótica do sistema prisional brasileiro inviabiliza (ou, com certo otimismo, retarda) a padronização do modelo humanizado das APACs em todo o sistema, de modo que o se viu (e ainda se vê), já no início de 2017, foi a implosão da barbárie cultivada no cárcere (enfrentamentos entre as organizações criminosas provocaram a morte de 56 detentos em Manaus e de outros 33 em Roraima, por exemplo) (ALAGOAS-SEPREV, 2016).

Nesse sentido, elucidativa explicação nos traz Greco (2015,

p.570):

> O preso conserva todos os direitos não atingidos pela perda da liberdade, impondo-se a todas as autoridades o respeito à sua integridade física e mora (art. 38 do CP). Talvez esse seja um dos artigos mais desrespeitados de nossa legislação penal. A toda hora testemunhamos, pelos meios de comunicação, a humilhação e o sofrimento daqueles que por algum motivo se encontram em nosso sistema carcerário. Não somente os presos provisórios, que ainda aguardam julgamento nas cadeias públicas, como também aqueles que já foram condenados e cumprem pena nas penitenciárias do Estado. Na verdade, temos problemas em toda a federação. Motins, rebeliões, mortes, tráfico de entorpecentes e de armas ocorrem com frequência em nosso sistema carcerário. A pena é um mal necessário. No entanto, o Estado, quando faz valer o seu *ius puniendi*, deve preservar as condições mínimas de dignidade da pessoa humana. O erro cometido pelo cidadão ao praticar um delito não permite que o Estado cometa outro, muito mais grave, de tratá-lo como um animal. Se uma das funções da pena é a ressocialização do condenado, certamente num regime cruel e desumano isso não acontecerá.

Esse quadro de precariedade e completa violação aos direitos humanos prejudica, como ora lido, o papel ressocializador da pena privativa de liberdade, sobressaltando apenas seu caráter retributivo (por muitos defendido como única finalidade da mesma) e em nada se importando com as consequências que o condenado sofrerá (se) uma vez egresso.

As facções criminosas (que têm contribuição decisiva para o cenário caótico dos presídios) têm sua gênese no passado recente (século XX e início do XXI) e foram se consolidando e passando a dominar o crime de dentro para fora das unidades prisionais. É sobre elas (as principais) que se dedica o capítulo a seguir.

2. Facções criminosas: nascimento e domínio no sistema prisional

Em que pese o fato de ser a penitenciária a resposta mais palpável e, infelizmente, a mais aclamada pela sociedade contra o crime (relembre-se, como prova, o número de pessoas privadas de liberdade no Brasil, superior a 622 mil), é necessário desmistificar a ideia de que a prisão é a solução imediata da criminalidade, trazendo à tona o que muitos se negam a crer: a falência da pena privativa de liberdade (nascedouro das facções criminosas) e sobre a qual se explanará a seguir.

2.1. A falência da pena privativa de liberdade

Como já indicado, o Brasil figura numa das mais altas posições do ranking de maior número de presos no mundo: ele é o 4° colocado, atrás apenas de Estados Unidos, China e Rússia. A superpopulação carcerária brasileira evidencia que aqui se prende muito. Sobre a pena privativa de liberdade, nas palavras de Cezar Roberto Bitencourt (2011, p.162):

> Quando a prisão converteu-se na principal resposta penológica, especialmente a partir do século XIX, acreditou-se que poderia ser um meio adequado para conseguir a reforma do delinquente. Durante muitos anos imperou um ambiente otimista, predominando a firme convicção de que a prisão poderia ser meio idôneo para realizar todas as finalidades da pena e que, dentro de certas condições, seria possível reabilitar o delinquente. Esse otimismo inicial desapareceu e atualmente predomina certa atitude pessimista, que já não tem muitas esperanças sobre os resultados que se possam conseguir com a prisão tradicional. A crítica tem sido tão persistente que se pode afirmar, sem exagero, que a prisão está em crise.

Entender a crise do sistema prisional não é tarefa difícil quando se analisa o mecanismo básico de seu funcionamento: retirar da sociedade o indivíduo tido como antissocial e inseri-lo junto a outros antissociais para, nesse meio, ressocializa-lo.

Nesse sentido, Bitencourt (p.162) fundamenta sua ideia sobre a crise:

> Considera-se que o ambiente carcerário, em razão de sua antítese com a comunidade livre, converte-se em meio artificial, antinatural, que não permite realizar nenhum trabalho reabilitador sobre o recluso. Não se pode ignorar a dificuldade de fazer sociais aos que, de forma simplista, chamamos de antissociais, se se os dissocia da comunidade livre e ao mesmo tempo se os associa a outros antissociais.

Este mesmo ambiente é, segundo o autor, rotineiramente marcado por ofensas à dignidade humana, por motivos dos mais variados e escusos, como relata (p.163-164):

> [...] maus tratos verbais (insultos, grosserias etc.) ou de fato (castigos

sádicos, crueldades injustificadas e vários métodos sutis de fazer o recluso sofrer sem incorrer em evidente violação do ordenamento etc.); superpopulação carcerária, o que também leva a uma drástica redução do aproveitamento de outras atividades que o centro penal deve proporcionar (a população excessiva reduz a privacidade do recluso, facilita grande quantidade de abusos sexuais e de condutas inconvenientes); falta de higiene (grande quantidade de insetos e parasitas, sujeiras e imundícies nas celas, corredores, cozinhas etc.); condições ineficientes de trabalho, que podem significar uma inaceitável exploração dos reclusos ou o ócio completo; deficiência nos serviços médicos, que pode chegar, inclusive, à sua absoluta inexistência [...], ambiente propício à violência, em que impera a utilização de meios brutais, onde sempre se impõe o mais forte.

Deste relato, é possível extrair o resultado consequente: a criação de um submundo do cárcere, do qual se extraem as piores experiências, marcado pela violência sem precedentes – violência que se dá tanto de preso contra preso quanto de preso contra agente e o contrário também é verdade.

Considere-se na soma as condições precárias do ambiente para chegar ao produto da operação: os motins, que evidenciam as deficiências aqui alegadas. Segundo Bitencourt (p. 226) "é o acontecimento que causa maior impacto e o que permite à sociedade tomar consciência, infelizmente por pouco tempo, das condições desumanas em que a vida carcerária se desenvolve".

No Brasil, os motins carcerários (também chamados de rebeliões) não são novidade, tendo na história recente trágicos eventos, como o Carandiru (1992, com 111 mortos) e, mais hodiernamente (no início de 2017), o país assistiu a uma onda de rebeliões em diferentes unidades prisionais que, assustadoramente, superou o Carandiru em número de mortes: 133, segundo redação do Carta Capital (Carta Capital, São Paulo, 2017).

Sobre as rebeliões penitenciárias, a Organização Não Governamental (ONG) *Human Rights Watch* (HRW), em comunicado divulgado no início de 2017 (MELLO, 2017), diz:

Essa situação expõe os presos à violência e abre espaço para a atuação do crime organizado. "O fracasso absoluto do Estado nesse sentido viola os direitos dos presos e é um presente nas mãos das facções criminosas, que usam as prisões para recrutar seus integrantes".

Em conformidade com a LEP (artigo 40, *caput*), o Estado tem a obrigação de proteger, contra quaisquer formas de violência, as pessoas que se encontram sob sua custódia, e a negligência a esse dever tem contribuído para o incremento da "máquina" de atuação das facções criminosas e as consequentes rebeliões, fomentadas por rivalidades entre as tais.

Sobre a segurança devida aos reeducandos, a ONG destaca que, em 2009, o Conselho Nacional de Política Criminal e Penitenciária determinou que as prisões deveriam ter pelo menos um agente penitenciário para cada 5 internos, mas, segundo a mesma, por exemplo:

> No Amazonas, a proporção era de apenas um agente para quase dez presos em 2014. Em algumas das prisões visitadas pela Human Rights Watch, agentes penitenciários apenas exerciam a vigilância no perímetro prisional e em algumas áreas internas, mas não entravam nos pavilhões.

Esta falha também não é novidade. À época do massacre do Carandiru, o déficit de agentes penitenciários já existia, como relata Drauzio Varella (2012, p.6, grifo nosso):

> No Oito, seu Araújo chamou **os doze funcionários desarmados que se achavam de serviço para vigiar 1756 condenados** reincidentes, naquela hora do dia espalhados pelo pátio interno e pelo campo de futebol, situado entre o prédio do pavilhão e as muralhas. Uma vez que o Oito era vizinho de parede do Nove, na parte do fundo da cadeia, dele separado apenas por um muro e um pequeno portão de ferro maciço, o grupo concluiu que seria mais prudente recolher os homens do campo para melhor controlá-los, porque, se os reincidentes aderissem, a rebelião se espalharia pelo presídio inteiro, como já havia acontecido em outra ocasião.

Com tão baixo contingente, é flagrantemente impossível deter qualquer rebelião que se alarme. Como continua relatando Varella, os agentes se posicionam numa situação de vida ou morte: "Porque numa situação dessas o sentenciado fica cheio de medo de perder a vida. E nós, funcionários, também" (2012, p.7).

Diante disso, fácil é constatar que, embora "custodiados" pelo Estado, não é o Estado quem "manda" no cárcere. Segundo a diretora da HRW, Maria Laura Canineu, "Nas últimas décadas, autoridades brasileiras gradativamente abdicaram de sua responsabilidade de manter a ordem e a segurança nos presídios" (MELLO, 2017).

A esse respeito, segundo a professora e pesquisadora do Núcleo de Estudos da Violência da Universidade de São Paulo (NEV-USP) Camila Nunes Dias (2013, p. 66), o Estado,

> Por outro lado, redefine os objetivos e metas das instituições do sistema de justiça criminal, especialmente as prisões, cujo objetivo passa a ser não tanto a reabilitação dos criminosos – já que as prisões já demonstraram seu fracasso acachapante nesse sentido –, mas apenas a manutenção de sua segregação social.

O resultado dessa abdicação emergiu mais uma vez, entre finais de 2016 e início de 2017, quando as mais recentes rebeliões despontaram nas telas, provando que o Sistema Prisional está em colapso e as facções criminosas têm sido o pivô das rebeliões (MELLO, 2017):

> O ano de 2017 começou com o novo capítulo de uma antiga história. A morte de mais de 100 detentos chamou atenção para a guerra de facções criminosas dentro de presídios brasileiros e expôs a fragilidade do sistema penitenciário nacional. Três episódios que aconteceram em 2017 denotam a crise nos presídios brasileiros. No dia 1º de janeiro, pelo menos 60 presos que cumpriam pena em Manaus (AM) foram mortos durante a rebelião que durou 17 horas. Na mesma semana, houve um tumulto em uma penitenciária em Roraima, onde 33 presos foram mortos. No dia 14, no Rio Grande do Norte, pelo menos 26 presos foram mortos em rebelião na Penitenciária Estadual de Alcaçuz.

Contribui também para este cenário, além do domínio das facções criminosas dentro das unidades prisionais (do qual tratar-se-á mais adiante) a chamada cultura do encarceramento em massa, que se passa a analisar (brevemente) a seguir.

2.2 Do encarceramento em massa

Num país cuja pena mais aplicada aos transgressores da Lei Penal é a privativa de liberdade, não é de se surpreender o fato de existir aqui uma superlotação carcerária, que aponta para um déficit de 250 mil vagas, segundo informou o CNJ em documento apresentado ao Supremo Tribunal Federal (STF) em outubro de 2016 (MOURA; PIRES; ROSA, 2017).

Segundo levantamento oficial do Departamento Penitenciário Nacional (DEPEN) em 2014, das 622 mil pessoas privadas de liberdade no Brasil (67% a mais do que a capacidade normal), 40%

delas é de presos provisórios, que aguardam nas celas todo o trâmite do processo penal até serem sentenciados (DEPEN, 2014).

Esses números confirmam a tal cultura do encarceramento em massa, que no Brasil é justificada pela prática: o sujeito que se adequar ao "perfil de criminoso" vai para a cadeia: o assassino que tirou a vida de inocentes; o jovem que foi detido com algumas pedras de crack no bolso; a senhora que furtou um pacote de bolachas em um mercado etc.

Se, na visão dos penalistas, para cada um deles deveria haver uma pena específica, para a justiça brasileira a resposta é uma só: privação de liberdade. Segundo Édson Luís Baldan (*apud* TANJI, 2017): "A curva da taxa de encarceramento no Brasil não parou de crescer porque prendemos muito e prendemos mal: há uma porta de entrada ampla e uma porta de saída estreita".

De acordo com o relatório mundial sobre os direitos humanos no mundo, elaborado pela HRW em janeiro de 2017, "as condições desumanas nas prisões e cadeias brasileiras são um problema urgente", e completa (MELLO, 2017):

> a superlotação e falta de agentes penitenciários e técnicos tornam impossível às autoridades prisionais manter o controle nos estabelecimentos prisionais, deixando detentos vulneráveis à violência e às atividades de facções criminosas.

Sobre a atuação das facções criminosas no sistema prisional, segundo Camila Nunes Dias (*apud* ROZOWYKWIAT, 2017)

> Sempre que o Estado manda alguém para a prisão, ele está dando uma contribuição importante para as redes criminais organizadas que atuam lá dentro. Se, por exemplo, trata-se de um sujeito cujo envolvimento com a atividade ilícita é casual e pontual, dentro da prisão ele terá toda oportunidade do mundo de se inserir em redes mais   complexas   e   organizadas.
> A prisão é, por excelência, um *locus* de articulação e de organização da criminalidade. Não é por acaso que o estado de São Paulo é o estado com a maior população carcerária do Brasil (1/3 da população carcerária brasileira está em São Paulo) e é o estado que, de longe, tem a criminalidade mais organizada do Brasil também.
>
> Essa organização começou há pouco mais de duas décadas dentro das prisões paulistas e se estendeu a outros estados. A política penitenciária de São Paulo gerou essa "contribuição" para o cenário nacional.

A partir disso, fica evidente que a prisão, ao contrário daquilo que se propõe originariamente (reeducar), funciona como uma "fábrica" de transgressores, e isso por ocasião do domínio das facções, sobre as quais se abordará a seguir.

2.3 Facções criminosas e sistema prisional

As facções criminosas no Brasil têm sua origem, segundo o procurador do Estado de Alagoas, Ivan Luiz da Silva (1998, p. 52), na natural evolução e crescimento da atividade criminosa individual para a prática de crimes através de quadrilhas especializadas em determinados tipos de crimes.

São elas que ditam os procedimentos entre presos no Sistema, como explica a antropóloga Karina Biondi (*apud* GROSSI *Et al.*, 2006, p. 329):

> Esses grupos são chamados pela mídia de facções criminosas mas, muito mais do que organizar o crime, eles organizam as relações que os presos travam entre si e com o mundo exterior. Embora as leis que vemos imperar dentro das instituições prisionais tenham sido implantadas por estes grupos, a sua constituição se deu na própria adoção destas leis. Ou seja, a estrutura vigente nas instituições criminais é o resultado da interferência de grupos que nasceram nela, que nasceram, aliás, na construção desta estrutura. Explico melhor: o grupo só existe porque ele adotou um conjunto de regras que norteiam a conduta de seus integrantes; o integrante desse grupo só o é porque obedece às suas leis, e estas leis só existem porque foram implantadas pelo grupo e são reconhecidas pelos seus membros.

Dentre as mais importantes, destacar-se-á o Primeiro Comando da Capital (PCC) e o Comando Vermelho (CV, que atuam como verdadeiras instituições do crime em todo o território nacional, disputando entre si o controle do crime organizado (HISAYASU, 2017).

Essas organizações (ou facções) nascem a partir dos anos 80, estruturadas por um conjunto de normas de conduta dos internos, e se perpetuam para fora do cárcere, como aduz Camila Dias (*apud* SALLA, 2015, p.174):

> O expressivo crescimento da população encarcerada, nesse período, colocou em cena também novas dinâmicas no domínio da criminalidade e nas formas de sua contenção que ampliaram os desafios para as pesquisas na área das ciências sociais no país. Uma questão instigante, por exemplo, foi a emergência de grupos

criminosos organizados dentro dos ambientes prisionais, para além daquelas quadrilhas e bandos que ali sempre estiveram presentes. Tais grupos forjaram identidades a partir de componentes próprios do mundo do crime e mesclaram no seu modo de atuação práticas e referências já existentes na sociabilidade das áreas pobres e periféricas das grandes cidades.

As facções puderam modificar as dinâmicas da criminalidade, opondo sua influência tanto numa escala local quanto nacional, e até mesmo internacional, pois, conforme o pesquisador, a atuação delas no tráfico de drogas, por exemplo, extrapola as fronteiras do Brasil e se expande pela América do Sul (SALLA *apud* NUNES, 2015, p. 175).

Mais emblemática das facções, o PCC surgiu em 1993, no Centro de Reabilitação Penitenciária de Taubaté, em São Paulo, tendo conseguido fomentar sua estruturação e organização principalmente através da difusão dos aparelhos celulares, como explica Camila Nunes (2013, p.67):

> dentre os diversos avanços tecnológicos importantes para compreender as condições que presidiriam a expansão do PCC, na forma como se deu esse processo, a difusão dos celulares – e, mais tarde, dos minúsculos *chips* – ocupa um lugar central. O recurso a essa tecnologia se constituiu como uma condição necessária para que o desenvolvimento e a direção do referido processo social ocorressem como ocorreram e o PCC adquirissem a estruturação e a organização *sui generis* que o diferencia de outros grupos assemelhados.

À época, o Comando Vermelho já existia – sua origem data de 1979, na prisão Cândido Mendes, em Angra dos Reis, RJ (Folha de São Paulo, 2002) –, mas o PCC conseguiu chamar todas as atenções para si após comandar uma sequência de megarrebeliões nas unidades prisionais brasileiras – sobretudo em São Paulo (DIAS, 2013, p. 68).

O "trabalho" desempenhado pelo PCC até a sua consolidação enquanto mais importante das facções criminosas no Brasil se deu em três momentos distintos, conforme Dias (2013, p.165). O primeiro deles ocorreu entre 1993 e 2001:

> O processo de expansão do PCC no interior do sistema carcerário teve início no ano de 1994 e sua influência começa a ser percebida em 1995. [...] Além das rebeliões, o aumento das ações de resgate de presos – que demandam organização e posse de pesado armamento

–, do número de assassinatos no interior das prisões e de fugas espetaculares evidenciavam não só a capacidade de planejamento da organização, mas também seu potencial corruptor, possibilitado pelos lucros auferidos do tráfico de drogas e de outros crimes empreendidos por seus membros, como sequestros e roubos. O crescimento significativo desses eventos indicava que o sistema carcerário estava passando por um professo de reconfiguração das relações de poder.

As ideias e os ideais propagados pelo PCC rondavam noções de solidariedade e união entre os reeducandos, como forma de reação às injustiças e à opressão do Estado para com os mesmos (a realidade carcerária). Essas noções eram "poderosas fontes de aglutinação dos presos" (DIAS, 2013, p.165), mas a violência física também figurou como elemento central no processo de formação e estruturação do grupo.

O segundo momento marcante na consolidação do PCC foi compreendido entre os anos de 2001 a 2006, tendo como marco a megarrebelião de 2001 que, conforme Dias (2013, p.171):

> [...] o PCC já contava com uma boa capacidade de estruturação e planejamento, e articulou – tendo o telefone celular como principal meio dessa articulação – a primeira megarrebelião, atingindo 29 unidades prisionais do estado e tendo como principal efeito a publicização da organização. O PCC emergia, assim, dos escombros do descaso, das arbitrariedades e da violência institucional que sempre estiveram presentes nas prisões brasileiras, erigindo-se como ameaça à manutenção da ordem no sistema carcerário.

Esse momento significou a apresentação da nova facção à sociedade, sua predominância sobre as demais facções e protagonizou a primeira resposta estatal, após quase dez anos de indiferença, ao grupo: a criação do Regime Disciplinar Diferenciado (RDD), destinado aos reeducandos "mais perigosos", notadamente os que se proclamavam líderes do PCC (2013, p.172).

A partir daí, já era possível às autoridades identificar os domínios relativos a cada um dos grupos ainda existentes (isto é, aqueles que resistiram ao avanço do PCC), distribuindo a população carcerária de acordo com o pertencimento ou não a tais grupos, de modo a evitar novos conflitos e mortes (2013, p.172).

Por fim, o terceiro momento é, no entendimento da pesquisadora, marcado pela hegemonia do PCC não só dentro, mas também fora do cárcere, o que representa o domínio da facção no mundo do crime, conforme explica (2013, p.174-175):

> Desde meados de 2006, temos assistido a uma relativa calmaria nas prisões paulistas, considerando-se não só a redução drástica do número de rebeliões como também a queda expressiva do número de homicídios de presos. [...] Para explicar essa situação atual, sustentamos a hipótese segundo a qual o PCC alcançou uma posição hegemônica no mundo do crime, dentro e fora da prisão, e sua atual liderança está consolidada nessa posição, o que torna desnecessários os espetáculos simbólicos de demonstração de poder por meio do horror, além dos mesmos se mostrarem contraproducentes, uma vez que podem desencadear reações mais repressivas por parte do Estado.

Esse período, que segundo a pesquisadora, tem início a partir de 2006, pode ser considerado como a "maturidade" do PCC. A organização está tão bem estruturada que conta até com os chamados "tribunais do crime", reconhecidos pelos próprios membros do grupo como "instâncias soberanas de resolução de conflitos" (2013, p.176), nos quais o exercício da vingança (executada como resposta individual) se substitui pela aplicação da pena (executada como resposta coletiva) sobre os membros que cometem faltas graves contra a organização.

Anteriormente ao Primeiro Comando da Capital, como já citado, nascera o Comando Vermelho. Sua origem é um pouco mais histórica – e até politizada –, tendo como alicerce os ensinamentos dos presos políticos do período de exceção que o Brasil experimentou entre 1964 e 1985 (SOUZA, 2010).

A gênese do CV é brilhantemente narrada por ninguém menos que William da Silva Lima, um dos fundadores do grupo, ex-presidiário que, em seu livro, pontua (2001, p. 94-95):

> Na prisão, falange quer dizer um grupo de presos organizados em torno de qualquer interesse comum. Daí o apelido de Falange da LSN, logo transformada pela imprensa em Comando Vermelho. Que eu saiba, essa denominação apareceu pela primeira vez num relatório de fins de 1979, dirigido ao Desipe pelo capitão PM Nelson Bastos Salmon, então diretor do presídio da Ilha Grande.

> As palavras não são inocentes: éramos um comando, o que em linguagem militar denomina o centro ativo, cuja destruição paralisa o inimigo; como se isso não bastasse, éramos também vermelhos, adjetivo que desperta velhos e mortais reflexos em policiais e militares. Coincidência ou não, vivera-se o ocaso da guerrilha urbana, fenômeno que deixara na orfandade um aparato repressivo

ainda cheio de vigor, desejoso de exibições de força e utilidade. O que eles chamavam de Comando Vermelho não poderia ser destruído facilmente: não era uma organização, mas, antes de tudo, um comportamento, uma forma de sobreviver na adversidade. O que nos mantinha vivos e unidos não era nem uma hierarquia, nem uma estrutura material, mas sim a afetividade que desenvolvemos uns com os outros nos períodos mais duros das nossas vidas.

Com base nesses relatos, pode-se entender que o CV, a princípio, não surgira como organização criminosa propriamente dita, decidida a perpetrar o crime organizado e espalhar o medo na sociedade, ao contrário, era uma espécie de "código de conduta", sob o qual tentavam sobreviver ao cárcere os prisioneiros que se assemelhavam.

Com o passar do tempo, contudo, o grupo passou a ser visto (com um certo impulso da imprensa) dentro e fora da prisão como facção criminosa propriamente dita, conforme revela o autor (2001, p.97):

> Começamos a nos instalar em favelas, por questão de segurança. Respeitávamos a coletividade e éramos bem-vindos. A imprensa atribuía a nós – Comando Vermelho – todos os assaltos a bancos, e logo o nome caiu em uso comum. Qualquer policial oportunista dizia ter prendido integrantes do tal comando, mesmo que fossem pessoas sem nenhuma vinculação conosco. Isso, por sua vez, em geral confirmava a farsa, sem sequer saber a origem do nome, fosse por pressão da polícia, fosse por acreditar que isso lhes garantiria maior proteção nas cadeias. Ao largo de tudo isso, **a imprensa, vendendo jornais**. (Grifo nosso).

Motivações à parte, o nascimento do CV pode ser considerado, como aduz o Caco Souza (*apud* MAIA, 2009), o nascimento do próprio crime organizado no Brasil, visto que a controversa convivência entre presos políticos e presos "proletários" contribuiu decisivamente para as técnicas que caracterizam esta forma de criminalidade.

Como revela o próprio Lima (2001, p.120), o modelo de "comportamento" (do qual se orgulha de ter participado como fundador) chamado posteriormente de Comando Vermelho transformou-se em organização (criminosa) e, atualmente, domina as unidades prisionais no Rio de Janeiro (a exemplo do PCC em São Paulo).

Ao longo do tempo, o processo de expansão e consolidação de ambas as facções dentro e fora das penitenciárias gerou (para além das naturais consequências de se ter grupos criminosos comandando "legiões" de criminosos) uma aliança entre as mesmas, que, conforme artigo no El País (MARTÍN, 2016), durou vinte anos, mas se rompeu:

> Aliados há cerca de duas décadas, o PCC resolveu romper com o Comando Vermelho mais de um ano atrás, mas seu divórcio oficializou-se apenas em outubro com um banho de sangue em presídios do norte do país, onde 21 presos foram assassinados. Bandidos que antes conviviam em sintonia nas ruas, nas fronteiras e nas prisões, pedem agora transferência de presídios para não dividir mais o mesmo espaço e se manter vivos.

A consequência imediata dessa ruptura, como acima exposto, foi a onda de rebeliões penitenciárias que vem atormentando o país desde outubro de 2016 e já soma mais de 130 mortes, conforme já citado.

A ruptura se deve, entre outros fatores, à ação expansionista das facções e, nesse sentido, Camila Nunes Dias, em entrevista ao BBC Brasil (FELLET, 2016) explica o:

> As informações ainda são muito escassas, mas está claro que houve uma ruptura entre o PCC e o CV. Pelo que tenho acompanhado, a ruptura está ligada à dinâmica expansionista das facções dentro dos presídios. Desde julho se tem notícia de ameaças mútuas entre CV e PCC nas prisões, mas até então essa tensão não tinha resultado em mortes. Parecia que os grupos estavam tentando evitar uma ruptura.
>
> Neste fim de semana, 70 presos do PCC foram transferidos de unidades prisionais controladas pelo CV para prisões controladas pela ADA (Amigos dos Amigos, segunda maior facção do Rio de Janeiro). Isso é muito surpreendente e muda completamente o xadrez do sistema prisional do Brasil inteiro.
>
> Essa reconfiguração também cria a possibilidade de que o PCC atue ao lado da ADA contra o CV na guerra por territórios do Rio de Janeiro. Não sei se para o PCC valeria a pena - eles teriam um desgaste muito grande em termos de pessoal, custos, armas -, mas a possibilidade está posta.

Essa guerra declarada entre as duas maiores facções do país só pode resultar em aumento da violência, tanto para os presidiários (como se observou no Norte do país) quanto para os não presidiários, visto que, "geralmente as disputas nas prisões acabam reverberando nas ruas" (FELLET, 2016).

Como saída para a tensão vivenciada pelo sistema prisional

brasileiro atualmente, em função da guerra entre as facções, Camila aponta uma saída que o poder público deve adotar (FELLET, 2016):

> Em termos imediatos, atender às demandas por transferências de presos, porque se não atender vai haver uma carnificina, como em Roraima e Rondônia. No longo prazo, se quiser enfrentar o problema, não poderá fugir de uma política de descarcerização.

> A resposta do poder público nas últimas décadas tem sido sempre equivocada. Constroem-se mais prisões, mas esse investimento não vem acompanhado de investimentos no sistema penal como um todo, como na contratação de agentes de segurança. Houve um aumento gigantesco da população carcerária e também um aumento na relação entre presos e funcionários. Em prisões de São Paulo, temos muitas vezes um funcionário para cada 300 presos, situação que se reproduz em outras partes do país.

> É evidente que o Estado não controla a população carcerária. Quem exerce o controle nas cadeias são as facções. Isso vale para o país todo. O Estado é conivente com isso - e mais do que isso, o Estado depende do controle das facções para continuar mantendo sua política de encarceramento.

É nesse sentido que se afirma que, para cada novo indivíduo encarcerado pelo Estado, uma nova mão de obra é absorvida pelo crime organizado das facções criminosas. Segundo Dias (*apud* FELLET, 2016), "Deve-se reservar a prisão apenas para quem cometer crimes violentos e adotar de maneira efetiva alternativas penais". Desta forma, será possível vislumbrar alguma chance de se reverter o atual quadro caótico do sistema prisional brasileiro, dominado (e colapsado) pelas facções.

A par disso, passa-se a seguir à uma análise da situação prisional em Alagoas, focada no complexo prisional do estado, com vistas a expor os desafios do sistema e as possibilidades de ressocialização por meio da assistência educacional como via de combate ao caos.

3. Confrontando problemas de segurança com o direito à educação: breve análise sobre a situação de Alagoas

O sistema prisional do Estado de Alagoas, assim como nas demais unidades da Federação, sofre com a precariedade de investimentos e a superlotação, que apontam para a necessidade de "promover a criação de vagas nos presídios das diversas regiões de

Alagoas, já que as unidades atualmente não comportam a demanda de presos", na opinião do juiz José Braga Neto (*apud* BALTAR, 2017).

Com 3.673 vagas em todo o Estado, o número de presos recolhidos em unidades prisionais soma a quantia de 4.382, segundo o Mapa Carcerário de Alagoas elaborado pela Secretaria de Estado de Ressocialização e Inclusão Social – SERIS (2017).

A partir da superlotação carcerária, diversos problemas começam a surgir, sobretudo as rebeliões provocadas pelas rivalidades entre facções criminosas – que, em Alagoas, são protagonizadas pelas duas maiores do país, PCC e CV –, conforme aponta o vice-presidente do Sindicato dos Agentes Penitenciários de Alagoas (Sindapen), Petrônio Lima (SERQUEIRA, 2017):

> No Presídio do Agreste, dois módulos são para os integrantes do Comando Vermelho e três, para os integrantes do PCC [Primeiro Comando da Capital] [...]. Todo dia o número de integrantes costuma aumentar porque o PCC, por exemplo, faz batismo dentro da prisão. Os presos que vão chegando no sistema são cooptados e depois recrutados para ingressar no grupo.

Como se percebe, a tensão entre ambos os grupos tem feito com que os próprios presos solicitem que sejam colocados em selas específicas, de acordo com o predomínio das facções, a fim de evitar conflitos e violências.

Em meados de agosto de 2017, o Sindapen (MARESIA, 2017) atribuiu à rivalidade entre as facções a causa da morte (por decapitação) de um reeducando preso na Casa de Custódia de Maceió – o Cadeião –, e outra morte foi registrada dois dias depois, no Presídio Masculino Baldomero Cavalcante (ALAGOAS, 2017).

A situação delicada vivida no estado, similar à que se observou em outras regiões do país no início do ano, levantou rumores sobre uma possível rebelião local, motivo pelo qual os atendimentos foram suspensos em todo o complexo prisional no final de agosto (GAZETAWEB, 2017), como medida de precaução para evitar transtornos decorrentes da possível rebelião, marcada para 31 daquele mês. Felizmente, nada aconteceu e o atendimento foi normalizado no dia seguinte.

Em janeiro, a Polícia Militar realizou operações de varredura nos presídios Cyridião Durval e de Segurança Máxima, cuja finalidade, conforme relata José Oliveira Neto (*apud* PROTASIO, 2017) "é saturar e encontrar objetos ilícitos. As operações são realizadas com base em dados de inteligência e na sensibilidade dos agentes penitenciários, que estão nos corredores das unidades ".

A movimentação foi realizada com vistas a evitar conflitos como os que ocorreram na época em presídios do norte do país. No Baldomero Cavalcanti, mais de mil presos foram remanejados de pavilhões para que fiquem separados de detentos de facções rivais (PROTASIO, 2017).

O ambiente violento e tenso do sistema prisional alagoano é ainda "incrementado" pelas características grotescas típicas do sistema, como bem relatado (de forma unânime) por universitários extensionistas que participaram do projeto Reconstruindo Elos, iniciado em 2015 no Núcleo Ressocializador da Capital (NRC) sob orientação das professoras doutoras Elaine Pimentel e Ruth Vasconcelos, todos da Universidade Federal de Alagoas (UFAL).

Em sua análise empírica, o extensionista Ademir S. da Silva, graduando em Direito pela UFAL e agente penitenciário, explica a situação no Cyridião Durval (PIMENTEL; VASCONCELOS, 2017, p.53-54):

> A realidade empírica abriu minha mente de modo crítico, ao ver o estado paupérrimo em que se encontravam aquelas pessoas encarceradas, principalmente por ser gestor profissional e analisar tanta ingerência por parte do poder público.
>
> Diferentemente do Rubens Quintela, que abriga o programa Núcleo Ressocializador da Capital e possui uma população carcerária selecionada, integralmente envolvida com trabalho e educação, presídios convencionais são ambientes mais hostis, cuja estrutura propicia um clima pesado, repleto de agressividade e abusos.

Neste mesmo sentido, Camila Y. C. Vieira, ex-aluna da graduação em Direito pela UFAL e extensionista integrante do projeto, relata (2017, p.57 a 59):

> Quando acabou o ciclo no NRC, o grupo de extensionistas, que antes trabalhava todo lá, foi dividido em outras Unidades Prisionais. Eu fiquei na equipe do Cyridião Durval [...]. A primeira impressão já foi ruim: um dos presos esperando atendimento médico por estar com dores fortes no estômago e um dos agentes brincando com a situação [...]. Não foi preciso muito tempo de convivência para que os presos começassem a expor o que havia de errado no presídio, a começar pela comida. Eles sempre falavam que a comida era ruim, às vezes azeda, e que reclamar não resolvia; [...]. Com capacidade para apenas 379 pessoas, no final de 2015 o Cyridião estava com

724 detentos; [...] O presídio já tinha uma fetidez muito típica, o que não mudou em nenhuma de nossas visitas.

Em seu relato, o extensionista Deividy Clécio L. C. Barros, graduando em Direito pela UFAL, denuncia (2017, p.61 a 63):

> Antes de ver, senti aquele cheiro pesado, forte, seco: acre. Havia um clima de tensão no ar [...]. As paredes eram sujas em sua maioria, o silêncio era cortado de quando em quando por um grito ou assobio, ou ainda por um cântico religioso solitário. Os corredores eram precariamente iluminados e, quanto mais adentrávamos no presídio, mais o ar ficava pesado. Alguns reeducandos nos olhavam pelas frestas das portas duplas com olhos interrogadores, e em um dado momento me dei conta de que ali "viviam" seres humanos, como eu, como os meus [...]. Chegavam a mim demandas de todos os tipos, desde queixas de faltas de itens básicos como sabão até reclamação de abandono das famílias, sumiço dos advogados contratados, pedido de livros ou de textos, qualidade da comida e um longo etc [...]. Tentamos instalar uma biblioteca no local, que se encontra em estágio de implementação, por conta da burocracia que emperra este estado.

Para arrematar, conclui o relato do cenário caótico e desumano da referida Unidade a extensionista Fabiana S. Ramos, graduanda em direito pela UFAL, que diz (2017, p.66 a 69):

> [...] O primeiro impacto foram as armas, principalmente as armas longas; todos os agentes achavam-se armados [...]; em seguida, um espaço que não dá para entender, imagina descrever: é um emaranhado de salas, portas, espaços aparentemente vazios; um local extremamente escuro e úmido, até mesmo molhado. O que mais me chamou atenção foi o odor. Já tinha ouvido a professora Elaine e alguns colegas falarem sobre essa "tal característica". Naquele momento já era possível sentir, e quando chegamos ao corredor onde se localizam os módulos, fomos devidamente apresentados ao "cheiro de presídios": é um misto de fumaça, umidade, sujeira... Não dá para comparar a nada, é simplesmente "cheiro de presídio" [...]. A estrutura que tínhamos lá era completamente diferente da sala de aula refrigerada do NRC; estávamos dentro de um módulo extremamente quente, escuro e sem recurso algum [...]. Prosseguíamos nesse primeiro encontro, e observamos que os reeducandos, em sua grande maioria, andam de cabeça baixa, olhando para o chão, eles evitam nos olhar nos olhos, comportamento lhes cobrado pelo próprio sistema [...]. Os encontros se seguiam em alternância: alguns mais tranquilos, com boa participação de todos, e outros mais tensos, por razões que

muitas vezes desconhecíamos. Às vezes, alguns nos confidenciavam que as tensões eram por terem ocorrido brigas internas que resultaram na saída de alguém dos módulos.

Estes relatos, todos reunidos no livro de mesmo nome (Reconstruindo Elos), que materializou a conclusão do nobre projeto de extensão, revelam a subumanidade com a qual os reeducandos (se é que ainda faz sentido esta expressão) cumprem sua pena. É, a bem da verdade, uma pena extra-condenação – e, portanto, ilegal.

A situação não é melhor para as mulheres do Estabelecimento Prisional Feminino Santa Luzia, como também revelam extensionistas que participaram do projeto nesta unidade. Ela é, por vezes, denunciada como ainda mais cruel quando comparada à dos homens.

É o que denuncia James L. S. Martins, extensionista e graduando em Direito pela UFAL (2017, p.94 e 97):

> No presídio feminino a hostilidade foi mascarada, perceptível pouco a pouco, e cada vez mais, à medida que nos tornávamos partes daquela instituição. Cito, por exemplo, a rispidez desnecessária com a qual éramos tratados pelas agentes penitenciárias, os gritos que sufocavam qualquer argumentação, pedido ou súplica daquelas mulheres encarceradas [...]. Com o desenrolar do projeto, pude perceber que além das perdas afetivas/familiares, aquelas mulheres estavam sujeitas a mudanças significativas desencadeadas pelo cárcere [...]. Um fato que me chamou bastante a atenção foi a dupla criminalização da mulher, a forma explícita e severa que se apresentava naquele ambiente penitenciário. Dentro do presídio Santa Luzia, por meio das agentes penitenciárias, aquelas mulheres eram estigmatizadas e humilhadas não apenas porque cometeram uma infração penal, mas também porque quebraram o paradigma do que a sociedade entende por mulher: um ser compassivo, dona de casa, boa esposa e mãe protetora.

Para Kryslane L. H. Mendes, graduanda em Direito pela UFAL e extensionista (2017, p.103), "as coisas pareciam chegar por último lá", e continua (p.104):

> Eu estava diante de mulheres carentes de tudo: estrutura, atenção, serviços da justiça e até de materiais de higiene tão importantes para a saúde da mulher. Os problemas do Sistema Penitenciário se mostravam mais intensos na realidade daquelas garotas (forma como carinhosamente passamos a chamá-las). Eram inúmeros os relatos sobre as diferenças no tratamento de homens e mulheres

encarcerados. Elas não alcançavam certos direitos que eles já possuíam e tinham dificuldade para serem ouvidas pela justiça.

Em síntese, quer se trate dos homens encarcerados, quer se trate das mulheres, o que se percebe é que a condição de preso dá a eles uma pena que vai além do *jus puniendi* do Estado, atingindo a sua integridade física e moral, sua dignidade e, principalmente, sua qualidade de "pessoa humana", digna de direitos e garantias fundamentais constitucionais, sumariamente violados no cárcere.

O trato dispensado a estes reeducandos por parte do sistema parece intencional e materializa a resposta que a sociedade espera "ouvir" contra a criminalidade. Nesse sentido, retomando as palavras de William da Silva Lima (2001, p.107):

> No inconsciente de nossa sociedade, a vontade mais disseminada é a da aniquilação do marginal. A garantia de sua sobrevivência soa como uma dádiva, e sua busca de dignidade aparece como um luxo. Mas por que sobreviver em condições subumanas? Essa era – e é – a questão.

Na contramão desta realidade cruel e desumana é que deve se inserir o papel ressocializador da pena privativa de liberdade e seus agentes (o Estado, as instituições jurídicas e a sociedade civil organizada), conforme subitem a seguir.

3.1 A ressocialização em Alagoas: obstáculos e superações

De acordo com o Plano Estadual de Educação nas Prisões proposto no final de 2015 para o biênio 2016-2017 em Alagoas (SERIS, 2016, p.7):

> O Estado de Alagoas através da Secretaria de Estado da Educação (SEDUC) representada pela Superintendência de Políticas Educacionais (SUPED) e a Gerência de Educação de Jovens e Adultos (GEEJA) e a Secretaria de Estado da Ressocialização e Inclusão Social (SERIS) representada pela sua Gerência de Educação, Produção e Laborterapia (GEPL) coordenou de forma coletiva a construção do Plano Estadual de Educação nas Prisões de Alagoas (PEEP/AL) em 2012 instituído pelo Decreto Presidencial nº 7.626/2011 para atendimento de políticas públicas, para o biênio 2013/2014, enfatizando a ampliação e a qualificação da oferta de educação nos estabelecimentos penais. No percurso de construção merece destaque o envolvimento de vários segmentos governamentais, não governamentais e da sociedade civil organizada

que contribuíram ao longo de todo processo [...].

Em Alagoas o fato relevante foi a grande quantidade de vagas ociosas. Porém com a implantação do PEEP/AL se iniciou uma reviravolta firmando fortes marcas de êxito e superação em relação à propositura de algumas metas traçadas no plano de ação para 2013/2014, dentre as que mais se destacaram, apontamos para **oferta de todos os níveis da educação básica** na modalidade de Educação de Jovens e Adultos – EJA, a **criação de uma escola voltada para atendimento às pessoas privadas de liberdades**, podendo assim atender de forma mais estreita as necessidades dos apenados/alunos, e a **regulamentação para oferta de educação básica e superior, profissional/tecnológica e a distância** por meio do Conselho Estadual de Educação de Alagoas, via Resolução nº 02/2014 – CEE-AL.

Este documento cada vez mais se trata de uma construção coletiva, se materializando como fruto de contribuições de diversos segmentos da sociedade que se preocupam e acreditam que mesmo dentro de unidades prisionais a educação oferece, certamente, contribuições para a formação de sujeitos humanizados, libertos e construtores de seus próprios conhecimentos, capazes de compreender e assumir uma verdadeira mudança de postura para viverem melhor no, e com o mundo. (grifo no original).

O documento aponta para uma tentativa de transformar a realidade dos reeducandos e reeducandas do estado, o que se propõe mediante a assistência educacional, contribuindo, assim, para dissociar destes o estigma de "criminosos" e contrapor a situação colocada por Onofre e Lourenço (2011, p. 12):

Os presos fazem parte da população dos empobrecidos, produzidos por modelos econômicos excludentes e privados de seus direitos fundamentais de vida... são, com certeza, produtos da segregação do desajuste social, da miséria e das drogas, do egoísmo e da perda de valores humanitários. Pela condição de presos, seus lugares na pirâmide social são reduzidos à categoria de "marginais", "bandidos" duplamente excluídos, massacrados, odiados.

Os esforços por combater esta realidade posta por Onofre ganham fácil compreensão a partir do momento em que o olhar que recai sobre o apenado é o de pessoa que cometeu crimes, e não o de criminoso, uma vez que somos seres condicionados, por diversos fatores, mas nunca seres determinados ou predestinados, como explica a professora Ruth Vasconcelos (PIMENTEL;

VASCONCELOS, 2017, p.36):

> Desde o início, tínhamos a convicção de que, mesmo encarcerados, esses sujeitos eram portadores de conhecimentos preciosos, e que estabelecida a relação de confiança, iriam nos ensinar. A condição de sujeito encarcerado não pode vir acompanhada de uma condenação perpétua. Não se trata de propor a impunidade, mas sim de reconhecer que somos seres condicionados e não determinados pela nossa história. Assim, não podemos falar em sujeitos criminosos, mas sim em sujeitos que cometeram crimes e infrações [...].

Nesse sentido, cada um dos membros que integram a sociedade passa a ter responsabilidade no processo de ressocialização dos seus membros reeducandos, a partir do momento em que tomam consciência de que todos estão vulneráveis à tal condição, e aqueles apenados, uma vez egressos, voltarão a compor a sociedade. Diante disso, beneficiam-se dessa ressocialização tanto quanto tais sujeitos.

Esse processo [de ressocialização] é aqui defendido por meio da assistência educacional, que muito antes, nos idos de 1980, já era defendido pelo ilustre teórico social Michel Foucault (1987, p. 297):

> Só a educação pode servir de instrumento penitenciário. A questão do encarceramento penitenciário é uma questão de educação: "O tratamento infligido ao preso, fora de qualquer promiscuidade corruptora, deve tender principalmente à sua instrução geral e profissional e à sua melhoria". (Princípio da educação penitenciária).

No Estado de Alagoas, uma iniciativa ressocializadora tem se destacado e servido como modelo há 6 (seis) anos: o Núcleo Ressocializador da Capital. Baseado nos chamados Módulos de Respeito, nele os presos que conseguem transferência recebem preparação para a profissionalização e instrução escolar. Desde a inauguração, nunca houve nenhum conflito entre policiais e reeducandos; nenhuma rebelião; ao contrário, o ambiente é humanizado (SERIS, 2017).

Ocorre que esta é uma unidade-modelo bastante específica, que não compartilha dos horrores típicos das demais unidades prisionais, e por isso mesmo, amplamente disponível à ressocialização de seus reeducandos, conforme relata a professora Elaine Pimentel (2017, p. 25):

> [...] fizemos uma visita inicial de toda a equipe no Núcleo Ressocializador da Capital. A grande maioria jamais havia adentrado em uma prisão. Ficaram surpresos com o que viram e ouviram. Uma

unidade prisional limpa, estruturada com biblioteca, aula de música, teatro, esportes etc., agentes penitenciários atenciosos e gestores solícitos. Tudo isso refletia naquilo que mais impressionou a equipe: o semblante dos presos. Ao contrário das imagens que viam nos telejornais de unidades superlotadas, presos sujos e com aparência sofrida, a impressão que tinham era de que ali tudo era diferente.

Como se vê, é uma situação totalmente contrária à que se reproduz nas unidades comuns, o que transforma a ressocialização dos apenados lá num verdadeiro desafio. Desafio este que significa arriscar-se, adentrando nos inóspitos corredores e selas do complexo prisional alagoano, sem saber o que se enfrentará, a fim de alcançar os presos do regime fechado, onde o Estado não tem conseguido chegar, lançando luz e esperança de reinserção social futura.

Mesmo diante das condições desumanas oferecidas aos presos e até aqui narradas, a educação carcerária vem apresentando resultados positivos em Alagoas. A oferta de ensino escolar e cursos profissionalizantes tem mudado a vida de muitos reeducandos alagoanos, segundo informações da Associação Nacional dos Defensores Públicos – ANADEP (AGÊNCIA, 2015).

A SERIS tem investido cada vez mais no fomento das atividades educacionais e profissionais nos presídios alagoanos, mediante parcerias estabelecidas com instituições públicas e privadas, compromissadas em oportunizar um ensino de qualidade e oportunidade de emprego para os apenados. (ANADEP, 2015).

De acordo com a ANADEP (2015), seis das oito unidades prisionais em Alagoas hoje possuem salas de aula, com aulas ministradas em todos os turnos – possibilitando, assim, que os presos que trabalham durante o dia possam estudar à noite –, tendo sua rotina diária de estudos devidamente registrada, através de ficha individual, diário de classe, ata e histórico. Com os registros comprovando o progresso escolar dos custodiados, quando estes progredirem de regime, poderão seguir com os estudos fora da prisão a partir de onde pararam.

A primeira escola de referência no Estado foi a Escola Estadual Educador Paulo Jorge Rodrigues, fundada pelo Decreto n° 30.053/2014. Naquele ano, 266 reeducandos prestaram o Exame Nacional para Certificação de Competências de Jovens e Adultos (Encceja), enquanto outros 269 realizaram o Exame Nacional do Ensino Médio (ENEM) (AGÊNCIA, 2015).

Para além do projeto de extensão acadêmica Reconstruindo Elos, de 2015-2017, também em 2017 foi iniciado no complexo prisional do estado o projeto Lêberdade, que visa promover a remição da pena através da leitura, e tem como objetivos (SERIS, 2017, p.14):

a) Incentivar a leitura como um caminho para o desenvolvimento do senso crítico de pessoas privadas de sua liberdade, melhorando as condições de regresso à sociedade;

b) Desenvolver a escrita e habilidade linguística como formas criativas de expressão e desenvolvimento intelectual;

c) Promover valores éticos e morais com caráter transformador;

d) Viabilizar a remição de parte da pena para os (as) reeducandos (as), através da leitura e escrita de uma resenha ou relatório;

e) Possibilitar a reintegração do sujeito, na sociedade, com uma diferenciada visão de mundo.

Da explanação dos objetivos do projeto pode-se depreender que está na ordem do dia das políticas públicas de Alagoas a ressocialização de seus reeducandos através da educação e escolarização, indo ao encontro dos postulados de Foucault anteriormente citados.

Segundo a proposta (revisada) do Lêberdade, "Em Alagoas, urge a necessidade de implantação do projeto de Remição da Pena pela Leitura que está disciplinado na Portaria Conjunta do DEPEN nº 276, e em algumas leis estaduais no Brasil".

Com a aprovação e efetivação do projeto, Alagoas passa a sintonizar-se com o trabalho ressocializador já adotado pelo Sistema Penitenciário Federal desde 2012, "e vem apresentando índices positivos de participação e aproveitamento nas Penitenciárias Federais" (SERIS, 2017, p.6).

Segundo dados do Plano Estado de Educação nas Prisões de Alagoas (PEEPAL) para o biênio 2016-2017 (SERIS, 2017), em 2015, dos 5.646 (cinco mil seiscentos e quarenta e seis) presos do estado, 3.382 deles careciam de algum nível de escolarização completo (da alfabetização ao nível superior).

Nesse sentido, o projeto Lêberdade desponta não só como medida ressocializadora através do ensino (na proporção em que fomenta a leitura e produção de textos, viabilizando a aquisição do conhecimento), como também medida descarcerizadora (na proporção em que possibilita a remição da pena e a saída mais breve do apenado). Em sua justificativa (2017, p.8) aduz:

Então, pensando em uma alternativa exequível para alcançar os diversos encarcerados em Alagoas, é que propomos a implantação do Projeto Lêberdade, onde o indivíduo privado de liberdade poderá atingir sua almejada liberdade de duas formas: fisicamente – com a saída da prisão, através da remição da pena pela leitura, e subjetivamente por meio do conhecimento adquirido, onde a leitura poderá levá-los a mundos ~~jamais~~ imagináveis.

Ainda segundo a proposta do projeto, a leitura tem papel fundamental na ressocialização dos presos, pois (SERIS, 2017, p.9)

> Ao atrelarmos o relevante papel da leitura na vida das pessoas com às ações educativas de caráter ressocializador, vemos que a leitura é de extrema importância na relação preso-mundo, pois possibilita reflexões e nova compreensão de si e do mundo. A leitura representa a possibilidade de reinserção no mundo social, de autonomia e de liberdade. É nesse contexto, que a leitura contribui para a reinserção, no convívio em sociedade, dos (as) privados (as) de liberdade.

E assim se trilha o caminho para a tão defendida (e importante) ressocialização dos reeducandos, devendo o Sistema Prisional contar com "a formação dos docentes que atuarão como fomentadores da importância da leitura tanto para a reconstrução do ser como para a remição da pena" (SERIS, 2017, p.9).

Porém, existe significativa lacuna entre o "dever ser" e o que de fato corresponde à realidade, por motivos dos mais variados, mas que, como de sabença geral, se resumem a um só: o medo de adentrar unidades prisionais inseguras e dominadas pelo crime organizado.

Em Alagoas, inclusive, tem-se um dos maiores números de membros de uma mesma facção criminosa (que, no caso, é o PCC) por presídio, conforme levantamento feito pelo Ministério Público de São Paulo, que aponta os estados brasileiros que possuem o maior número de integrantes de uma única facção criminosa (BARROS, 2017).

Segundo o levantamento, no Nordeste, o número de membros da referida organização supera os 6 (seis) mil integrantes, sendo que 73% desse número estão concentrados nos estados do Ceará, Rio Grande do Norte e Alagoas (BARROS, 2017). Com os comandos sendo emitidos de fora para dentro (e vice-versa) pelos próprios presos, adentrar as unidades fica cada vez mais difícil.

Contudo, retomando a ideia do Reconstruindo Elos, foi possível mostrar, através do nobre trabalho dos universitários, que adentraram as unidades prisionais ditas mais inseguras do estado não é tarefa impossível nem pressupõe arsenal próprio de combate, mas tão somente a vontade de resgatar nos reeducandos a esperança de uma vida diferente fora do cárcere, como se pode extrair dos relatos iniciais do projeto, contidos no livro (PIMENTEL; VASCONCELOS, 2017, p. 44):

> A experiência vivenciada com os apenados revela que, apesar de o ambiente prisional ser caracterizado pelo isolamento, há muitas possibilidades de manter os seus vínculos com a sociedade, particularmente através do processo educacional. Ou seja, seus vínculos sociais não estão totalmente quebrados; observa-se que entre os custodiados se desenvolvem complexas interações humanas, sendo necessária a intervenção da educação como instrumento na execução penal, para articular de fora positiva o processo punitivo com os processos educacionais.

Compreende-se que, mesmo detidos/reclusos, os reeducandos, ainda que totalmente afastados da sociedade, mantém consigo os elos que permitem a conexão interpessoal, o elemento humano (repise-se, a condenação não retira do condenado a qualidade de pessoa humana) e reatar estes elos é possível por meio da educação, na medida em que pessoas de fora (pessoas da sociedade da qual os presos foram retirados) adentram o cárcere e, através de práticas educativas e pedagógicas, oferecem esta (re)ligação – que prontamente é atendida, como se lê (2017, p.43-44):

> Importa destacar que desde o princípio, apesar da timidez dos reeducandos, a equipe foi recebida com entusiasmo por eles, havendo assídua participação nas discussões [...]. A cada encontro foi possível estabelecer vínculos de confiança com o grupo, enquanto se esclarecia a metodologia e os objetivos do projeto, que foram absorvidos satisfatoriamente por todos os participantes no processo de execução prática do projeto. A partir de então, a integração entre os custodiados e os facilitadores aumentou, e o receio de falar foi sendo desconstruído. Para que essa aproximação ocorresse foi preciso desassociar a imagem da equipe daquela que eles possuem do Estado e seus representantes, como agentes da repressão e da violência institucionalizada.

Evidencia-se a receptividade que, se provocada, pode ser oferecida pelos reeducandos que se encontram em regime fechado de cumprimento de pena, desmistificando a inacessibilidade aos mesmos.

Um projeto que se pautou na "construção coletiva do conhecimento produzido através de atividades educativas baseadas na contextualização dos assuntos debatidos, no diálogo e na reprodução de novos 'discursos libertadores'" (2017, p.45) representou a ruptura dos muros e grades da prisão e, junto com estes, a ruptura dos (pre)conceitos socialmente reproduzidos sobre os reeducandos de Alagoas, estabelecendo entre eles e a sociedade civil organizada um elo humano e libertador, tudo isso embasado na assistência educacional, amplamente defendida e legalmente prevista.

Considerações Finais

Para compreender o problema da ineficácia do Sistema Prisional brasileiro como resposta ao crime é preciso um olhar atento e reflexivo no que tange aos elementos e práticas que compõem tal sistema e a forma pela qual se aplica a pena privativa de liberdade.

Da forma e no ambiente com os quais vem sendo aplicada, esta pena tem mais chances de formar indivíduos dispostos a viver da criminalidade do que indivíduos regenerados e prontos para retornar ao convívio social.

Os reeducandos são tratados como objeto execrável, amontoados em ambientes inóspitos e sem estrutura adequada para abrigar seres humanos, ficando entregues à própria sorte e aos desígnios de agentes desidiosos e pouco interessados na ressocialização daqueles apenados.

Tal contexto inviabiliza quase que por completo a função ressocializadora da pena privativa de liberdade (neste trabalho defendida como a principal) que, por sua própria natureza, deve ser tratada como a mais importante, visto que se propõe a reconstruir no apenado os valores socialmente aceitos e as condições de sociabilidade necessárias a ele uma vez egresso.

A hegemonia das facções criminosas tem peso decisivo nesse cenário, uma vez que, aproveitando-se da omissão estatal, fazem das unidades prisionais verdadeiras "fábricas de delinquentes", nas quais os insumos são as condições desumanas oferecidas pelo Estado para a custódia de seus reeducandos, condições tais que, somadas ao próprio contingente de reeducandos (abandonados à própria sorte e desesperançosos de alcançar a liberdade), geram a fórmula da violência e da barbárie nas penitenciárias.

Como resultado, o país tem vivenciado ondas de rebeliões penitenciárias e centenas de mortes de reeducandos foram registradas já no início de 2017.

Diante disso, longe de advogar pela extinção dos presídios mas, ao mesmo tempo, longe de defender a abertura de tantos outros, defende-se a possibilidade de ressocialização através da assistência educacional (direito do preso e dever do Estado) como via de (dupla) libertação dos reeducandos: a física, por contribuir com o bom comportamento e, como tem sido feito nas unidades prisionais federais desde 2012, remir tempo de pena; e a intelectual, uma vez que o ensino escolar confere autonomia e criticidade aos seus beneficiários, colaborando também para a instrução e capacitação profissionais.

Se o Estado não consegue (ou não quer) acessar as unidades prisionais para cumprir com o dever de levar a ressocialização a quem não pode busca-la (os presos em regime fechado) – inacessibilidade esta que simboliza a força contrária de atuação das facções (que nasceram como forma de resistência à opressão e repressão estatais) –, a sociedade civil organizada, descaracterizada da figura opressora do Estado, tem mostrado que é possível alcançar tais presos através da educação.

Na tentativa de humanizar a execução da pena, interessante proposta é a do Núcleo Ressocializador da Capital, que pelos resultados que vem apresentando desde sua abertura, deveria deixar de ser exceção para se tornar regra no sistema prisional Alagoano, servindo assim como paradigma para o sistema prisional nacional, com suas práticas ressocializadoras através do estudo e do trabalho, baseadas nos Módulos de Respeito espanhóis.

Para além disso, o Ministério Público, enquanto agente fiscalizador da lei, deve ter papel decisivo nesta senda, vigilando a aplicação da Lei Penal com vistas a minimizar as transgressões aqui exaustivamente citadas e garantir que tal aplicação seja feita de forma humanizada, em consonância com o princípio basilar da Constituição brasileira, qual seja, o da dignidade da pessoa humana.

O que se pretende no presente artigo científico não é defender a extinção da pena privativa de liberdade nem o abrandamento da Lei Penal (temas que requerem discussões mais aprofundadas), mas tão somente a humanização desta forma de punir, para que se possibilite alguma chance de ressocialização dos apenados, beneficiando não apenas a população carcerária (na medida em que combate a violência interna e a reincidência, além de contribuir para desafogar as unidades superlotadas por meio da remição), mas também a sociedade como um todo.

Referências

ALAGOAS. Secretaria de Estado de Prevenção à Violência. In: **SEPREV.** Disponível em: http://www.seprev.al.gov.br/sala-de-imprensa/noticias/2016/novembro/equipe-de-alagoas-conhece-trabalho-de-assistencia-a-condenados-em-mg. Acesso em 15 jul. 2017.

AVENA, Norberto. **Execução Penal Esquematizado.** 2 ed. São Paulo: Método. 2016.

BALTAR, Maria Eduarda. TJ/AL e cúpula de segurança discutem situação do sistema prisional. In: **Alagoas 24h.** Disponível em <http://www.alagoas24horas.com.br/1084724/tjal-e-cupula-de-seguranca-discutem-situacao-sistema-prisional/ >. Acesso em: 11 set. 2017.

BARROS, Flávio Augusto Monteiro de. **Direito Penal Parte Geral**: 9 ed. São Paulo: Saraiva. 2011.

BARROS, Jobison. Alagoas é um dos estados com maior número de membros de facções criminosas. In: **Gazetaweb.** Disponível em: <http://gazetaweb.globo.com/portal/noticia/2017/08/al-e-um-dos-estados-com-maior-n-de-membros-de-faccao-criminosa-diz-pesquisa_39528.php>. Acesso em: 20 set. 2017.

BITENCOURT. Cezar Roberto. **Falência da Pena de Prisão –** Causas e alternativas. 4 ed. São Paulo: Saraiva. 2011.

BRASIL. **Decreto-lei nº 2.848, de 7 de dezembro de 1940.** Dispõe sobre o Código Penal. Vademecum Saraiva – OAB e Concursos. 11 ed., São Paulo: Saraiva, 2017.

_____. **Constituição da República Federativa do Brasil** de 1988. Vademecum Saraiva – OAB e Concursos. 11 ed., São Paulo: Saraiva, 2017.

_____. **Lei nº 7.210, de 11 de julho de 1984.** Dispõe sobre a Lei de Execução Penal. Vademecum Saraiva – OAB e Concursos. 11 ed., São Paulo: Saraiva, 2017.

BRASIL 247. Metade dos presídios em AL está vinculada à facções criminosas. In: **Gazeta de Alagoas.** Disponível em: <http://gazetaweb.globo.com/gazetadealagoas/noticia.php?c=

299851 >. Acesso em: 15 set. 2017.

CUNHA, Rogério Sanches. **Manual de Direito Penal**. Parte Geral. 4 ed. Salvador: Jus Podivm. 2015.

_____, Rogério Sanches. **Execução Penal para concursos** – Doutrina, Jurisprudência e Questões de Concursos. 4 ed. Salvador: Jus Podvim. 2015.

DIAS, Camila Caldeira Nunes. **PCC**: hegemonia nas prisões e monopólio da violência. 1 ed., São Paulo: Saraiva, 2013.

_____, Camila Caldeira Nunes. **Decifrando a dinâmica do crime**. Revista Brasileira de Ciências Sociais. N.º 87, RJ: Vértice. 2015, vol. 29.

FILHO, Napoleão Casado. **Direitos Humanos Fundamentais**. Coleção Saberes do Direito. São Paulo: Saraiva, 2012.

FOLHA Online. Comando Vermelho: organização nasceu do convívio com grupos de combate ao regime militar. In: **Folha Online**. Disponível em: <http://www1.folha.uol.com.br/folha/especial/2002/traficon orio/faccoes-cv.shtml>. Acesso em: 02 set. 2017.

FOUCAULT, Michel. **Vigiar e punir**. 27 ed. Trad. De Raquel Ramalhete. Petrópolis: Vozes, 1987.

G1. Brasil é o 11º país mais inseguro do mundo no Índice de Progresso Social. In: **Globo.com**. Disponível em: <http://g1.globo.com/mundo/noticia/2014/04/brasil-e-o-11-pais-mais-inseguro-do-mundo-no-indice-de-progresso-social.html>. Acesso em: 04 set. 2017.

GRECO, Rogério. **Curso de Direito Penal**. Parte Geral. Vol. 1. 17 ed. Rio de Janeiro: Impetus. 2015.

GROSSI, Miriam Pillar; HEILBORN, Maria Luiza; MACHADO, Lia Zanotta. **Antropologia e Direitos Humanos**. 4 ed. Florianópolis: Nova Letra, 2006.

HISAYASU, Alexandre. 27 facções disputam o controle do crime organizado em todo o país. In: **Estadão**. Disponível em: <http://brasil.estadao.com.br/noticias/geral,27-faccoes-disputam-controle-do-crime-organizado-em-todos-os-estados-do-pais,10000098770>. Acesso em: 01 set. 2017.

LIMA, William da Silva. **Quatrocentos contra Um**: uma história do Comando Vermelho. 1 ed., Rio de Janeiro: ANF, 2001.

LOURENÇO, Arlindo do Silva; ONOFRE, Elenice Maria Cammarosano. **O Espaço da Prisão e suas Práticas Educativas** – enfoques e perspectivas contemporâneas. São

Paulo: EdUFSCar, 2011.

MAIA, Maria Carolina. Filme ajuda a entender crime organizado no Rio, diz diretor. In: **Veja**. Disponível em: <http://veja.abril.com.br/entretenimento/filme-ajuda-a-entender-o-crime-organizado-no-rio-diz-diretor/>. Acesso em: 07 set. 2017.

MARCÃO, Renato. **Curso de Execução Penal**. 12 ed. São Paulo: Saraiva. 2014.

MARTÍN, María. Maior facção criminosa do Brasil lança ofensiva empresarial no Rio. In: **El País**. Disponível em: <https://brasil.elpais.com/brasil/2016/12/22/politica/14824347 57_533449.html>. Acesso em: 10 set. 2017.

MELLO, Daniel. Human Rights Watch diz que Brasil precisa retomar controle do sistema prisional. In: **Agência Brasil**. Disponível em: <http://agenciabrasil.ebc.com.br/direitos-humanos/noticia/2017-01/human-rights-watch-diz-que-brasil-precisa-retomar-controle-do>. Acesso em: 31 ago. 2017.

MOURA, R. M.; PIRES; B., ROSA, V. País precisa de R$ 10 bi para acabar com déficit prisional, diz CNJ. In: **Estadão**. Disponível em: <http://brasil.estadao.com.br/noticias/geral,pais-precisa-de-r-10-bilhoes-para-acabar-com-deficit-prisional-diz-cnj,10000099100>. Acesso em: 01 set. 2017.

NUCCI, Guilherme de Souza. **Manual de Processo Penal e Execução Penal**. 12 ed. Rio de Janeiro: Forense. 2015.

ONU. Declaração Universal dos Direitos Humanos de 1948. In: **Organização das Nações Unidas**. Disponível em: <http://www.dhnet.org.br/direitos/deconu/textos/integra.ht m> Acesso em: 13 maio 2016.

PIMENTEL, Elaine; VASCONCELOS, Ruth. **Reconstruindo Elos** – Experiências de extensão nos Sistemas Prisional e Socioeducativo de Alagoas. Alagoas: Edufal, 2017.

PRADO, Luiz Regis. **Curso de Direito Penal Brasileiro**. 12 ed. São Paulo: Revista dos Tribunais. 2014.

PROTASIO, Bruno. Polícia Militar ocupa dois presídios do complexo prisional de Maceió. In: **Tnh1**. Disponível em: <http://www.tnh1.com.br/noticias/noticias-detalhe/alagoas/policia-militar-ocupa-dois-presidios-do-complexo-prisional-de-maceio/?cHash=a43cfdf01273b3c182e54b7b59751715>.

Acesso em: 17 set. 2017.

REDAÇÃO. Carnificina em presídios deixou mais de 130 mortos neste ano. In: **Carta Capital**. Disponível em: <https://www.cartacapital.com.br/sociedade/carnificina-em-presidios-deixou-mais-de-130-mortos-neste-ano>. Acesso em: 31 ago. 2017.

RIZZI, Ester Gammardella. Cerca de 70% da população prisional sequer possui o ensino fundamental completo, mas somente 18% das pessoas privadas de liberdade têm acesso a alguma atividade educativa. In: **Ponte**. Disponível em: <https://ponte.org/a-luta-pelo-direito-a-educacao-de-pessoas-jovens-e-adultas-nas-penitenciarias/>. Acesso em: 03 set. 2017.

ROZOWYKIAT, Joana. Camina Nunes Dias: sistema carcerário é máquina de destruir pessoas. In: **Portal Vermelho**. Disponível em: <http://www.vermelho.org.br/noticia/270713-374>. Acesso em: 01 set. 2017.

SILVA, Ivan Luiz da. **Crime organizado**: aspectos jurídicos e criminológicos. Belo Horizonte: Ciência Jurídica, 1998.

TANJI, Thiago. Prendemos muito e prendemos mal: o problema das prisões no Brasil. In: **Revista Galileu**. Disponível em: <http://revistagalileu.globo.com/Revista/noticia/2017/01/prendemos-muito-e-prendemos-mal-o-problema-das-prisoes-no-brasil.html>. Acesso em: 01 set. 2017.

THOMPSON, Augusto. **A questão penitenciária**. Rio de Janeiro: Forense, 1993.

VARELLA. Drauzio. **Carcereiros**. 1 ed., São Paulo: Companhia das Letras, 2012.

SÃO PAULO. Direitos Humanos, Justiça, Segurança Pública. In: **Ponte**. Disponível em: <https://ponte.org/a-luta-pelo-direito-a-educacao-de-pessoas-jovens-e-adultas-nas-penitenciarias/>. Acesso em: 18 set. 2017.

SERIS. Secretaria de Estado de Ressocialização e Inclusão Social. Porjeto Lêberdade. In: **Seris**. Disponível em: <http://www.seris.al.gov.br/educacao-produção-e-laborterapia/projeto-leberdade>. Acesso em: 02 out. 2017.

_____. Secretaria de Estado de Ressocialização e Inclusão Social. Plano Estadual de Educação nas Prisões. In: **Seris**. Disponível em: <http://www.seris.al.gov.br/educacao-produção-e-laborterapia/plano-estadual-de-educacao-nas-

prisoes/livreto%20educacao%20e%20trabalho%20v.2.pdf/vie
w>. Acesso em: 15 out. 2017.

_____. Secretaria de Estado de Ressocialização e Inclusão Social.
Núcleo Ressocializador da Capital. In: **Seris**. Disponível em:
<http://www.seris.al.gov.br/unidades-do-sistema/nucleo-de-
ressocializacao-da-capital. Acesso em: 20 out. 2017.

SOUZA, Caco. Assim nasceu o crime organizado. In: **Estadão**.
Disponível   em:
<http://alias.estadao.com.br/noticias/geral,assim-nasceu-o-
crime-organizado,591840>. Acesso em: 03 set. 2017.

O grau da curva de encarceramento diante da aplicação dos substitutivos penais na comarca de Palmeira dos Índios-AL

JÚLIA KAROLLINE VIEIRA DUARTE[149]

Introdução

Uma vez transgredido o conjunto de normas que regem dada sociedade, sobretudo quando põe em risco a segurança, enquadrando-se no conceito de crime, tem-se o enclausurar como medida clássica e imediata. Na perspectiva de extirpar o problema configurado, o Estado adota a retirada do meio social do sujeito a quem recai uma imputação delitiva, afastando-o da comunidade.

A clausura materializada nos presídios passa a receber uma grande massa de indivíduos que foram alheios ao que é regido pela sociedade na qual pertence. No entanto, por vezes, ainda não possuem uma condenação, estando em trâmite, ainda, um processo (ou tão somente um inquérito), permanecendo encarcerado durante todo o curso do feito.

É cediço que a liberdade é considerada como um dos principais direitos que assistem a todo e qualquer indivíduo, sendo sua restrição, por ser demasiadamente invasiva, apenas admitida quando da necessidade e adequação da medida a partir da conduta delitiva perpetrada. Nesse ponto, o Código de Processo Penal prevê as hipóteses em que é cabível a decretação da chamada prisão preventiva, de modo que seja aplicada apenas quando não suficientes ou inábeis as demais, conforme preceituam os artigos 312 e 313 do diploma processual penal.

Com isso, surgem substitutivos penais, isto é, medidas não privativas de liberdade, as chamadas Regras de Tóquio, materializadas nas medidas cautelares diversas da prisão, que terão o condão de maior respeitabilidade ao direito à liberdade, diminuindo, por conseguinte, a curva de encarceramento.

Diante disto, a prisão passa a ser posta em último plano, como última ferramenta, recorrendo-se a outros mecanismos menos

---

[149] Assessora Judiciária – TJ/AL. Pós-graduanda em Penal e Processo Penal pela ABDConst. Bacharela em Direito pela Faculdade Cesmac do Sertão em Palmeira dos Índios/AL; Associada ao IBCCrim.

restritivos da liberdade. Todavia, necessária se faz a averiguação da aplicação de tais institutos e sua concretude, haja vista que a mera inserção no panorama político-criminal não é suficiente para elucidar o afastamento da prisão como *prima ratio*.

A partir disto, a coleta dos resultados da aplicação desses mecanismos alternativos visa aferir a concretude ou não de suas finalidades, diante do cenário de afronta aos direitos fundamentais que perpassa o sistema prisional, recaindo sobre uma grande massa que nele está inserida.

O estudo, adotando uma metodologia de revisão bibliográfica sobre o tema mais pesquisa de campo, objetiva analisar os feitos com prisão preventiva, a partir de representações formuladas pela autoridade policial e autos de prisão em flagrante, durante o período de 16 de junho de 2017 a 16 de dezembro de 2017, em trâmite perante a 4ª Vara Criminal da Comarca de Palmeira dos Índios/AL.

A partir dessa coleta, urge a necessidade de verificar o grau da curva encarceramento, diante da aplicação dos substitutivos penais no curso de tais feitos, observando, ainda, a incidência dos tipos de crimes cometidos e das decretações de prisão preventiva, bem como o lapso temporal da custódia frente à aplicação ou não de medidas cautelares diversas.

Nesse intento, o recorte desse lapso temporal leva em consideração o período de estudos do Laboratório de Ciências Criminais, tendo o levantamento da pesquisa sido iniciado 01 (um) mês após o início das aulas, perdurando durante os 06 (meses) subsequentes, encerrando-se em dezembro de 2017, a fim de que os meses posteriores fossem destinados à conclusão do trabalho, a partir dos resultados obtidos.

1. O encarceramento face aos substitutivos penais

O simbolismo veiculado como sensação de segurança, garantia da punição, é exteriorizado, sobretudo pelos meios midiáticos, no formato de algemas, de exposição ao público de que a criminalidade só é combatida a partir do encarceramento. Da mesma forma, a aplicação de medida cautelar diversa da prisão ainda é transmitida como ideia de impunidade e insegurança.

A partir disto, tal deturpação desagua em uma desenfreada cultura do encarceramento, como resposta social, de expor a sensação de estar seguro, ainda que a criminalidade continue a crescer em elevados números. A segregação passa a ser vista, então, como sustentáculo da segurança, pondo como escudo a garantia da ordem pública. Os decretos preventivos, por vezes, ressoam na busca de corresponder aos anseios sociais, ao clamor público, fazendo da prisão um símbolo de segurança.

Nesse cenário, os substitutivos penais ainda são tomados sob os olhares do corpo social como inábeis e insuficientes para garantir tal ordem pública, visto que restringe menos a liberdade e, com isso, a sociedade continua a levar a prisão como única ferramenta apta, acreditando que possui peso maior na ideia de (simbolizar) segurança.

Ocorre que o risco consiste quando tais argumentos são incorporados aos membros que compõem o sistema de justiça, trazendo um viés eminentemente político-social, em atendimento ao que é fomentado em seu meio social, em desrespeito a toda e qualquer garantia prevista no ordenamento jurídico.

Ademais, merece a ressalva de Carvalho (p. 150, 2010):

> Importante deixar claro que as medidas descarcerizadoras devem ser vistas como importantes mecanismos de desinstitucionalização, sendo sua aplicação inegavelmente mais vantajosa que qualquer espécie de encarceramento.

De ver-se que, além do ponto de vista levantado pela sociedade quanto ao que os mecanismos diversos da prisão possam simbolizar, há de se observar também se essas medidas realmente estão sendo postas como alternativas à prisão ou funcionam apenas como adição ao sistema de controle. Nesse ponto, o que teria o condão de descarcerizar, poderia retomar ainda mais a institucionalização da prisão.

A inserção das medidas cautelares diversas da prisão no panorama jurídico necessita que sua aplicabilidade desenvolva-se de forma adequada e necessária, como alternativa à custódia, com razoabilidade, não podendo ser efetivada sob qualquer aspecto, sem análise minuciosa do que cada caso apresenta.

É que, por vezes, pode representar um uso exacerbado que, ainda que afaste a prisão ,intensifica ainda mais a restrição da liberdade, sem fundamentação para tanto, ou seja, há casos em que não há cabimento para aplicação também de medidas cautelares, mas, ainda, sim, são postas a qualquer custo, como um aditivo ao controle excessivo .

Em dezembro de 2015, o Supremo Tribunal Federal, na Arguição de Descumprimento de Preceito Fundamental (ADPF) n° 347, reconheceu o sistema carcerário brasileiro como um "Estado de Coisas Inconstitucional", considerando a violação sistemática e massiva de direitos fundamentais. Nesse contexto, atentou-se às afrontas praticadas nos presídios, os quais estão cada vez mais lotados, sem haver, em contrapartida, o mínimo necessário para dignidade da pessoa humana.

Destarte, o encarceramento em massa já requer remédios estruturais, diante da dimensão em que se tomou, necessitando da interação dos Poderes para efetivar medidas que visem desafogar e humanizar esse cenário. Nesse sentido, tal instituto incorporado ao Brasil, trazido da Colômbia, reforçou o uso das medidas cautelares diversas à prisão, no intento de afastar a custódia do papel central que assumiu.

Goés (2009, p. 115) afirma:

> A partir dessas considerações que se caracterizam como tentativas de compreensão de comportamentos muito diversos, concluímos que as formas como a população simboliza o mundo de dentro dos presídios varia muito de acordo com o segmento social a que pertencem, ainda que dentro da própria classe trabalhadora. Tal diversidade deve refletir diferentes graus de incidência das tentativas de disciplinarização social, em curso notadamente a partir do final do século XIX, que tinham entre seus objetivos a constituição da classe trabalhadora como sujeito moral, claramente separada, portanto, dos segmentos marginalizados originários dessa mesma classe.

Nesse sentido, a própria ideia de encarceramento pode estar carreada pelo contexto de classes, como um desdobramento da marginalização social, visto que aqueles a quem, em sua maioria, preenchem os presídios, já sentiam os efeitos da separação social antes da inserção ao cárcere, ou seja, a chamada seletividade penal. Com isso, o meio social passa a fomentar o cárcere como concretização de tal segregação.

A incorporação dos substitutivos penais, portanto, tem o condão de trazer um caminho diverso a esta visão enraizada do encarceramento. Todavia, não é suficiente a sua mera inserção, necessitando de uma mudança na própria formação daqueles que atuam no sistema de justiça, que figuram na condução desses feitos, a fim de que não absorvam a ideia de segregação imersa na sociedade, cujo raciocínio perpassa de tempos em tempos.

1.1 Visão utilitarista do processo penal

O processo penal, para além de materializar o *ius puniendi*, trata-se de um instrumento de concretização de direitos e garantias fundamentais. Assim, tanto limita a liberdade quanto o poder punitivo, de modo que exerce um controle de como será sucedida a aplicação da punição.

Desta feita, há de conciliar tanto a utilidade de proteção dos bens jurídicos quanto a de limitação do poder estatal no exercício do *ius puniendi*. Tais utilidades devem estar harmonizadas, balizadas, ainda, nos princípios que norteiam a esfera penal. O processo, então, enquanto caminho a ser percorrido para aplicação de eventual punição, terá que compactuar essas duas esferas, de modo que, ao pender para uma apenas, põe em risco sua própria finalidade.

A ideia de utilitarismo remete, a partir da filosofia, à busca por meios de alcance à felicidade, quer dizer, delimitar finalidades (utilidades) que levarão ao bem-estar social. Nesse sentido, sob o aspecto jurídico, buscará o alcance da utilidade do processo, havendo, quando necessário, que alguns direitos sejam restritos, em virtude de outros, mas de modo balanceado, a fim de proteger a utilidade do feito.

Não obstante a seara penal seja vista sob a ótica de restrições, limitações, frise-se que estas não recaem apenas ao sujeito delitivo, produzindo efeitos também ao Estado punitivo, a fim de que este não exceda sua função em face daquele. Nesse ponto, assim discorre Lopes Júnior (2016, p. 34):

> O processo não pode mais se visto como um simples instrumento a serviço do poder punitivo (direito penal), senão que desempenha o papel de limitador do poder e garantidor do indivíduo a ele submetido. Há que se compreender que o respeito às garantias fundamentais não se confunde com impunidade, e jamais se defendeu isso. O processo penal é um caminho necessário para chegar-se, legitimamente, à pena. Daí por que somente se admite sua existência quando ao longo desse caminho forem rigorosamente observadas as regras e garantias constitucionalmente asseguradas (as regras do devido processo legal).

Ou seja, na proteção de bens jurídicos, o Direito Penal, fazendo uso de sua força, quando não seja possível a tutela por outros ramos, garante a incolumidade de tais garantias, a partir de um processo também recheado de direitos a serem protegidos. A máquina processual, destarte, assume a condução de diversos atos, os quais comungam para consecução da utilidade para qual foi criado, a de zelar por direitos e garantias fundamentais, até chegar, se for cabível, à devida punição.

Nesse ponto, a utilidade não deve ser levada a partir do simbolismo, como resposta ao clamor público, mas aos fins para os quais o processo fora desenvolvido, na garantia de um devido processo legal, o que, para, além disso, também visa à manutenção do Estado Democrático de Direito no qual está inserido.

1.2. Regras de Tóquio

A Assembleia-Geral das Nações Unidas, em 14 de dezembro de 1990, mediante Resolução n° 45/2010, editou "Regras Mínimas Padrão das Nações Unidas para a Elaboração de Medidas Não Privativas de Liberdade (Regras de Tóquio)", conferindo uma série de medidas a serem aplicadas alternativamente à prisão.

Inclusive, o Conselho Nacional de Justiça, no ano de 2016, reunindo tais medidas, divulgou-as, compactando os objetivos e métodos referentes à aplicação das Regras de Tóquio, na seguinte forma:

I – Princípios Gerais, englobando os objetivos, abrangência, garantias e cláusula de proteção;

II – Estágio anterior ao julgamento, com medidas que podem ser tomadas antes do processo e a prisão preventiva como último recurso;

III – Estágio de processo e condenação, com relatório de inquéritos policiais e disposições de julgamento;

IV – Estágio de aplicação das penas, com disposições sobre sua aplicação;

V – Execução das medidas não privativas de liberdade, com supervisão, duração e condições das medidas não privativas de liberdade, bem como processo de tratamento e disciplina e desrespeito às condições do tratamento;

VI – Pessoal, dispondo sobre recrutamento e treinamento de pessoal;

VII – Voluntários e outros recursos da comunidade, tratando da participação da coletividade, compreensão e cooperação por parte do público e voluntários;

VIII – Pesquisa, planejamento, elaboração e avaliação das políticas, com pesquisa e planejamento, formulação de políticas e desenvolvimento de programas, relação com organismos e atividades relevantes, como também cooperação internacional.

De ver-se que o programa conferido perpassa pelas variadas etapas a serem analisadas, de modo a permitir que a prisão seja posta em último plano, invocando-se os substitutivos penais, enquanto medidas não privativas de liberdade, demonstrando aos atores do sistema de justiça criminal o rol de possibilidades que se pode recorrer antes de um decreto preventivo. Ademais, elenca métodos a serem executados não apenas nos limites do judiciário, mas envolvendo toda a comunidade, sob um aspecto social e político, não se restringindo eminentemente ao jurídico.

Nesse sentido, o fato de tais regras disporem sobre medidas menos invasivas, não afastam a sua eficiência e aptidão. Pelo contrário, sua aplicação atende a critérios de razoabilidade e respeitabilidade às garantias, o que, em uma custódia, seriam demasiadamente restritas.

Verifica-se, assim, que, não obstante as medidas já estivessem em vigor no plano internacional, foi de modo paulatino que se deu sua inserção no ordenamento jurídico interno. A partir da edição da Lei nº 9099 de 1995, já se observou que o legislador havia atentado para aplicação de medidas diversas à prisão, porém restringiu-se ao que se refere aos crimes de menor potencial ofensivo. Nesse ponto, discorre Nunes (2005, p. 383):

> Com a Lei Federal nº 9099, de 1995, tornou-se clara a intenção do nosso legislador: de uma vez por todas, exigir-se-á a aplicação das penas alternativas em substituição à prisão, nos crimes de menor potencial ofensivo. Com a Lei nº 9099/95, proibiu-se a prisão do agente infrator, na medida em que se definiu o crime de menor potencial ofensivo, como aquele em que a pena máxima cominada seja igual ou inferior a um ano de prisão.

Tal abertura do sistema punitivo já possibilitou uma alternativa ao sistema, modificando-se, ainda que pequena, a visão de afastamento do encarceramento a todo custo. Os crimes de menor potencial ofensivo, por assim serem, já saem de uma seara excessivamente punitivista, buscando penas menos agressivas, de modo alternativo à prisão, ante o reduzido grau de periculosidade, atentando-se, portanto, aos critérios de razoabilidade e proporcionalidade entre a conduta perpetrada e a punição aplicada.

Já no ano de 2011, a partir da Lei n° 12.403, foi que se procedeu com a devida alteração do Código de Processo Penal, ampliando as possibilidades de atuação do Estado, com medidas cautelares diversas a prisão. Assim, a prisão passou a ser, ao menos no plano legiferante, afastada do protagonismo, inserindo outros mecanismos de controle. Com isso, foi listada uma série de possibilidades alternativas à custódia, possibilitando, ainda, ao magistrado, fixar outras que considerar oportunas, sob os critérios da adequação e necessidade, diante de cada caso concreto.

Também, não se deve olvidar que a fixação das medidas cautelares diversas da prisão requer fundamentação devida, não podendo serem invocadas de qualquer forma, devendo apresentar as razões pelas quais sustentam a necessidade da aplicação. Pois, caso contrário, tais instrumentos seriam incorporados não como substitutivos (alternativas), mas aditivos, agregando o excessivo caráter punitivista do sistema, como na pena de prisão.

2. Análise dos feitos com prisão preventiva na Comarca de Palmeira dos Índios/AL durante o período de 16 de Junho de 2017 a 16 de Dezembro de 2017

Durante o período de 16 de junho de 2017 a 16 de dezembro de 2017, na Comarca de Palmeira dos Índios, perante a Vara competente para tratar dessa matéria, qual seja: 4ª Vara Criminal, da qual, para além da cidade de Palmeira dos Índios, tem a cidade de Estrela de Alagoas como termo, verificou-se a existência dos seguintes feitos envolvendo prisões:

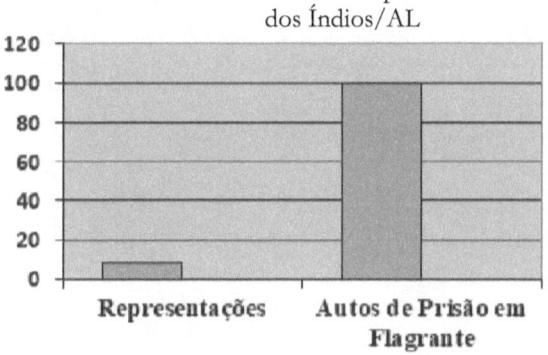

Gráfico 1. Incidência de feitos com prisões na Comarca de Palmeira dos Índios/AL

Os respectivos feitos incluem 08 (oito) pedidos de prisão preventiva, mediante representação formulada pela autoridade policial, como também 100 (cem) autos de prisão em flagrante.

Das representações, 07 (sete) pedidos foram deferidos pelo magistrado e, apenas 01 (um), indeferido, entendendo o juízo que, neste caso, os relatos estavam confusos, impossibilitando o apontamento dos indicativos que relacionassem o suspeito ao fato narrado, a fim de ensejar a decretação da prisão preventiva, cujo crime era de homicídio qualificado.

Os pleitos formulados pela autoridade policial fundamentaram-se no art. 312 do Código de Processo Penal, a partir da necessidade de garantia da ordem pública, conveniência da instrução criminal ou para assegurar a aplicação da lei penal, levando em consideração a fuga empreendida pelos suspeitos e o temor que a liberdade do representado poderia despertar nas vítimas e testemunhas.

Para tanto, colacionaram boletins de ocorrência, termo de depoimentos e declarações prestados por testemunhas, a partir da instauração de Inquérito Policial para apuração das investigações.

Gráfico 2. Tipos de crimes narrados nas representações de prisão preventiva formuladas pela autoridade policial na Comarca de Palmeira dos Índios/AL

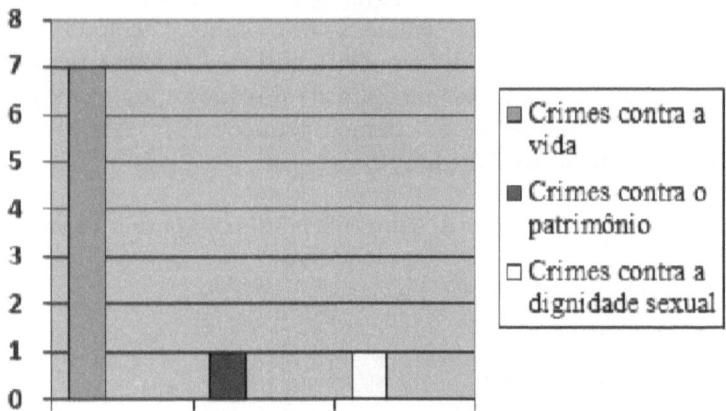

Dos crimes envolvidos, 07 (sete) representações envolviam o cometimento de um único crime, enquanto que 01 (uma) representação envolvia dois crimes, a partir do concurso material. Nesse sentido, levando em consideração o bem jurídico violado, têm-se os seguintes resultados:

Considerando o entendimento da autoridade policial no enquadramento da suposta conduta perpetrada, para fins de representação pela prisão preventiva, o que, contudo, pode ter sido posteriormente modificado, em sede de indiciamento ou, ainda, quando da manifestação do Ministério Público, verificou-se o que segue.

Dos crimes contra a vida:

- 05 (cinco) homicídios qualificados, sendo 03 (três) por motivo torpe e fútil (art. 121, §2º, I e II, do Código Penal) e 02 (dois) somente por motivo fútil (art. 121, §2º, II, do Código Penal), dentre estes um na modalidade tentada;

- 02 (dois) feminicídios (art. 121, §2º, VI, do Código Penal).

Crimes contra o patrimônio:

- 01 (um) crime de furto qualificado pela destruição ou rompimento de obstáculo à subtração da coisa (art. 155, §4º, I, do Código Penal).

Crimes contra a dignidade sexual:

- 01 (um) crime de estupro de vulnerável (art. 217-A do Código Penal).

Dos 100 (cem) autos de prisão em flagrante, em 47 (quarenta e sete) houve arbitramento de fiança pela autoridade policial, já quando da prisão em flagrante, pondo o autuado em liberdade a partir do pagamento do respectivo valor afiançado, encaminhando ao juízo apenas para fins de homologação.

Na oportunidade, apenas em 01 (um) desses feitos com arbitramento de fiança pela autoridade policial, o magistrado, além de homologar a prisão em flagrante, confirmando a fiança já arbitrada, aplicou, também, medidas protetivas, já que o crime envolvia ameaça em sede de violência doméstica. Ressalte-se, ainda, que desse rol de feitos com arbitramento de fiança já pela autoridade policial, apenas esse envolvia crime com aplicação da Lei Maria da Penha, haja vista que os demais se tratavam de crimes contra patrimônio, crimes de trânsito ou aqueles previstos no Estatuto do Desarmamento.

Quanto aos demais, não foi verificado nenhum vício na prisão em flagrante, tendo sido preenchidos os requisitos legais e respeitadas as garantias constitucionais, razão pela qual foram devidamente homologados. Já em relação aos 53 autos de prisão em flagrante, o juízo, com fulcro no art. 310 do Código de Processo Penal, ao receber, tomou os seguintes entendimentos:

De início, imperioso ressaltar que o art. 310 do CPP reúne as medidas pelas quais o Magistrado pode seguir quando do recebimento do auto de prisão em flagrante. Em seu inciso I, trata do relaxamento da prisão, o que ocorre quando da existência de ilegalidade, ou seja, a prisão em flagrante desrespeitou os direitos e/ou garantias previamente dispostos em lei.

Já o inciso II dispõe acerca da conversão em prisão preventiva, cuja aplicação depende da presença do *periculum libertatis*, a partir da necessidade de garantia da ordem pública, ordem econômica, por conveniência da instrução criminal ou para assegurar a aplicação da lei penal. Além disso, precisa também estar presente o *fumus commissi delicti*, diante da existência de indícios suficientes de autoria e prova da materialidade (existência do crime), bem como haver fundamento quanto à inadequação ou insuficiência das medidas cautelares diversas da prisão, pois, caso contrário, não poderá optar pela prisão.

O inciso III, por fim, envolve a concessão de liberdade provisória, ou seja, entende-se pela soltura do autuado, o que poderá ser mediante pagamento de fiança ou não.

Conversão da prisão em flagrante em preventiva

- Em 23 (vinte e três) casos;

Concessão da liberdade provisória mediante o pagamento de fiança

-Em 08 (oito) casos, sendo que, em 04 (quatro), aplicou também medidas cautelares diversas, em 02 (dois) aplicou medidas cautelares diversas e medidas protetivas, em 02 (dois) aplicou medidas protetivas e no outro apenas a fiança;

Concessão da liberdade provisória sem fiança

-Em 19 (dezenove) casos, sendo que, em 16 (dezesseis), aplicou também medidas cautelares diversas, em 02 (dois) medidas cautelares diversas e medidas protetivas e em 01 (um) apenas concessão da liberdade provisória, sem aplicação de outra medida;

Relaxamento da prisão em flagrante

-Em 03 (três) casos.

Nesse sentido, a partir da aplicação das medidas acima informadas, observa-se o gráfico que segue, com o percentual de prisões decretadas, bem como concessões de liberdade provisória com ou sem fiança, além do relaxamento de prisão preventiva, na Comarca de Palmeira dos Índios/AL.

Gráfico 3. Aplicação do art. 310 do Código de Processo Penal nos autos de prisão em flagrantes na Comarca de Palmeira dos Índios/AL

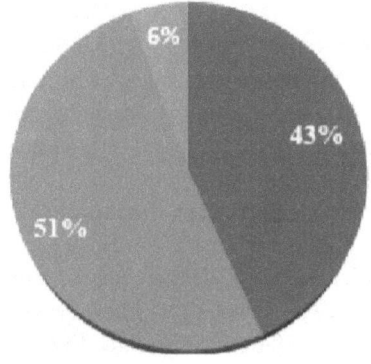

- Conversão de prisão em flagrante em preventiva

- Concessão de liberdade provisória com ou sem fiança

- Relaxamento da prisão em flagrante

A incidência de prisões decretadas assume, portanto, posição secundária, ante o número de concessões de liberdade provisória (seja com ou sem fiança, ou, ainda, com medidas cautelares e/ou protetivas). Outrossim, considerando que o relaxamento da prisão em flagrante acarreta, por conseguinte, a liberdade do autuado, a diferença para com os decretos preventivos seria ainda maior. Assim, totalizando 57% em detrimento de 43%.

Outro ponto que merece ressalva é o de que, dentre os feitos em que fora concedida liberdade provisória, exceto 02 (dois) casos, vem sempre carreado com medidas cautelares diversas e/ou medidas protetivas (sendo esta última aplicada em relação ao cometimento de crimes com incidência da Lei nº 11.340/06 - Lei Maria da Penha).

Nesses autos de prisão em flagrante, em que não fora arbitrada fiança pela autoridade policial, envolveram os seguintes crimes, com base na ordem decrescente de incidência, levando-se em consideração, os crimes isoladamente, já que alguns dos feitos contam com a ocorrência de mais de um crime, seja em concurso material, seja concurso formal:

Violência doméstica ou familiar contra a mulher, com base no gênero (Lei nº 11.340/06)

-Em primeiro lugar, totalizando o número de 23 (vinte e três) feitos com condutas de lesão corporal (art. 129 do Código Penal) e/ou ameaça (art. 147 do Código Penal), perfazendo, assim, os casos com violência física e psicológica, não tendo sido identificado nos referidos feitos algum caso de violência moral, patrimonial e/ou sexual, em sede de aplicação da Lei Maria da Penha;

-Em 09 (nove) tiveram a prisão em flagrante convertida em preventiva;

-Em 13 (treze) houve concessão de liberdade provisória, dos quais, em 03 (três), fora concedida liberdade provisória com fiança e aplicação de medidas cautelares e/ou medidas protetivas e, em 10 (dez), fora concedida liberdade provisória sem fiança, com aplicação de medidas cautelares e/ou medidas protetivas.

-Em 01 (um) houve relaxamento da prisão em flagrante.

Crimes contra o patrimônio

-Em segundo lugar, com incidência em 11 (onze) feitos, com 01 (uma) conduta de furto simples (art. 155, *caput*, do Código Penal), 01 (uma) de furto qualificado (art. 155, §4º, do Código Penal), 04 (quatro) de roubo simples (art. 157, *caput*, do Código Penal), 01 (uma) de roubo majorado (art. 157, §2º, do Código Penal), 01 (uma) de dano qualificado (art. 163, parágrafo único, do Código Penal) e 03 (três) de receptação simples (art. 180, *caput*, do Código Penal);

- Em 05 (cinco) houve conversão da prisão em flagrante em preventiva;

- Em 05 (cinco) houve concessão de liberdade provisória, dentre os quais, em 03 (três), mediante o pagamento de fiança e, em 02 (duas), sem fiança, sendo, em ambas, aplicadas, medidas cautelares.

Crimes previstos no Estatuto do Desarmamento (Lei nº 10.826/03)

- Em terceiro lugar, com incidência em 10 (dez) feitos, com 01 (uma) conduta de posse irregular de arma de fogo de uso permitido (art. 12 da Lei nº 10.826/03), 03 (três) condutas de porte ilegal de arma de fogo de uso permitido (art. 14 da Lei nº 10.826/03), 02 (duas) condutas de disparos de arma de fogo (art. 15 da Lei nº 10.826/03) e 04 (quatro) condutas de porte ilegal de arma de fogo de uso restrito (art. 16 da Lei nº 10.826/03);

- Em 04 (quatro) houve conversão da prisão em flagrante em preventiva;

- Em 05 (cinco) houve concessão de liberdade provisória, dentre os quais, em 01 (uma) mediante o pagamento de fiança e, em 04 (quatro), sem fiança, com/sem aplicação de medidas cautelares;

- Em 01 (um) houve relaxamento da prisão em flagrante.

Crimes previstos na Lei de Drogas (Lei nº 11.343/06)

- Em quarto lugar, com incidência em 06 (seis) feitos, com 04 (quatro) condutas de tráfico de drogas (art. 33 da Lei nº 11.343/06)

e 02 (duas) condutas de associação para o tráfico (art. 35 da Lei nº 11.343/06);
- Em 05 (cinco) houve conversão da prisão em flagrante em preventiva;
Em 01 (um) houve relaxamento da prisão em flagrante.
Crimes de trânsito (Lei nº 9.503/97)
- Em quinto lugar, com incidência em 04 (quatro) feitos, com 03 (três) condutas de embriaguez ao volante (art. 306 da Lei nº 9.503/97) e 01 (uma) conduta de direção veicular sem a devida permissão (art. 309 da Lei nº 9.503/97);
- Em todos houve concessão de liberdade provisória sem fiança, com aplicação de medidas cautelares diversas.
Crimes previstos no Estatuto da Criança e do Adolescente (Lei nº 8.069/90)
- Em sexto lugar, com incidência em 02 (dois) feitos, com 02 (duas) condutas de corrupção de menores (art. 244-B da Lei nº 8.069/90);
- Em 01 (um) houve conversão da prisão em flagrante em preventiva;
- Em 01 (um) houve concessão de liberdade provisória sem fiança, com aplicação de medidas cautelares diversas.
Crimes contra a fé pública
- Também em sexto lugar, com incidência em 02 (dois) feitos, com 02 (duas) condutas de adulteração de sinal identificador de veículo automotor (art. 311 do Código Penal);
- Em 01 (um) houve concessão de liberdade provisória mediante o pagamento de fiança;
- Em 01 (um) houve concessão de liberdade provisória sem fiança, com aplicação de medidas cautelares diversas.
Por fim, em sétimo lugar, a incidência de:
- 01 (uma) conduta de crime de tortura (art. 2º da Lei nº 9.455/97), em que houve conversão da prisão em flagrante em preventiva;
- 01 (uma) conduta de crime de cárcere privado (art. 148 do Código Penal), em que houve conversão da prisão em flagrante em preventiva;
- 01 (uma) conduta de crime de ameaça (art. 147 do Código Penal), em que houve concessão de liberdade provisória sem fiança, com aplicação de medidas cautelares diversas;
- 01 (uma) conduta de crime de tentativa de homicídio qualificado

(art. 121, § 2º, I e II, c/c art. 14, II, ambos do Código Penal), em que houve conversão da prisão em flagrante em preventiva.

À vista disso, observa-se o gráfico que segue, com o indicativo dos tipos de crimes narrados nos mencionados autos de prisão em flagrante, não contando, todavia, com aqueles em que fora arbitrada fiança pela autoridade policial, na Comarca de Palmeira dos Índios/AL.

Gráfico 4. Tipos de crimes narrados nos autos de prisão em flagrante na Comarca de Palmeira dos Índios/AL

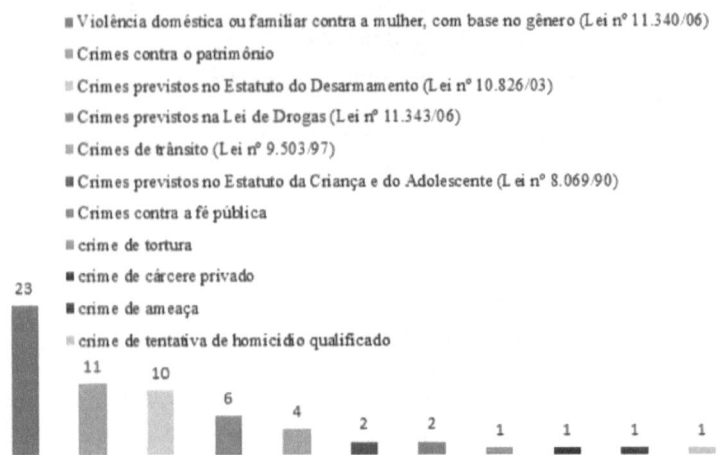

De ver-se que, mesmo determinado crime que tenha incidência maior de cometimento, a decretação de prisão preventiva não foi a medida imediata a ser aplicada. *In casu*, nos feitos com crimes de violência doméstica ou familiar contra a mulher, com base no gênero (Lei nº 11.340/06), que dispararam com a incidência em primeiro lugar, só houve decretação de prisão preventiva em 09 (nove) dos 23 casos, afastando, assim, a ideia de que custódia preventiva ou aplicação de medidas cautelares diversas relaciona-se tão somente com o crime ocorrido, incidência ou gravidade.

No entanto, esse quantitativo poderá sofrer alterações, considerando a edição da Lei nº 13.641, de 03 de abril de 2018, a qual criminaliza a conduta de descumprimento de medidas protetivas de urgência, com pena de detenção de 03 (três) meses a 02 (dois) anos, cuja vigência, portanto, deu-se após o fechamento da coleta de dados da presente pesquisa. Dessa forma, as implicações tanto em relação à incidência, quanto ao entendimento a ser aplicado pelo juízo, poderão sofrer mudanças comparando-se aos dados até então reunidos.

3. A aplicação dos substitutivos penais na Comarca de Palmeira dos Índios/AL

Os substitutivos penais, à vista dos resultados obtidos e acima apresentados, passam a ocupar o primeiro lugar nas medidas a serem aplicadas pelo juízo quando do recebimento de autos de prisão em flagrante, assumindo, sobretudo, o entendimento pela liberdade provisória, seja mediante fiança ou não, ou, ainda, cumulada com medidas cautelares diversas e/ou medidas protetivas.

Já nas representações formuladas pela autoridade policial, apenas em uma não teve o pedido de decretação da prisão preventiva atendido. Contudo, verifica-se que nos demais casos os investigados empreenderam fuga ou sua liberdade despertou temor às vítimas e testemunhas, dificultando, portanto, a aplicação da lei penal e conveniência da instrução criminal, além de haver indícios suficientes da prática, a partir dos resultados obtidos pela investigação policial, não restando outra medida naqueles casos, a não ser a prisão preventiva, já que as demais não seriam suficientes e hábeis, considerando os fatos e depoimentos apresentados.

Percebe-se que não se estar a extinguir a prisão preventiva, mas a retirá-la do primeiro plano, como medida imediata. Quando necessária e adequada, não sendo possível a aplicação de outros mecanismos, a custódia preventiva foi adotada, mas atentando-se aos requisitos e particularidades de cada caso. A medida, assim, passa a figurar no seu verdadeiro lugar, qual seja: em última razão, somente quando outras medidas não mais sejam possíveis e suficientes.

Bianchini, Marques, Gomes, Cunha e Maciel (2012, p. 30) afirmam:

> Os processos de desprisionização cautelar (de descarcerização) podem ser: extradogmáticos ou extrassistemáticos, dos quais deve se encarregar o Legislativo; intradogmáticos ou intrassistemáticos, que devem ser concretizados pelo Judiciário. Os atores ou agentes da descarcerização são, portanto, os legisladores e os juízes.

Esse processo, portanto, envolve a atuação tanto dos legisladores, como dos juízes, de modo que a cultura punitivista imbuída termina por desaguar na aplicação excessiva e arbitrária de decretos preventivos. Com isso, de forma extradogmática, o legislador já poderia contribuir para a minoração, na sua atividade legiferante, enquanto que aos juízes na tarefa de aplicar, de forma intradogmática.

O caráter cautelar da custódia também requer a atenção quanto ao seu lapso temporal. Ainda que se observe a necessidade e adequação, a serem devidamente fundamentadas pelo magistrado, inclusive, quanto o porquê da impossibilidade das demais medidas, não pode o decreto preventivo manter-se sem razoabilidade. Ou seja, cessados os motivos, há de ser revogada, concedendo-se a liberdade, não se arrastando ao longo de todo o processo, de forma arbitrária.

Nesse sentido, há de se analisar também os casos em que, embora tenha sido decretada prisão preventiva, posteriormente, foi substituída por outros mecanismos, cessando, assim, a custódia, conforme se observa o que segue, ressaltando que envolve tanto os feitos iniciados por autos de prisão em flagrante como as representações formuladas pela autoridade policial.

Ressalta-se que, dos 18 (dezoito) autos de prisão em flagrante em que houve decretação de prisão preventiva, em 10 (dez) foram aplicados substitutivos penais, afastando a prisão preventiva. Das 07 (sete) representações formuladas pela autoridade policial, apenas em 01 (uma) foi cessada a custódia preventiva.

Crime: Porte ilegal de arma de fogo de uso permitido e disparo de arma de fogo (art. 14 e 15 da Lei nº 10.826/03), ameaça e lesão corporal (arts. 147 e 129 do Código Penal)

-Conversão da prisão em flagrante em prisão preventiva - 08/10/2017;

-Revogação da prisão preventiva, com aplicação de medidas cautelares diversas - 14/11/2017.

Crime: lesão corporal em sede de violência doméstica (art. 129 do CP)

-Conversão da prisão em flagrante em prisão preventiva - 13/11/2017;

-Revogação da prisão preventiva, com aplicação de medidas cautelares diversas e protetivas - 05/12/2017.

Crime: roubo (art. 157 do CP)

-Conversão da prisão em flagrante em prisão preventiva - 01/11/2017;

-Relaxamento da prisão preventiva com fixação de medidas cautelares diversas - 30/11/2017.

Crime: ameaça em sede de violência doméstica (art. 147 do CP)

-Conversão da prisão em flagrante em prisão preventiva - 31/10/2017;

-Revogação da prisão preventiva, com aplicação de medidas cautelares diversas - 29/11/2017.

Crime: furto qualificado (art. 155, §4°, I, do Código Penal)

-Conversão da prisão em flagrante em prisão preventiva - 20/10/2017;

-Relaxamento da prisão, com fixação de medidas cautelares diversas - 30/11/2017.

Crime: ameaça em sede de violência doméstica (art. 147 do CP)

-Conversão da prisão em flagrante em prisão preventiva - 14/09/2017;

-Revogação da prisão preventiva, com aplicação de medidas cautelares diversas - 23/10/2017.

Crime: Receptação (art. 180 do CP)

-Conversão da prisão em flagrante em prisão preventiva – 12/07/2017;

-Revogação da prisão preventiva, com aplicação de medidas cautelares diversas – 08/09/2017.

Crime: ameaça em sede de violência doméstica (art. 147 do CP)

-Conversão da prisão em flagrante em prisão preventiva - 20/11/2017;

-Revogação da prisão preventiva, com aplicação de medidas cautelares diversas - 01/12/2017.

Crime: ameaça em sede de violência doméstica (art. 147 do CP)

-Conversão da prisão em flagrante em prisão preventiva - 14/11/2017;

-Revogação da prisão preventiva, com aplicação de medidas cautelares diversas e medidas protetivas - 15/12/2017.

Crime: lesão corporal em sede de violência doméstica (art. 129, §9°, do CP)

-Conversão da prisão em flagrante em prisão preventiva - 18/09/2017;

-Revogação da prisão preventiva, com aplicação de medidas cautelares diversas e medidas protetivas - 09/10/2017.

Crime: furto qualificado (art. 155, §4°, I, do Código Penal)

-Representação formulada pela autoridade policial, com pedido deferido em 27/07/2017;

-Revogação da prisão preventiva, com aplicação de medidas cautelares diversas - 04/10/2017.

Assim, dos feitos em que houve decreto de prisão preventiva e este foi cessado posteriormente, foram aplicados substitutivos penais, não se perdurando até o final do processo. Diante disso, verifica-se o gráfico a seguir, no que se refere aos autos de prisão em flagrante, nos quais houve conversão em prisão preventiva, inicialmente e, após, foi revogada ou relaxada, aplicando-se substitutivos penais.

Gráfico 5. Autos de prisão em flagrante em que houve conversão em prisão preventiva: manutenção, revogação e relaxamento da prisão preventiva, na Comarca de Palmeira dos Índios/AL

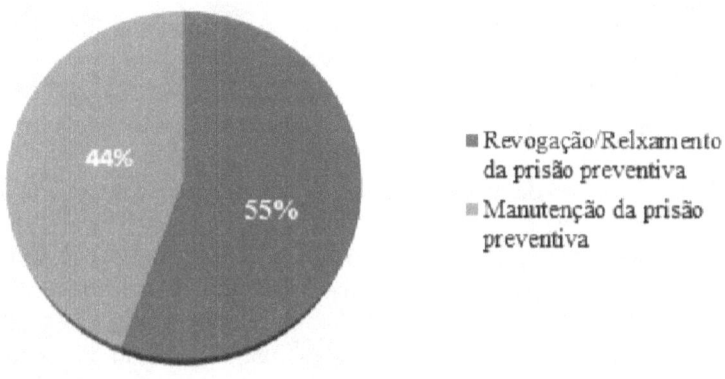

Dessa forma, nesses autos de prisão em flagrante, em que a prisão preventiva foi mantida, correspondem a número menor daqueles em que houve revogação ou relaxamento, o que, portanto, aponta para um menor grau da curva de encarceramento. Já em relação aos feitos iniciados com representação formulada pela autoridade policial, dos 07 (sete) casos, em 06 (seis), a prisão preventiva foi mantida.

Outrossim, o tempo máximo de custódia preventiva nos casos acima expostos foi de 02 (dois) meses e alguns dias, sendo os demais em torno de 01 (um) mês e meio, 01 (um) mês ou menos de 01 (um) mês, considerando os dados analisados até o dia 16 de dezembro de 2017.

Trata-se, portanto, da razoabilidade e proporcionalidade no uso da prisão preventiva. O seu caráter excepcional requer uma análise cautelosa e devidamente fundamentada face aos demais instrumentos que a legislação dispõe. De outra banda, as medidas cautelares diversas, como substitutivos penais, não vem a adicionar o caráter punitivista, pois, se assim for, estará a fomentar a arbitrariedade na restrição da liberdade.

Os substitutivos penais, quando devidamente aplicados, além de possibilitar a diminuição do grau da curva de encarceramento, permite a efetividade do controle, sem invadir demasiadamente a liberdade de outrem, sobretudo, quando sequer tramita um processo, pairando apenas em uma investigação, em sede de Inquérito Policial, por exemplo.

O grau da curva de encarceramento reflete as taxas de incidência da prisão, o que refletirá, por conseguinte, o tratamento dado à prisão, se esta ocupa lugar primário ou secundário. A aferição disso permite vislumbrar o entendimento aplicado frente às demais medidas cautelares, isto é, os substitutivos penais.

Nesse sentido, um alto grau dessa curva implica, consequentemente, um baixo uso de medidas cautelares diversas, quando estas são deixadas em segundo plano. Todavia, diante dos resultados obtidos com a coleta dos dados efetuados na Comarca de Palmeira dos Índios/AL, percebe-se que a curva de encarceramento passa a decrescer, diminuindo consideravelmente, ante a aplicação de substitutivos penais.

Embora não apresentem números bastante distantes, em grande disparidade, a liberdade ainda figura em posição à frente, primária, ficando a prisão preventiva em plano posterior, o que denota um maior uso das medidas cautelares diversas. Os autos de prisão em flagrante, além daqueles em que já teve a fiança arbitrada pela autoridade policial, apresentaram percentual maior quanto à concessão de liberdade provisória, em detrimento aos de conversão em prisão preventiva.

Além disso, daqueles em que houve conversão em prisão preventiva a taxa de revogação ou relaxamento, realizada posteriormente, permanece maior em comparação aos que a prisão preventiva foi mantida. Ainda, a prisão preventiva nesses em que foi revogada ou relaxada, percorreu lapso temporal que não ultrapassou 02 (dois) meses.

À vista disso, pode-se aferir que o grau da curva de encarceramento na Comarca de Palmeira dos Índios/AL alcançou número menor, dando lugar à aplicação de substitutivos penais, os quais consistem, em suma, no comparecimento obrigatório e periódico, perante o juízo, para justificar suas atividades, proibição de ausentar-se da comarca sem autorização do juízo ou mudar de endereço sem comunicação prévia, proibição de frequentar determinados lugares, ou, ainda, cumuladas com medidas protetivas, nos casos em que envolve violência doméstica e familiar .

Considerações Finais

O encarceramento em massa, como fruto da aplicação imediata e excessiva da prisão, transformou a excepcionalidade em regra. Nesse cenário, a violação dos direitos fundamentais tomou grandes proporções, passando o direito à liberdade a ser restrito de forma bastante invasiva e demasiada, sobretudo, quando sequer houver condenação.

As medidas cautelares, embora inseridas no ordenamento jurídico pátrio, necessitam da mudança de perspectiva dos aplicadores, a fim de que não seja um adicional à arbitrariedade. Em virtude disso, o presente estudo buscou verificar o grau da curva de encarceramento, a partir das taxas de incidências da prisão preventiva na Comarca de Palmeira dos Índios/AL, diante da aplicação de substitutivos penais.

À vista disso, restou observado um menor grau da curva de encarceramento, com taxas menores de prisão preventiva em comparação à concessão de medidas cautelares diversas da prisão , estando o encarceramento decrescendo, diante do uso de substitutivos penais, o que vislumbra maior efetividade e razoabilidade no uso desses instrumentos .

Referências

BIANCHINI, Alice; CUNHA, Rogério Sanches; GOMES, Luiz Flávio; MACIEL, Silvio; MARQUES, Ivan Luís. **Prisão e Medidas Cautelares – Comentários à Lei 12.403, de 4 de maio de 2011**. 3.ed. São Paulo: Editora Revista dos Tribunais, 2012

BRASIL. **Regras de Tóquio: regras mínimas padrão das Nações Unidas para a elaboração de medidas não privativas de liberdade**. Conselho Nacional de Justiça; Coordenação: Luís Geraldo Sant'Ana Lanfredi. Brasília: CNJ, 2016.

CARVALHO, Salo. **Substitutivos penais na era do grande encarceramento**. Criminologia e sistemas jurídico-penais contemporâneo II. Org. Ruth Maria Chittó Gauer. Porto Alegre: EDIPUCRS, 2010.

GOÉS, Eda Maria. **A recusa das grades: Rebeliões nos presídios paulistas 1982 – 1986**. 1. ed. São Paulo: IBCCRIM, 2009.

LOPES JÚNIOR, Aury. **Direito Processual Penal**. 13.ed. São Paulo: Saraiva, 2016.

NUNES, Adeildo. **A realidade das prisões brasileiras**. Recife: Nossa Livraria, 2005.

Execução provisória pós HC 126.292/SP e seus reflexos da relativização da presunção de inocência no Estado de Alagoas

JASMIN DE-TADDEO[150]

Introdução

O direito é atributo indispensável para a vida em sociedade, e através dele tutelamos diversas situações do dia a dia, servindo, o direito, como balizador das relações, este estabelece limites, imposições e sanções a quem transgredir as regras impostas pelo direito.

O direito penal se ocupa em repelir ações tidas como criminosas e em aplicar sanções à aqueles que cometem ações consideradas como fato típico, ilícito e culpável, mas quem detém deste poder de aplicar sanções é o estado, ao qual detém o *jus puniendi*

Na idade medieval o direito penal era um meio punitivo que o estado detinha, ao qual o juiz era dotado de poderes plenos e com isso arbitrariedades eram cometidas a de exemplo que não se tinha um parâmetro para a aplicação das penas, vigorando um sistema inquisitivo sem o devido respeito a integridade do indivíduo. (BRANDÃO,2002.)

Posteriormente, com o advento do iluminismo e a Revolução Francesa, a busca pela libertação da monarquia cresceu para limitar o poder dos monarcas e com isso diminuir o poder do estado sobre os indivíduos. O princípio da presunção de inocência surgiu nesta época com o artigo 9º da Declaração dos Direitos do Homem e do Cidadão, em Paris no ano de 1789, dispuseram da referida Declaração que: Todo homem sendo presumidamente inocente até que seja declarado culpado, se for indispensável prendê-lo, todo rigor que não seja necessário para assegurar sua pessoa deve ser severamente reprimido pela lei. Sendo o entendimento também trazido, em 10-12-1948, pela Assembleia das Nações Unidas (TOURINHO FILHO, 2009, p. 29-30).

O presente trabalho se concentra em um dos principais direitos

---

[150] Ex-aluna do curso de Direito do CESMAC do Sertão (Palmeira dos Índios/AL). Foi aluna 1º do Laboratório de Ciências Criminais em Palmeira dos Índios/AL.

fundamentais usados pelo direito penal e pelo direito processual penal, sendo este basilar para o devido processo legal, o da presunção de inocência. A presunção de inocência ou da não culpabilidade deve se fazer presente por toda persecução penal, e deve ser garantida a todo indivíduo, não podendo ninguém ser considerado culpado sem que ocorra o trânsito em julgado de decisão condenatória, devendo-se garantir o status de inocência.

Em recente julgamento, no ano de 2016, o Supremo Tribunal Federal, em julgamento histórico, mudou posicionamento acerca do início do cumprimento das penas prisões, permitindo à segregação da liberdade a partir de decisão de segunda instância que venha a confirmar a condenação do sujeito. Ou seja, não se necessita mais do trânsito em julgado da sentença penal condenatória para que se inicie o cumprimento de pena, sob a escusa de se evitar o uso de recursos meramente protelatórios que visem atingir a prescrição do crime e dar respostas a respeito do combate a impunidade.

Contrariando a própria Constituição Federal, a Lei de Execuções Penais e o princípio/direito/garantia da presunção de inocência, o Supremo Tribunal Federal admitiu a execução provisória da pena, aplicando assim um punitivismo escancarado para o direito penal de emergência, em total desrespeito com o Estado Democrático de Direito e sacrificando o direito de inocentes em prol da punição de eventuais culpados.

A decisão da Corte Suprema brasileira, apesar de aplicar, não de forma generalizada, o cumprimento de pena a partir de decisão condenatória de segunda instância, trouxe efeitos para as decisões do Tribunal de Justiça de Alagoas, que veio firmando entendimento da possibilidade da execução provisória a partir de decisão de segunda instância, e reformando decisões contrarias que executavam a pena em caráter provisório após as condenações do Tribunal do Júri. A problemática reside neste entendimento de possibilidade de relativizar a presunção de inocência pelo 1ª grau alagoano com base em jurisprudência do STF que não pode ser aplicada da forma quem vem sendo aplicada.

A pesquisa envolve a coleta de jurisprudência no sistema e-saj Alagoas, analisando decisões do Tribunal de Alagoas que julgam as decisões do 1ª grau a respeito do cumprimento provisório da pena, bem como faz uso da revisão bibliográfica, tendo uma vertente garantista, e tem por objetivo analisar os riscos das decisões do STF, para a presunção de inocência e para o quadro jurisprudencial do

Estado de Alagoas.

1. Princípios e direitos fundamentais: breves apontamentos

O sistema jurídico adveio da necessidade de se regular as relações sociais e o comportamento do ser em sociedade, tendo feito isso através da adoção de dois preceitos normativos, o de regras e princípios, pois assim terá o ordenamento jurídico capacidade para acompanhar a evolução normativa e das relações e as necessidades do estado, cumprindo seu controle social agregando valores morais a norma.

Discordando dessa visão e defendendo a ideia de direito positivo, Kelsen afirmou que "toda mistura com outros sistemas normativos (moral, direito natural) será excluída" (2001, p. 24). Descartando a aplicação de qualquer valor ou princípio para aplicação das normas, "particularmente nos casos difíceis, o positivismo mostra-se como uma teoria insuficiente para resolvê-los, pois recorre a padrões externos ao direito" (DWORKIN apud COSTA, 2011, p. 78). Mas é preciso perceber que as normas podem se tornar ineficazes quando desacompanhadas de uma carga valorativa e principiológica.

Acontece que, na atualidade, o Estado e o ordenamento jurídico adotado em países como o Brasil, com influência do neoconstitucionalismo, dá aos princípios o *status* de normatividade.

Na visão de Bobbio "A palavra princípios leva a engano, tanto que é velha questão entre os juristas se os princípios gerais são normas. Para mim não há dúvida: os princípios gerais são normas como todas as outras." (1999, p. 158-159).

Nossa Constituição Federal traz em seu Título I os princípios com força normativa, ao qual sendo estas forças basilares fundantes figuram como fontes primárias de nosso ordenamento jurídico e indicam os limites para aplicação da norma e regular as ações estatais.

De forma sintética, superada a definição de princípios e o seu *status* normativo passamos para os direitos fundamentais e seu papel no ordenamento jurídico.

Robert Alexy menciona que, antes de mais nada, é preciso fazer uma distinção entre regras e princípios para poder assim compreender o que são direitos fundamentais, assegurando assim que "a distinção entre regras e princípios é uma das colunas-mestras do edifício da teoria dos direitos fundamentais" (ALEXY, 2006, p. 85).

Nos ensinamentos de Ávila as regras são definidas em um primeiro olhar como descritivas e devem ter caráter decisivo e abrangente sobra a sua finalidade, onde os princípios lhe darão suporte para a sua devida aplicação, sendo a sua estrutura correspondente aos fatos. Os princípios por sua vez, são normas com características finalísticas e usadas como complemento para aplicação das normas devendo-se fazer uma avaliação da pretensão da norma e da conduta que será necessária para a promoção da norma (AVILA,2005,P.70)

Partindo dessa concepção das duas definições acima expostas percebemos que os princípios têm funções normativa, interpretativa e informativa e as normas são fruto da análise de sua finalidade, bem como dos valores sociais, políticos e econômicos.

Usando da interpretação das palavras de Ingo Sarlet (2011, p. 21), pode-se definir direitos fundamentais como "patrimônio comum da humanidade", os quais foram incorporados e positivados no corpo constitucional de cada estado, advindo seu caráter fundamental em razão de seu conteúdo.

O avanço que o Direito Constitucional tem apresentado está ligado em sua grande parte pela consagração dos direitos fundamentais e sua positivação para a proteção do núcleo da dignidade da pessoa humana, e tal positivação na Constituição é medida adequada para assegurar a pretensão dos direitos fundamentais. (GONET, 2015, p. 135)

Os direitos fundamentais são fundamentais no núcleo da dignidade humana e a sua promoção advêm da condição de se estarem positivados no texto constitucional, mas nada impede que se tenha reconhecimento de direitos fundamentais, mesmo que não estejam na Constituição, ou que estão implícitos no próprio texto.

1.1 Dignidade da pessoa humana e direitos fundamentais no estado democrático de direito

Antes de tratarmos do princípio da presunção de inocência e preciso que façamos um apanhado sobre dignidade da pessoa humana, princípio que serviu de base para a criação e efetivação dos demais princípios que estão incorporados nos mais diversos ordenamentos jurídicos, figurando como princípio basilar em nossa Constituição Federal.

Gilmar Ferreira Mendes, ao se referir ao ensinamento de Vieira de Andrade, explica a relação que os direitos fundamentais tem com a dignidade humana e como essa relação leva ao reconhecimento de outros direitos fundamentais, além dos dispostos na Constituição, repousando o ponto que caracteriza e possibilita o reconhecimento de um direito fundamental é a sua essência material fundamental em exaltar o principio da dignidade da pessoa humana.(MENDES, 2015, p. 140)

Para José Afonso da Silva os direitos fundamentais extraem a sua característica fundamental de sua essência na medida que tais direitos são essenciais a sobrevivência do homem em sociedade de forma digna e que seja garantido pelo ordenamento jurídico, que promova a igualdade essencial, e a sua implicação jurídica se da que sem os direitos fundamentais se nega a existência do ser e a sua convivência e realização.(AFONSO, 2003, p. 178)

Intimamente ligados, a dignidade humana é característica dos direitos fundamentais, mas denota-se uma necessidade de se conceituar aquilo que se entende como dignidade humana nos fazendo recorrer aos ensinamentos Sarlet,

> A qualidade intrínseca e distintiva de cada ser humano que o faz merecedor do mesmo respeito e consideração por parte do Estado e da comunidade, implicando, neste sentido, um complexo de direitos e deveres fundamentais que assegurem a pessoa tanto contra todo e qualquer ato de cunho degradante e desumano, como venham a lhe garantir as condições existenciais mínimas para uma vida saudável, além de propiciar e promover sua participação ativa e co-responsável nos destinos da própria existência e da vida em comunhão com os demais seres humanos. (SARLET, 2001, p.60)

A vida em sociedade deve ser garantida pelo Estado, assim como deve-se proteção de sua existência digna ser promovida a fim de afastar de qualquer ato degradante ou desumano este ser humano, sendo a dignidade uma característica do próprio ser humano que deve ser respeitada e garantida pelo Estado.

2. Da presunção de inocência como garantia constitucional processual penal

Grande maioria da doutrina defende que a presunção de inocência "nasceu com a Revolução Francesa"(BATISTI, 2009, p. 33), trazida expressamente no artigo 9º da Declaração de Direitos do Homem e do Cidadão de 1789. Vedando assim que se se considera o ser culpado e que se caso houvesse o desrespeito a essa garantia de inocência deveria ser reprimida por lei.

Nossa Carta Constitucional assegura em seu artigo 5, inciso LVII, "ninguém será considerado culpado até o trânsito em julgado de sentença penal condenatória;"(BRASIL, 1988). Tal garantia do status de inocência se dá pelo respeito ao princípio da presunção de inocência, tratado como princípio da não culpabilidade, na medida em que o texto constitucional faz menção de que "ninguém será considerado culpado", não fazendo menção ao termo inocência e assim a sua garantia tem por garantir também a liberdade do indivíduo.

A garantia disposta em nossa Constituição advém da incorporação do Pacto de San Jose da Costa Rica de 1969, bem como pela ratificação à Convenção Americana sobre Direitos Humanos em 25 de setembro de 1992, sendo sua aplicação garantida, mesmo que não de forma expressa, pelo respeito a garantia do devido processo legal.

O princípio limita os efeitos da sentença condenatória não permitindo que estes efeitos sejam antecipados antes da ocorrência do trânsito em julgado, inclusive não permitindo que se lance o nome do acusado no rol dos culpados a partir da pronúncia nos casos de tribunal do júri.

O doutrinador Badaró, ao tratar sobre a presunção de inocência estabelece que não existe diferença entre o uso da expressão não culpabilidade ou presunção de inocência;

> Não há diferença de conteúdo entre presunção de inocência e presunção de não culpabilidade. As expressões 'inocente' e 'não culpável' constituem somente variantes semânticas de um idêntico conteúdo. É inútil e contraproducente a tentativa de apartar ambas as ideias, se é que isso é possível, devendo ser reconhecida a equivalência de tais fórmulas. Procurar distingui-las é uma tentativa inútil do ponto de vista processual. Buscar tal diferenciação apenas serve para demonstrar posturas reacionárias e um esforço vão de retorno a um processo penal voltado exclusivamente para defesa social, que não pode ser admitido em um Estado Democrático de Direito. (BADARÓ, 2008, p.16)

Tratando assim as expressões como variação semântica da língua aos quais possuem mesmo significado, não podendo tal busca pela distinção entres os termos se fazer presente em um Estado Democrático de Direito, sendo assim uma busca inútil para as questões processuais e que nada interferem na sua aplicabilidade.

Pelos ensinamentos de Ferrajoli, o princípio da presunção de inocência, demonstra o fardo estatal que "a culpa, e não inocência, deve ser demonstrada", figurando como garantia "a favor da tutela da imunidade dos inocentes, ainda que ao custo da impunidade de algum culpado" (FERRAJOLI. 2002, p. 441).

A garantia de prevalência de inocência não pode de maneira algum ser afastada do processo penal, para que se possa assim garantir a aplicação do devido processo legal, sendo essencial a preservação do estado de inocência assim como da garantia da manutenção da liberdade do indivíduo, pois será o seguimento fiel a dignidade da pessoa humana do Estado Democrático de Direito, que será afastada com a definitiva condenação criminal que seguiu o devido processo legal.(NUCCI, 2012, p. 264):

A garantia à presunção de inocência se apresenta em três sentidos no processo penal, seu primeiro sentido refere-se a uma garantia política, referindo-se a necessidade de um processo com todas as suas tramitações, sob o crivo do devido processo legal e "sob a máxima do *in dubio pro reo.*" (FERRO, 2015, p. 40).

Em estágio probatório do processo penal a garantia à presunção de inocência se faz presente na obrigação do ônus *probandi* pelo Ministério Público, não sendo o acusado obrigado a produzir provas e garantindo-lhe o silêncio, deverá o *parquet* se ocupar de provar o ilícito, sua materialidade e a concorrência do agente para a prática delituosa e a sua culpabilidade.

Figura também a presunção de inocência como figura de tratamento de não se tratar o acusado como se culpado fosse, interferindo precisamente na vedação das prisões antes de uma sentença condenatória irrecorrível, não sendo tal característica absoluta na medida em que a lei possibilita a aplicação do instituto da prisão preventiva, de caráter cautelar, mas a vedação se relaciona com o conceito de prisão pena ao quais seus efeitos não podem ser antecipados antes do trânsito em julgado da decisão condenatória.

As prisões cautelares ou prisões processuais se caracterizam por serem instrumentos para assegurar a aplicação da lei penal, uma medida assecuratória do processo, atuando de forma preventiva, para evitar dano irreparável tratado no direito como *periculum libertatis,* tem curta duração de tempo, pois na medida em que avance a persecução penal e desapareçam os seus fundamentos esta poderá e deverá ser revogada, por ser cognição sumaria não necessita de juízo de certeza e sim apenas indícios do *fumus commissi delicti.*

A prisão pena é aquela com caráter retributivo, ressocializador e figura como sanção punitiva estatal, estabelecida após o término do processo com sentença penal condenatória, visando a satisfação da pretensão executória estatal, sendo assim a máxima do *ius puniendi*, mas que só poderá ser aplicada após o trânsito em julgado.

Mesmo com a garantia de que a punição estatal só poderá ser aplicada com o trânsito em julgado da sentença condenatória, a suprema corte brasileira mudou e relativizou a tal garantia isso traz consequências para todo o ordenamento jurídica mudando todo um panorama jurisprudencial trazendo a possibilidade de execução de sentença penal condenatória antes do trânsito em julgado.

3. Da relativização da presunção de inocência e a execução provisória da pena, HC 126.292

O indivíduo deve ter seu estado de inocência preservado, afastando uma execução de pena antes do trânsito em julgado, e assim foi como entendeu o Supremo Tribunal Federal ao julgar o *Habeas Corpus* 84.079-7/MG, declarando a inconstitucionalidade da execução provisória da pena.

Segundo entendimento de Sidnei Agostinho, que a certeza do juízo de culpabilidade só pode ser declarada com o trânsito em julgado da decisão condenatória, e a garantia para aplicação se da justamente na medida em que se observa o devido processo legal e, que sem a certeza da responsabilização adiantar os efeitos da pena é notória violação de direito fundamental (BENETI, 1996, p. 88/89):

Apesar que fazer o acusado suportar o peso da punição estatal sem a certeza da condenação viola direitos fundamentais e o próprio devido processo legal, já fora admitida no Brasil a execução provisória, aceita até o ano de 2009, consagrada inclusive pelo art. 669, do Código de Processo Penal, que mesmo sem o trânsito em julgado para os crimes afiançáveis que não tiveram a sua fiança prestada era possível se sujeitar o indivíduo a prisão após a condenação criminal sem o trânsito em julgado (BRASIL. 1941).

Outro artigo que permitia a aplicação da execução provisória era o artigo. 637 que tratava do efeito não suspensivo do recurso extraordinário e que após que fosse arrazoados pelo recorrido os autos originais do processo voltariam a primeira instância para a execução da sentença. (BRASIL, 1941).

Tal entendimento era aplicado pelos tribunais superiores sob a escusa de que "o grande argumento da corrente, até aqui majoritária, é o de que, não sendo providos os efeitos suspensivos, os recursos não suspendem a prisão."(HC 84.078/MG, 2009), mas vale ressaltar que existiam decisões com entendimentos contrários por não se tratar de matéria consolidada na esfera jurisprudencial.

3.1 HC 84.078/MG – Execução provisória da pena é inconstitucional

A decisão que mudou a jurisprudência e trouxe a consolidação de que aceitar a execução provisória era inconstitucional se deu em *habeas corpus*. O paciente Omar Coelho Vital, fora condenado por homicídio qualificado, tipificado no artigo 121, § 2º, I e IV, c/c o artigo 14, II, todos do Código Penal, condenado a 7(setes) anos e 6(seis) meses a serem cumpridos integralmente fechados, e em recurso de apelação da defesa, alterou-se o regime para inicialmente fechado pelo TJ/MG. Viu o seu direito de recorrer em liberdade negado pelo STJ e sua prisão preventiva decretada, o que culminou com a impetração de *habeas corpus* no Supremo Tribunal Federal, ao qual entendeu que tal medida de execução provisória iria de encontro a Lei de Execuções Penais e a própria Constituição.

O argumento para o início da execução provisória trazido pelo STJ teve esteio no artigo 637 do Código de Processo Penal, anteriormente transcrito, ao qual fora rebatido pelo STF aplicando entendimento, "Daí que os preceitos veiculados pela Lei n. 7.210/84(LEP), além de adequados à ordem constitucional vigente, sobrepõem-se, temporal e materialmente, ao disposto no art. 637 do CPP." (HC 84.078/MG, Relator Eros Grau), tal entendimento nos leva a crer que o dispositivo do art. 637 do CPP/41, não fora devidamente recepcionado pela nova ordem constitucional e assim não encontrava compatibilidade com o ordenamento jurídico vigente.

Inicialmente o STF, afastou a prisão preventiva, pois não subsistiam motivos para a sua decretação e assim a atitude manter o paciente recluso ganharia, segundo Eros Grau "contornos de execução antecipada da pena." (HC 84.078/MG, Relator Eros Grau), o STF entendeu, inclusive, que permitir a execução de pena antes do trânsito em julgado como um cerceamento do direito de defesa, pois a ampla defesa deve estar presente em todas as fases processuais, inclusive na fases recursais extraordinárias, não podendo a execução da pena ser iniciada após o julgamento do recurso de apelação, o que fere o direito de defesa se isto fosse possível. Ao término se decidiu que o paciente pudesse aguardar em liberdade o trânsito em julgado da sentença condenatória.

3.2. HC: 126.292/SP – Admissão da execução provisória

Após 6 anos do julgamento do HC 84.078/MG, em 17 de fevereiro de 2016, o Supremo Tribunal Federal volta a colocar em pauta e a decidir sobre a execução provisória da pena, mesmo após as reformas legislativas pelas Leis nº 11.689/2008, 11.719/2008 e 12.403/2011, as quais revogaram os artigos 393, 408, §1º, 594 e 595 do Código de Processo Penal, acreditou-se que a matéria já se encontrava pacificada, vedando a prisão logo após a sentença penal condenatória e de sentença de pronúncia.

O crime que deu origem ao *habeas corpus* foi o de roubo majorado (art. 157, §2º, I e II, do Código Penal), impetrado por Maria Claudia de Seixas em favor do paciente Marcio Rodrigues Dantas, atacando liminar que negou o direito do paciente recorrer em liberdade.

Com placar de 7 (sete) votos à 4(quatro), decidiu-se pela possibilidade da execução provisória de pena, mudando entendimento anterior, Teori Zavascki, Carmen Lúcia, Gilmar Mendes, Luís Roberto Barroso, Luiz Fux, Edson Fachin e Dias Toffoli, votaram a favor, sob o argumento de se haver necessidade de uma mutação constitucional, enquanto os ministros vencidos foram Ricardo Lewandowski, Rosa Weber, Celso de Mello e Marco Aurélio.

O principal motivo trazido pelo ministro e relator do HC, Teori Zavascki, é de que, nas instâncias ordinárias, esgotam-se as matérias e meios de prova, sendo assim nessas instâncias a definição de um juízo de culpabilidade do agente. Mas vale lembrar que mesmo esgotadas as matérias probatórias e de fato não é possível verificar o trânsito em julgado da decisão.

Tendo o HC 126.292/SP, firmado o entendimento de que a partir do acórdão condenatória se pode expedir a ordem de execução provisória, mesmo nos casos que tenham o julgamento de recurso especial ou extraordinário pendente e isso não afeta a garantia da presunção de inocência disposto no artigo 5º, inciso LVII da Constituição Federal.(BRASIL, 2016) :

A mudança trazidos pelos dois HC's é significativa, enquanto o HC 84.078/MG, tratava a execução provisória como medida inconstitucional e que violava a presunção de inocência e não era compatível com o ordenamento constitucional vigente, o HC 126/292/SP, trouxe argumento antagônico ao permitir a execução provisória da pena após decisão de acórdão condenatório, por não comprometer o núcleo da presunção de inocência.

> Realmente, a execução da pena na pendência de recursos de natureza extraordinária não compromete o núcleo essencial do pressuposto da não-culpabilidade, na medida em que o acusado foi tratado como inocente no curso de todo o processo ordinário criminal, observados os direitos e as garantias a ele inerentes, bem como respeitadas as regras probatórias e o modelo acusatório atual. Não é incompatível com a garantia constitucional autorizar, a partir daí, ainda que cabíveis ou pendentes de julgamento de recursos extraordinários, a produção dos efeitos próprios da responsabilização criminal reconhecida pelas instâncias ordinárias.(BRASIL, 2016)

Tal afirmação nos reflete a possibilidade de relativização da garantia, desde que tenha sido respeitada no processo ordinário e que o não direito de recorrer em liberdade, não configura um cerceamento do direito de defesa do acusado. Valendo-se de entendimento trazido pela Lei da Ficha Limpa (LC 135/2010), que em seu artigo 1º determina que o acórdão mesmo antes de transitar em julgado possa produzir efeitos em desfavor do acusado.

> E não se pode desconhecer que a jurisprudência que assegura, em grau absoluto, o princípio da presunção da inocência – a ponto de negar executividade a qualquer condenação enquanto não esgotado definitivamente o julgamento de todos os recursos, ordinários e extraordinários – tem permitido e incentivado, em boa medida, a indevida e sucessiva interposição de recursos das mais variadas espécies, com indisfarçados propósitos protelatórios visando, não raro, à configuração da prescrição da pretensão punitiva ou executória.(BRASIL, 2016)

Respeitar a presunção de inocência em caráter absoluto, para Teori, significa incentivar a impetração de recurso com intuitos meramente protelatórios e assim o que leva, na grande maioria das vezes, à prescrição da pretensão punitiva ou executória do estado para com o condenado, sendo a relativização deste princípio uma garantia da satisfação da pretensão punitiva e executória.

O ministro Luiz Roberto Barroso admitiu a necessidade da mutação constitucional, onde as normas podem mudar seus sentido e alcance sem mudar seus textos devido ao seu caráter plástico que devem ter as normas constitucionais. "No caso da interpretação judicial, haverá mutação constitucional quando, por exemplo, o Supremo Tribunal Federal vier a atribuir a determinada norma constitucional sentido diverso do que fixara anteriormente." (BARROSO, 2015).

Atribuindo como característica da necessidade da mutação constitucional, Barroso se refere a mudança da percepção do Direito, bem como a alteração dos valores sociais, e os impactos que uma norma e sua eficácia podem ter na realidade social, podendo esta norma inclusive perder o seu devido valor.

Para Barroso o HC 84.078/MG, "culminou como um poderoso incentivo à infindável interposição de recursos protelatórios"(BRASIL, 2016), e que não tinham real efeito jurisdicional e nem se quer garantiam a aplicabilidade das garantias dos apenados. O que culminou em uma seletividade penal, onde os mais guarnecidos de riqueza, poderiam impetrar diversos recursos por disporem de fundos suficientes. Bem como tal proibição de execução provisória significou um descrédito na justiça penal na visão da sociedade. Sendo assim a junção destes três fatores a condição para a mudança do entendimento jurisprudencial do Supremo.

Sob a escusa de que os direitos fundamentais não são dotados de caráter absoluto, não se admitindo o uso desenfreado destas prerrogativas derivadas destes direitos que se vinculam a princípios, sendo a presunção de inocência ou a garantia da não culpabilidade um princípio e não uma regra, que pode ser restringido desde que seu núcleo não seja atingido.

Em voto contrário aos dois ministros citados anteriormente o ministro Celso de Mello, de antemão destaca que a presunção de inocência advêm da luta e é uma conquista histórica para o homem na luta contra as arbitrariedades e os abusos estatais, que deve ser aplicada independentemente do crime cometido e da sua hediondez, devendo a garantia da inocência ser fundamental por viabilizar a liberdade e bloquear os efeitos de uma condenação antes do trânsito em julgado. (BRASIL, 2016)

Percebemos que o ministro Celso de Mello trata a presunção de inocência como direito fundamental e não como princípio inspirador de direito fundamental, como o ministro Barroso se refere, ao qual que pela sua fundamentalidade não pode este ser afastado do indivíduo, mesmo que criminoso devendo prevalecer a máxima do princípio norteador do processo penal o *favor libertatis* e que a garantia da presunção de inocência é inclusive legitimadora da execução penal estatal, por estar garantida pela norma de maior valor estatal.

A utilização da prisão cautelar como ideia de sanção é totalmente inconcebível com o ordenamento constitucional, por não poder trazer traços punitivos quando da sua aplicação. A efetiva constatação da culpa do acusado por si só não significa requisito suficiente para a decretação da prisão cautelar, segundo Celso de Mello.

Ainda tratando do voto do ministro Celso de Mello, que "a repulsa à presunção de inocência, Senhor Presidente [...] mergulha suas raízes em uma visão absolutamente incompatível com os padrões do regime democrático". Tal visão demonstra a preocupação do ministro com relativização da garantia. Vale lembrar, como fizera o próprio ministro, que a presunção de inocência não ter condão para inviabilizar a decretação de prisão cautela, quando esta for estritamente necessária, sendo a presunção de inocência afastada somente com o trânsito em julgado de sentença penal condenatória.

Terminou seu voto o ministro Celso de Mello pedindo vênia ao Senhor Presidente da sessão, que se acompanha-se o entendimento anteriormente firmado da incompatibilidade da execução provisória com a presunção de inocência, e assim se considera-se os votos dos ministros Rosa Weber e Marco Aurélio para que se mantivesse os precedentes do julgamento do HC 84.078/MG, devendo o indivíduo ser considerado inocente ate o trânsito em julgado da decisão condenatória e assim impossibilitando efeitos antecipatórios desta sentença).BRASIL, 2016)

O senhor Ministro Ricardo Lewandowski em seu voto, que acompanha o entendimento do ministro Celso de Mello, retrata a presunção de inocência como regra de ordem taxativa e categórica quanto da sua manutenção até o trânsito em julgado da sentença penal condenatória.

> Para o processo penal, pode-se afirmar que a interposição, pela defesa, do recurso extraordinário ou especial, e mesmo do agravo da decisão denegatória, **obsta a eficácia imediata do título condenatório penal, ainda militando em favor do réu a**

presunção de não culpabilidade, incompatível com a execução provisória da pena(grifo nosso) (ressalvados os casos de prisão cautelar). (BRASIL, 2016)

A tendência entre os dois ministros, de Mello e Lewandowski é pela máxima garantia do tratamento do acusado com o devido respeito de sua não culpabilidade, afastando juízo prévio ou possibilidade de relativização de tal garantia fundamental ,mesmo nos casos de decretação de prisão cautelar devidamente fundamentada, sendo uma exceção, já que deverá prevalecer o *favor libertatis*.

Com a exposição dos quatro votos acima, dois à favor da execução provisória e dois contra a execução provisória, percebemos que dos dois lados prevalecem argumentos sólidos à respeito da garantia da presunção de inocência, mas é preciso que não se promova uma degradação da nossa própria Constituição ao permitirmos que a relativização dos direitos fundamentais, chegue a tamanho absurdo de considerar que a garantia constitucional, bem como processual, possa ser relativizada e assim afete a dignidade humana, o direito de defesa, o devido processo legal e a garantia máxima da liberdade.

3.2.1. Principais teses levantadas contra e a favor da execução provisória da pena privativa de liberdade

As principais teses levantadas para justificar a execução provisória da pena privativa de liberdade pelos ministros favoráveis a medida, consiste, uma delas, em que o princípio da presunção de inocência colide com a garantia da razoável duração do processo por conta dos inúmeros recursos interpostos pela própria defesa, defendendo assim que o princípio da presunção de inocência ele não é absoluto e merece ponderação quanto a sua aplicabilidade.

A medida que a defesa interpõem diversos recursos cresce, segundo os ministros, a seletividade penal cresce e com ela a sensação de impunidade da justiça criminal, tese já levantada pelo ministro Joaquim Barbosa em seu voto no HC 84.078/MG, que o trânsito em julgado como **única** possibilidade da execução da pena causará um estado de impunidade pela sobrecarga que já existia, á **época**, no judiciário, e nessa sobrecarga de inúmeros recursos levaria a estender o alcance do trânsito em julgado alcançando-se a prescrição da pretensão executória, configurando um desrespeito à vítima e ao trabalho do judiciário (HC 84.078/MG, voto min. Joaquim Barbosa).

Outra tese levantada pelos ministro que eram á favor da execução provisória, no HC 126.292, é de que na medida em que se aplica-se afasta-se o princípio da presunção de inocência se conseguiria instaurar um sentido de credudilidade na justiça demonstrando a capacidade estatal em tutelar os bens jurídicos e assim haveria uma prevenção das ações criminosas, como foi o pensamento do ministro Barroso, onde não se executando a pena antes do trânsito em julgado cresceria a desconfiança do *ius puniendi* estatal.

As principais teses levantadas por aqueles ministro desfavoráveis a execução provisória da pena privativa de liberdade tanto o ministro Celso de Mello, quanto Rosa Weber, Marco Aurélio e Ricardo Lewandowski, defendem a aplicabilidade do artigo 5º LVII da Constituição Federal e das legislações infraconstitucionais que não permitem a execução da pena privativa de liberdade antes do trânsito em julgado de sentença penal condenatória irrecorrível, sendo assim o texto preciso ele não necessita de interpretação tamanho a sua clareza, usando inclusive o termo latim *in claris cessat interpretatio* ("na clareza, cessa a interpretação") (BRASIL, HC 126.292/SP, 2016)

O ministro Marco Aurélio trouxe em seu voto outro argumento contrario a execução provisória, ao qual o dano causado pelo cárcere na pessoa do condenado e de sua família não poderá ser recompensado com a absolvição, pois houve a segregação, o individuo teve a sua liberdade ferida e cerceada, mesmo sendo inocente.

Alguns ministros favoráveis a execução provisória de pena, tomaram como base o ordenamento de países como França e Estados Unidos, mas para Celso de Mello tal comparação não pode ser feita, citando assim tratados internacionais ao qual o Brasil é signatário que vedam a execução da pena antes do trânsito em julgado.

A quarta tese levantada se dá na natureza da prisão cautelar, ao qual esta não pode tomar característica de prisão pena, na medida que possuem naturezas diversas, onde segundo Gilmar Mendes, a prisão provisória ou cautelar não pode ser aplicada com o intuito antecipatória da pena, o que ultrapassaria os limites entre a prisão cautelar e a presunção de inocência.

Mesmo diante dos argumentos apresentados pelos defensores da presunção de inocência, a Corte entendeu que é possível a sua flexibilização e a sua relativização, em virtude de se atender a efetividade e a credibilidade da justiça criminal que deve combater a impunidade dos transgressores da ordem social, deixando assim que uma garantia seja sacrificada para que o povo possa ver o efetivo poder punitivo estatal, mesmo que isso custe a liberdade de um inocente.

4. A relativização da presunção de inocência e a sua aplicabilidade no 1º grau criminal alagoano, o problema da flexibilização

É notória que a aplicação da decisão e da mudança jurisprudencial trazida pelo HC 126.292 para o ordenamento jurídico brasileiro, fez com que vários tribunais passem a aplicar a execução provisória a partir de decisão de 2ª estância que confirme a condenação, mesmo que não se tenha alcançado o trânsito em julgado e que ainda estejam pendente de analise recursos em estâncias superiores.

A flexibilização e a relativização da mencionada garantia tiveram efeitos não tão somente para o segundo grau, mas também, infelizmente, para o primeiro grau. Juízes passaram a determinar a execução provisória da pena privativa de liberdade, no próprio corpo da sentença penal condenatória, ainda não transitada em julgado, principalmente nas decisões do Tribunal do Júri, sob o escudo da soberania dos veredictos.

Tal situação pode ser verificada, de forma recorrente, na comarca de União dos Palmares, onde réus que responderam todo a persecução penal em liberdade, sem vêm com a sua liberdade tolhida após a decisão do Tribunal do Júri, uma verdadeira afronta ao princípio da presunção de inocência e da garantia de recorrer em liberdade.

Ao fundamentar a decisão que decreta a execução da pena pela decisão do Tribunal do Júri o juízo se vale do HC 118.770/SP, proferindo seguinte entendimento "A prisão de réu condenado por decisão do Tribunal do Júri, ainda que sujeita a recurso, não viola o princípio constitucional da presunção de inocência ou não-culpabilidade.". Ocorre que tal entendimento foi proferido apenas pela primeira turma da Corte Suprema, não sendo dotada assim, tal decisão, de efeito vinculante e ao ser aplicada deve-se considerar a semelhança entre os casos, ao qual não ocorre semelhança nos casos oriundos do Estado de Alagoas.

A relativização em Alagoas tomou outras faces na medida, em que valendo-se de decisão sem efeito vinculante, decisão de 1º grau pode atacar veemente a presunção de inocência e decretando prisões provisórias sem ao menos estarem devidamente comprovados os pressupostos, nem a superveniência de fatos novos que ensejem a prisão do condenado.

A partir da análise dos habeas corpus que chegam ao Tribunal de Justiça de Alagoas, advindos pós sentença de Tribunal do Júri , foi possível perceber uma linha de aplicação da execução provisória para réus que se mantiveram em liberdade ate o momento da prolação da sentença e tiveram sua vida cerceada antes mesmo de se chegar a decisão confirmatória de condenação em segunda estância, boa parte dessas decisões se deram na 3ª Vara Criminal de União dos Palmares.

Ao analisar os HC's da comarca de União dos Palmares e da 9ª Vara da Capital entendeu que nos casos dos pacientes dos habeas corpus **0801552-43.2017.8.02.0000, 0805193-39.2017.8.02.0000, 0804509-17.2017.8.02.0000, 0804862-57.2017.8.02.0000, 0800006-16.2018.8.02.0000,** em todos os casos os pacientes responderam a persecução penal toda em liberdade e a decretação da prisão configura execução provisória, mas que fora determinada pelo juízo de 1º grau como preventiva sem que se fizessem presentes os requisitos.

4.1 *Habeas Corpus* 0801552-43.2017.8.02.0000/TJ-AL

Após ter sido condenado a 18(dezoito) anos de reclusão, por homicídio qualificado, teve sua prisão decretada com base na garantia da ordem pública após condenação do Tribunal do Júri, mesmo tendo passado os 4 anos tempo em que perdurou o processo ate seu julgamento em liberdade e comparecendo a todos os atos processuais necessários e determinados.

Apesar da desistência do impetrante do HC 0801552-43.2017.8.02.0000, o Tribunal, em voto de seu relator o desembargador João Luiz Azevedo Lessa esclareceu que:

> Compulsando os autos, verifica-se que o magistrado do primeiro grau, utilizando-se de julgados do STF, limitou-se a afirmar que a pena deveria ter sua execução provisória de imediato, em razão da

soberania do julgamento efetuado pelos jurados. Assim, não foram demonstrados os fatos concretos que justificaram a necessidade da prisão quanto ao crime em questão, sendo inadmissível o acautelamento sem a devida fundamentação. (ALAGOAS. 2017 A)

O magistrado do primeiro grau destacou o princípio da soberania dos veredictos e seu possível esgotamento caso prevalecesse a presunção de inocência citando texto do Promotor de Justiça Cesar Danilo Novais, do estado de Minas Gerais, que após a condenação do Júri a relativização da presunção de inocência se torna extremamente necessária, bem como da relativização do duplo grau de jurisdição, para que não se esvaziasse o princípio da soberania dos veredictos. (NOVAIS, 2016).

Tal entendimento contraria decisão do Supremo Tribunal de Justiça que nos casos de réus que permaneceram todo o processo em liberdade e que não existe apoio da prisão preventiva a execução provisória da pena se torna impossível, citado pelo Tribunal de Justiça de Alagoas ao julgar o HC agora comentado. Outro ponto destacado pelo Tribunal, foi o da possibilidade da execução provisória oriunda do HC 126.292/SP, usado pelo juízo de 1° grau, vejamos:

> [...]recente posicionamento adotado pelo Supremo Tribunal Federal, no sentido de que as condenações criminais confirmadas em segundo grau podem implicar o imediato cumprimento da pena privativa de liberdade (STF, HC n° 126.292, julgado em 17 de fevereiro de 2016. Relator: Min. Teori Zavascki), utilizado pelo magistrado de piso para fundamentar execução provisória imediata do ora paciente, não logra razão, uma vez que a plausibilidade da prisão preventiva se faz adstrita aos requisitos ensejadores de sua aplicação, dispostos no artigo 312 do CPP, não sendo possível aplicar execução penal provisória de réu após a sentença de primeiro grau.(ALAGOAS. 2017 A)

O Tribunal de Alagoas se mostra favorável a execução provisória, desde que essa se dê após a decisão de segundo grau e não em primeiro grau, o que não ocorreu na decisão atacada pelo remédio constitucional em comento, ao final, mesmo diante da desistência do impetrante o desembargador relator entendeu por conceder parcialmente a ordem impetrada com a imposição das medidas cautelares adversas da prisão e determinando a soltura do paciente para que aguarda-se o trânsito em julgado da decisão, por entender que a prisão preventiva não fora fundamentada devidamente e que o paciente não apresentava risco a ordem pública ou a aplicação penal, tendo em vista ter permanecido durante quatro anos em liberdade.

4.2 *Habeas Corpus* N.º 0805193-39.2017.8.02.0000

No caso em comento o paciente fora condenado pelo Tribunal do Júri pelo crime de homicídio qualificado na forma tentada tendo sua prisão decretada em sentença para execução provisória da pena, mesmo encontrando-se em idade avançada (70 anos) e respondido o processo em liberdade e não se ausentando do distrito da culpa.

Após relatório e alguns esclarecimento passou a Câmara Criminal, na pessoa de seu relator o desembargador José Carlos Malta, a diferenciar a prisão provisória da execução provisória da pena, a primeira para a sua decretação depende da presença dos requisito dispostos nos artigos 312 e 313 do Código de Processo Penal, a execução provisória depende de decisão condenatória confirmada em segundo grau, o que não ocorreu no caso.

Destacou também que o entendimento trazido pelo HC 118.770/SP, apesar de entender a possibilidade da execução provisória da pena após o veredicto do júri a decisão não tem efeito vinculante estando a sua aplicabilidade a outros casos prejudicada por não ter sido objeto de discussão em plenário, e que se venha a ser aplicada deve-se aplicá-la com cautela por se estar diante de um dos bens mais caros do ser humano, à sua liberdade.(ALAGOAS. 2018)

Prezando pelo respeito à liberdade do individuo destacou o Tribunal o perigo da aplicabilidade de tal decisão em demais casos, usando mais uma vez entendimento do Superior Tribunal de Justiça de que a execução provisória só poderá acontecer quanto esgotada a matéria fática pelo segundo grau, e que no momento em que o Tribunal do Júri aplica a execução provisória antes da interposição de apelação está manifestada a ilegalidade e a supressão de instância (RHC 84.406/RJ, Rel. Ministro JORGE MUSSI, QUINTA TURMA, julgado em 12/12/2017, DJe 01/02/2018).

Decidiu assim a Câmara Criminal por afastar a execução provisória, por entender que embasamento do juiz de primeiro grau não encontrava esteio suficiente e que no caso em tela não se verificava a existência de pressupostos que se determina a decretação de uma prisão preventiva.

No caso em espécie, observa-se que o paciente permaneceu solto durante grande parte da instrução processual, tendo a autoridade coatora se limitado a afirmar que a negativa do direito de recorrer em liberdade baseava-se em entendimento firmado pelo Supremo Tribunal Federal.

Todavia, ao menos num primeiro momento, tendo em vista que não há decisão do plenário do Supremo Tribunal Federal sobre o cumprimento imediato de decisão condenatória proferida pelo Tribunal do Júri, e observando, ainda, que no caso dos autos não houve a análise da situação fática pelo Tribunal de segunda instância, exige que seja afastada a execução provisória da pena. .(ALAGOAS. 2018 A)

Sendo considerada a execução provisória como medida exceção, podendo ser dada apenas após o esgotamento das matérias fáticas e pelo segundo grau e não havendo fundamento para uma prisão preventiva, o Tribunal decidiu por conceder a ordem de liberdade e manter as medidas cautelares impostas anterior a sentença do Tribunal do Júri.

4.3 *Habeas Corpus* N.º 0804509-17.2017.8.02.0000

Habeas Corpus impetrado em favor de paciente condenado pelo Conselho de Sentença por homicídio qualificado que teve sua prisão decretada em sentença para fins de execução provisória, mesmo tendo o paciente permanecido durante quase 07 (sete) anos em liberdade e comparecendo a todos os atos processuais, com base mais uma vez no entendimento do STF ao julgar o HC 117.700/SP.

Ao analisar o Habeas Corpus o Tribunal de Justiça de Alagoas, aplicou o mesmo entendimento usado para o *Habeas Corpus* n.º **0805193-39.2017.8.02.0000,** exposto em item 4.2, passando ao final a conceder a liberdade ao paciente e determinando aplicação de medidas cautelares, cassando mais uma vez decisão da 3ª Vara Criminal da Comarca União dos Palmares, sendo a decisão do Habeas Corpus prolatada pelo relator o desembargador José Carlos Malta Marques.

4.4 *Habeas Corpus* N.º 0804862-57.2017.8.02.0000

Mais um *Habeas Corpus* tendo como impetrado o Juiz da 3ª Vara

Criminal da Comarca de União dos Palmares, ao qual o Tribunal do Júri condenou o paciente pela prática de homicídio qualificado, associação criminosa e homicídio na forma tentada, e que teve a sua execução de pena provisória determinada em sentença com base no HC 118.770/SP.

Alega a defesa que a tal determinação afronta a presunção de inocência em virtude da pendência de julgamento de apelação que ataca a decisão da ordem de prisão, baseada exclusivamente na condenação do réu, negando o seu direito de recorrer em liberdade, sem nem se quer pedir pela prisão preventiva passando de imediato para a execução provisória sob a escusa da supremacia dos veredictos.

Tendo o magistrado de 1° grau decidido que o reconhecimento da culpabilidade pelo Conselho de Sentença não poderia ser alterado por nenhum órgão jurisdicional, fazendo questão o relator, na pessoa do desembargador João Luiz Azevedo Lessa, de citar as palavras usadas pelo juiz de 1° grau em seu voto, para poder assim explicitar mais uma vez o que fora decidido pelo Supremo Tribunal de Justiça, passando Lessa a desmistificar tal afirmação do juízo *a quo,* por não se tratar tal posicionamento como corrente majoritária, sendo a execução possível somente com esgotamento das vias ordinárias, tendo ao final cassado a decisão que determinou a execução provisória e concedido a liberdade aplicando as medidas cautelares adversas da prisão.

4.5 *Habeas Corpus* N.° 0800006-16.2018.8.02.0000.

Trata-se de HC impetrado que ataca decisão oriunda do Juiz da 9ª Vara Criminal da Capital, paciente condenado pelo Tribunal do Júri por homicídio qualificado submetido a 24 (vinte e quatro) anos e 6(seis) meses de reclusão, determinada execução provisória pela soberania do veredicto do júri (HC 117.770/SP), através de prisão preventiva, tendo como relator o desembargador Sebastião Costa Filho.

Tendo o paciente permanecido em liberdade durante todo o processo criminal entendeu o Tribunal que "Cotejando os fundamentos do acórdão proferido no habeas HC n° 118770/SP, com a situação aqui analisada, entendo que não é caso de aplicação da mesma solução."(ALAGOAS. 2018 B).

Tendo ao término da decisão o desembargador determinado a soltura do paciente e a aplicação das medidas cautelares adversas da prisão, conforme entendimento da Câmara Criminal de Alagoas, sendo este o entendimento predominante nestes casos como foi possível perceber pela analise dos casos citado acima, mesmo quando eram proferidas as decisões por desembargadores diversos.

Importante mencionar que os entendimentos do Tribunal de Justiça de Alagoas acima expostos, neste e nos demais HC's se repercutem a demais casos que fazem uso da decisão do HC 117.770/SP analisado pelo Supremo Tribunal Federal, como é possível perceber no *Habeas Corpus* n. 0800310-09.2017.8.02.9002 e *Habeas Corpus* n.º 0802516-36.2017.8.02.0000, ambos impetrados contra ato Juiz de Direito da 9ª Vara Criminal da Comarca da Capital, como também no *Habeas Corpus* n. 0801866-86.2017.8.02.0000, impetrado pelo Juiz de Direito Vara Único Ofício de Maragogi.

Considerações Finais

A partir da relativização da presunção de inocência pelo HC 126.292/SP, foi possível perceber que abriu possibilidades para que a relativização se desse de forma mais aberta e que isso pudesse atingir não somente a segunda instância, mas também o primeiro grau da justiça criminal.

Permitir a execução provisória, mesmo que após de decisão de segunda instância, é clara afronta a presunção de inocência, a dignidade humana e a garantia de liberdade do indivíduo, ter seu direito a inocência sacrificado em prol de se dar credibilidade ao sistema judiciário é cometer a maior das injustiças. Quando o STF julgou o HC 126.292/SP a decisão tivera muitas repercussões, é passou a execução provisória servir como regra após as decisões confirmatórias de condenação por acórdão e usada pelos Tribunais de Justiça dos estados brasileiros, inclusive pelo de Alagoas, sendo citada pelos desembargadores em suas decisões, mas vale lembrar que ao se determinar a execução provisória da pena esta deve ser fundamentada e não tão somente decretada por ter passado pelo crivo da segunda instância.

Ao julgar o HC 117.770/SP, o STF decidiu, que a aquele caso, é tão somente a ele, a execução provisória a partir da decisão condenatória do Júri não ia de encontro a presunção de inocência pela observância do princípio da soberania dos veredictos, mas tal decisão não era dotada de efeito vinculante por não ter sido uma decisão do pleno da Corte Suprema. Mas infelizmente vem sendo aplicada no judiciário de Alagoas e faz crescer os pedidos de Habeas Corpus impetrados após condenação criminal.

Ocorre que com relativização da presunção de inocência a decisão trouxe consequências para a analises de demais decisões do STF, ao qual o primeiro grau, em algumas comarcas de Alagoas, entendeu que a execução provisória poderia ser antecipada, sem ser submetida ao duplo grau de jurisdição, nos casos de condenações de Tribunal do Júri, sendo a execução determinada em sentença, como prisão preventiva ou tão somente de execução provisória com base decisão do STF sem efeito vinculante.

Além do problema da total relativização e diminuição da mencionada garantia, outro problema surge na medida que juízes do primeiro grau em Alagoas decretam prisões preventivas e execuções provisórias de pessoas que permaneceram em liberdade durante toda a persecução penal, que perdurou por anos, pessoas que não oferecem risco a aplicação da lei penal ou a sociedade se recorrerem em liberdade, ressaltando a busca por um punitivismo extremo e sem respeitar as devidas garantias do indivíduo.

Nenhum direito tem caráter absoluto, então nem mesmo a soberania dos veredictos é absoluta e não pode ser superior a outro princípio como o da presunção de inocência, que é garantia para combate de arbitrariedades estatais, assim como o Júri Popular não pode tolher o direito de recorrer em liberdade, e de não ser considerado inocente antes da confirmação penal pelo trânsito em julgado, é preciso que se siga e se respeite o devido processo legal e a própria Constituição vedando interpretação contraria a sua literalidade.

Um dos pontos levantados para que se legitima-se a execução provisória, pelo STF, fora para combater a infinidade de recursos impetrados com mero intuito protelatório e o que leva muitas das vezes a alcançar a prescrição executória, mas, mesmo assim é preciso perceber que isto decorre de uma falha no Código de Processo Penal, e que não se pode sacrificar uma garantia em virtude de uma falha legislativa, mesmo que após a 2º instância não se discuta mais o mérito, existe a necessidade de uma reforma da legislação penal, mas que acompanhe a Constituição Federal e que os juízes possam determinar quando as partes se comportam de maneira incompatível ao tentarem protelar o cumprimento das decisões.

Tirar a garantia de ser considerado inocente e prender sem lastro legal, é clara característica de constrangimento ilegal, o que passa a confundir justiça com justiçamento, a decisão de relativizar a presunção de inocência significa contrariar a própria Constituição, que foi tomada pelo seu próprio guardião e que repercute nas demais esferas do judiciário sacrificando a liberdade de um individuo para atender a necessidade de dar crédito ao sistema criminal, sem se pensar nas consequências que isso pode trazer, como por exemplo ao aumento do encarceramento no país que já ultrapassa os seus limites.

Os respingos da decisão do STF estão atingindo e abrindo precedentes para mais violação, tirar o status de importância de um princípio como o da presunção de inocência para exaltar o princípio da supremacia dos veredictos e não permitir a sua possível modificação e tirar de um inocente o seu direito de justiça e negar-lhe a sua defesa e a sua liberdade. É preciso que se reveja a jurisprudência e se passe a respeitar o texto constitucional para que se alcance um ideal de justiça, pois justiça sem garantia não é justiça.

Referências

ÁVILA, Humberto Bergmann .**Teoria dos princípios: da definição à aplicação dos princípios jurídicos.**4 ª ed. 3ª tiragem. Editora Malheiros. São Paulo, 2005.

ALAGOAS, Tribunal de Alagoas.**Habeas Corpus 0801552-43.2017.8.02.0000,** Câmara Criminal. Paciente: Diogénes Batista de Lima. Relator Des. João Luiz Azevedo Lessa, 30 de agosto de 2017.

_____, Tribunal de Alagoas. **Habeas Corpus n.º 0805193-39.2017.8.02.0000,** Câmara Criminal. Paciente: Benicio Marques da Costa. Relator Des. José Carlos Malta Marques, 28 de fevereiro de 2018.

_____, Tribunal de Alagoas. **Habeas Corpus nº 0804509-17.2017.8.02.0000.** Câmara Criminal. Paciente: Eugenia Maria de Freitas. Relator Des. José Carlos Malta Marques, 28 de fevereiro de 2018.

_____, Tribunal de Alagoas. **Habeas Corpus n. 0804862-57.2017.8.02.0000.** Câmara Criminal Paciente: Alex Pereira.

Relator Des. João Luiz Azevedo Lessa, 14 de março de 2018.
_____, Tribunal de Alagoas. **Habeas Corpus** n. 0800006-16.2018.8.02.0000.Câmara Criminal. Paciente: Rodrigo Raimundo da Silva. Relator Des. Sebastião Costa Filho.

ALEXY, Robert. **Teoria dos direitos fundamentais.** Tradução de Virgílio Afonso da Silva. Malheiros Editores. São Paulo, 2006.

BADARÓ, Gustavo Henrique. **Direito Processual Penal - Tomo I**, Rio de Janeiro: Elsevier, 2008.

BATISTI, Leonir. **Presunção de inocência: apreciação dogmática e nos instrumentos internacionais e Constituições do Brasil e Portugal.** Curitiba: Juruá, 2009.

BARROSO, Luís Roberto Barroso, **Curso de direito constitucional contemporâneo**, 2015.

BENETI, Sidnei Agostinho. **Execução Penal**. São Paulo: Saraiva, 1996

BOBBIO, Norberto. **Teoria do ordenamento jurídico**, 10 ed. Brasília:Editora Universidade de Brasília.1999.

BRANDÃO, Cláudio. **Introdução ao Direito Penal.** Rio de Janeiro: Forense, 2002.

BRASIL. **Constituição Federal**. Brasília: Câmara dos Deputados, 1988.

BRASIL, **DECRETO-LEI Nº 3.689, DE 3 DE OUTUBRO DE 1941.** Brasília, Disponível em: < http://www.planalto.gov.br/ccivil_03/decreto-lei/Del3689.htm>. Acesso em: 01 de março de 2018.

_____, **LEI Nº 7.210, DE 11 DE JULHO DE 1984.**Brasília, Disponível em: < http://www.planalto.gov.br/ccivil_03/leis/l7210compilado.ht m>. Acesso em: 01 de março de 2018.

BRASIL, Supremo Tribunal Federal. **Habeas Corpus nº 84078-7/MG**, do Tribunal Pleno. Paciente: Omar Coelho Vítor. Relator: Min. Eros Grau, Brasília, 5 de fevereiro de 2009. Disponível em:<http://www.stf.jus.br/arquivo/cms/noticiaNoticiaStf/anexo/ementa84078.pdf >Acesso em 10 de março de 2018.

_____, Supremo Tribunal Federal. **Habeas Corpus nº 126.298/SP**, do Plenário. Paciente: Marcio Rodrigues Dantas. Relator: Min. Teori Zavascki, Brasília, 17 de fevereiro de 2016. Disponível em:< http://redir.stf.jus.br/paginadorpub/paginador.jsp?docTP=TP &docID=10964246> Acesso em 01 de fevereiro de 2017.

COSTA, Ruth Barros Pettersen da. **A efetividade do mínimo existencial à luz da Constituição Federal de 1988**. Editora da PUC de Goiás. Goiânia, 2011.

FERRAJOLI, Luigi. **Direito e razão: Teoria do garantismo penal**. 3º ed. São Paulo: Revista dos Tribunais. 2002.

FERRO, Rodrigo Cavalcante, (coord.) **Temas Criminais em Discussão-** Rodrigo Cavalcante Ferro, Amanda Melo Montenegro, José Aílton da Silva Júnior e Maria Juliana Dionísio de Freitas. Editora Nossa Livraria. Recife, 2015.

KELSEN, Hans. **Teoria Pura do Direito**, 3ª edição, tradução de José Cretella Jr. E Agnes Cretella. São Paulo: Revista dos Tribunais.

MENDES, Gilmar Ferreira. **Curso de Direito Constitucional**. 10. ed. São Paulo: Saraiva, 2015.

NOVAIS, César Danilo. **O imediato cumprimento da pena oriunda do Tribunal do Júri**. Mato Grosso do Sul, 2016. Disponível em:< http://www.confrariadojuri.com.br/artigos/artigos_view2.asp? cod=263> Acesso em: 02 de março de 2018.

NUCCI, Guilherme de Souza. **Princípios constitucionais penais e processuais penais.** *2* ª Edição. São Paulo: Editora Revista dos Tribunais, 2012.

SARLET, Ingo Wolfgang. **A eficácia dos Direitos Fundamentais: Uma teoria geral dos direitos fundamentais na perspectiva constitucional**. 10 ed. rev. atual. e ampl.; 3 tir. Porto Alegre. Livraria do Advogado Editora, 2011.

SILVA, José Afonso da,**Curso de Direito Constitucional Positivo**.Malheiros Editores, 2003.